C·H·Beck
PAPERBACK

Geistvoll und bissig entlarvt der Konstanzer Philosoph Hubert Schleichert mit Hilfe der Logik jene zweifelhaften Redestrategien, derer sich Ideologen und Fanatiker aller Glaubensrichtungen, aber auch der gemeine Feld-, Wald- und Wiesenpolitiker gerne bedient. Er zeigt, mit welchen Scheinargumenten, dubiosen Gleichsetzungen, unausgesprochenen Voraussetzungen und ähnlichen Tricks sie arbeiten, wenn sie uns wieder einmal ein X für ein U vormachen wollen. Der Autor beschränkt sich trotz seines satirischen Schreibstils nicht auf eine einfache Polemik: Er vermittelt Basiswissen des Argumentierens. Leserinnen und Leser erwartet ein ebenso unterhaltsames wie lehrreiches philosophisches Lektürevergnügen – ein im besten Sinne subversives Buch, wie es wohl nur ein Wiener schreiben kann.

Hubert Schleichert (1935–2020) hatte mehrere Gastdozenturen an Universitäten in Berlin, Marburg und Graz inne. Vor seiner Emeritierung lehrte er seit 1967 als Professor für Philosophie an der Universität Konstanz. Seine Hauptarbeitsgebiete waren politische Philosophie, außereuropäische Philosophie, Argumentationstheorie, die Aufklärung und der logische Empirismus. Außer dem vorliegenden Buch ist im Verlag C.H.Beck von ihm lieferbar: *Von Platon bis Wittgenstein. Ein philosophisches Lesebuch* (28. Tsd. 2003).

Hubert Schleichert

Wie man mit Fundamentalisten diskutiert, ohne den Verstand zu verlieren

Anleitung zum subversiven Denken

C.H.Beck

Die ersten fünf Auflagen dieses Buches erschienen von 1997
bis 1999 als broschierte Ausgabe im Verlag C.H.Beck.
1. Auflage (in der BsR). 2001
2. Auflage (in der BsR). 2001
3. Auflage (in der BsR). 2003
4. Auflage (in der BsR). 2004
5. Auflage (in der BsR). 2005
6. Auflage (in der BsR). 2008
7. Auflage (in der BsR). 2012
8. Auflage (in C.H.Beck Paperback). 2016
9. Auflage. 2017
10. Auflage. 2019

11. Auflage. 2022

www.chbeck.de
Umschlaggestaltung: Konstanze Berner, München
Satz, Druck u. Bindung: Druckerei C.H.Beck, Nördlingen
Printed in Germany
ISBN 978 3 406 74121 0

klimaneutral produziert
www.chbeck.de/nachhaltig

לעליזה ימיני באהבה

Inhalt

Vorwort

Argumentieren ist eine fundamentale Tätigkeit des Menschen: Er versucht, mit den Mitteln der Sprache seine Mitmenschen für seine Position, seine Thesen, zu gewinnen. Manchmal gelingt das, oft mißlingt es; aber selbst in Fällen, wo der Mißerfolg von vorneherein abzusehen ist und die historische Erfahrung die argumentierende Auseinandersetzung als hoffnungslos erscheinen läßt – in den großen ideologischen oder religiösen Kontroversen, finden sich immer wieder Versuche dazu, sozusagen auf Hoffnung, wo nichts zu hoffen ist. Wie ist das noch zu begreifen? Es ist die Absicht dieses Buches, nach Bereitstellung der nötigen methodischen Mittel ein wenig Licht in diese logisch dunkle Ecke zu werfen.

Eine Untersuchung über das Argumentieren wird dem Leser kaum etwas völlig Neues bringen – jedermann argumentiert ja tagtäglich. Eine solche Untersuchung kann nur Strukturen und Eigentümlichkeiten von Argumentationen deutlicher zu Bewußtsein bringen, den kritischen Blick schärfen und – leider – auch einige Illusionen über die Macht von Argumentationen zerstören.

Jeder Mensch hat irgendwelche Grundprinzipien des Denkens und Handelns, die sich nicht mehr aus vorangehenden Prinzipien ableiten lassen, und die, logisch gesehen, „ideologisch" sind; das ist normal, und die Auseinandersetzung damit ist nicht unbedingt brisant. Die Sache ändert sich, wenn eine Ideologie fanatisch wird und beginnt, die Welt zu tyrannisieren. Es kommt dann zu den religiösen, rassischen, ideologischen oder ethnischen „Säuberungen". Dies ist der Punkt, an dem nach einer aufklärerischen Gegenbewegung gerufen wird; aber sie hätte schon viel früher einsetzen müssen. Zwischen einer scheinbar harmlosen Ideologie und ihren gar nicht harmlosen, radikalen Anwendungen lassen sich keine klaren Grenzen ziehen. Deshalb muß die Aufklärung an der Wurzel des Übels ansetzen. Es rächt sich, wenn man den Glauben an Hexen und Zauberer respektiert und zugleich hofft, daß niemand diesen Glauben „mißbrauchen" oder „radikal" interpretieren, d.h. auf die Jagd nach Hexen und Teufeln gehen wird.

Die Untersuchung der Argumentationsformen bei ideologischen Konflikten ist zugleich eine Untersuchung über die Methoden der

Aufklärung. Obwohl das vorliegende Buch bezüglich dieser Methoden zu eher ernüchternden Ergebnissen gelangt, ist es keineswegs pessimistisch.

Das Buch hat zwei Teile; der erste behandelt Argumentationen, die von einer gesicherten oder jedenfalls im Augenblick nicht weiter strittigen Basis ausgehen können. Der zweite Teil untersucht Argumentationen, bei denen gerade die Basis selbst strittig ist. Letzteres ist die typische Form der Auseinandersetzung mit Ideologien. Wir werden diesen Fall anhand eines extremen Beispielmaterials diskutieren, nämlich des religiösen Fanatismus, seiner Befürworter und seiner Gegner. Dieses, dem Bewohner des seinerzeit christlichen Abendlandes noch ein wenig bekannte, hierselbst aber gegenwärtig nicht brennende Beispielmaterial ermöglicht es, die methodischen Probleme besonders deutlich herauszuarbeiten. Alles, was dabei an methodischen Einsichten gewonnen werden kann, läßt sich auf andere ideologische Auseinandersetzungen übertragen. Der religiöse Fanatismus ist für eine theoretische Analyse besonders gut geeignet, denn bei ihm ging bzw. geht es (zumindest angeblich) nur um die ewige Seligkeit. In anderen Fällen, z. B. beim nationalistischen Fanatismus, sind die Verhältnisse leider erheblich komplizierter: Hier stehen nicht bloß metaphysische, sondern auch sehr irdische Fragen zur Diskussion. Dieses Buch ist also keine Anleitung zur oder Durchführung von Religionskritik. Die Religion dient unseren Überlegungen nur als Beispiel. Daß keine Ideologie, Religion oder Institution ein Monopol auf Unmenschlichkeit und Fanatismus hat, versteht sich im übrigen leider von selbst. Diese Pest befällt Fromme wie Gottlose.

Überirdische Konflikte sind durch eine aufklärerische Analyse leichter zu entschärfen als irdische, machtpolitische; wenn zwei Nationalitäten um dasselbe Stück Land streiten, wird auch die scharfsinnigste Analyse ihrer Argumente (so wertvoll diese Analyse auch sein mag) nicht viel zur Konfliktlösung beitragen. Es ist ein Nebenzweck dieses Buches, allfällige Illusionen darüber zu zerstören.

Wer sich eine Sammlung von Rezepten für ein garantiert wirkungsvolles Argumentieren erwartet, wird enttäuscht werden. Die Analyse von Argumentationen liefert immer wieder die Einsicht, daß so gut wie jede Argumentationsfigur mutatis mutandis von Befürwortern wie von Gegnern einer These benützt werden kann. Ein Argument, das eine Doktrin in den Augen des Kritikers der vernichtenden Lächerlichkeit preisgibt, wird von einem Anhänger derselben Doktrin ganz anders bewertet: als dummes Mißverstehen dieser Doktrin etwa, oder als Lästerung. Man braucht aus dieser normalen menschlichen Situation keine nihilistischen Folgerungen zu ziehen; man sollte aber daraus lernen, daß Argumente so differenziert wie nur möglich benützt werden sollten und daß man seines Erfolges nie zu sicher sein darf, auch dann nicht, wenn man überzeugt ist, Wahrheit, Menschlichkeit oder Toleranz auf seiner Seite zu haben.

Dieses Buch ist nicht für Spezialisten, sondern für einen breiteren Leserkreis geschrieben. Es enthält daher kaum Auseinandersetzungen mit der zeitgenössischen gelehrten Literatur und setzt deren Kenntnis nicht voraus. Dies bedeutet nicht, daß der Verfasser diese Literatur nicht dankbar zur Kenntnis genommen und ihr manche Anregung und das eine oder andere besonders instruktive Beispiel entnommen hat.

Der Verfasser dankt seinen Freunden und Kollegen sehr herzlich, die das Manuskript durchgesehen und ihm zahlreiche wertvolle Hinweise gegeben haben: Paul Hoyningen-Huene / Konstanz, Elisabeth Leinfellner / Wien, Martin Schneider / Münster, Peter Stemmer / Konstanz.

Konstanz am Bodensee, Oktober 1996

1. Einleitung

Überzeugen und Überreden

Argumentieren ist der Versuch, die Wahrheit eines Satzes (im Folgenden „These" genannt) nachzuweisen. Dabei lassen sich zwei Fälle unterscheiden, der normale oder Standardfall und der fundamentale oder Non-Standard-Fall.

Im Standardfall ergibt sich die These logisch zwingend („schlüssig", „konklusiv") aus anderen Sätzen, den Argumenten. Hier geht man davon aus, daß gewisse Sätze, die Argumente, bereits akzeptiert bzw. akzeptabel sind. Diese Argumente bilden eine Basis, die bei der Argumentation nicht mehr in Frage gestellt wird. Man argumentiert für eine These, indem man zeigt, daß sie aus der (eventuell durch unproblematisches Hintergrundwissen erweiterten) Argumentationsbasis logisch folgt, oder indem man zeigt, unter welchen zusätzlichen Voraussetzungen die These aus der Argumentationsbasis folgen würde.

Wann ein Satz aus anderen Sätzen folgt, wird von der Logik untersucht, und jede korrekte Argumentation hat den Regeln der Logik zu genügen. Im Alltag sind sehr oft nur Wahrscheinlichkeitsschlüsse möglich, d. h. die These kann nur mit einer gewissen Wahrscheinlichkeit bewiesen werden. In diesem Fall muß die Argumentation eben den Regeln der Wahrscheinlichkeitslogik genügen. Besondere *logische* Probleme treten dabei nirgends auf – Argumentieren ist mehr vom inhaltlichen als vom formal-logischen Standpunkt aus interessant, worauf auch die Schwierigkeiten beruhen, es einigermaßen systematisch zu erfassen. Dies bedeutet nicht, daß die Logik falsch oder unbrauchbar ist oder durch eine neue Logik ersetzt werden müßte; es bedeutet schon gar nicht, daß das Argumentieren sich außerhalb der Regeln der Logik bewegt, bewegen kann oder bewegen sollte.

Argumentationen haben häufig nicht die Form eines schlüssigen Beweises; wenn man aber unterstellt, daß eine korrekte Argumentation vorliegt bzw. beabsichtigt ist, läßt sich eine Rekonstruktion der ursprünglichen Argumentation geben, die den Regeln der Logik genügt, d. h. bei der die These tatsächlich aus den Argumenten nach den Regeln der Logik folgt. Zu diesem Zweck müssen gewöhnlich Argumente hinzugefügt werden, die in der ursprünglichen Argumentation fehlten bzw. stillschweigend vorausgesetzt wurden. Es kann vorkommen, daß man auf ein besonders problematisches Argument erst durch die Rekonstruktion aufmerksam wird.

Der Non-Standard- oder Fundamentalfall einer Argumentation liegt vor, wenn keine ausreichende Argumentationsbasis vorhanden ist bzw. wenn es um Sätze der Argumentationsbasis selbst geht, etwa um fundamentale Werturteile, Glaubenssätze, Prinzipien. Wer für solche Sätze wirbt, kann sich letzten Endes nicht auf andere Sätze berufen. Natürlich wird man zuerst immer versuchen, doch noch Argumentationen für oder gegen die Prinzipien zu finden, aber da man dabei wieder auf andere Prinzipien zurückgreifen muß, wird man bald zu einem Ende der Diskussion kommen. Es steht dann Prinzip gegen Prinzip. Das ist die Situation in den Konflikten zwischen verschiedenen Ideologien, Religionen, Weltanschauungen. An solchen Auseinandersetzungen ist nun bemerkenswert, daß man sie – scheinbar aller Logik zum Trotz – zumindest manchmal ebenfalls argumentativ auszutragen versucht.

Man könnte sagen, daß man im Normalfall zu *überzeugen* versucht, im Fundamentalfall aber – nachdem das Überzeugen offenbar nicht funktioniert – zu *überreden*. Obwohl das vorliegende Buch grob der Zweiteilung von Überzeugen und Überreden folgt, sollte klar sein, daß diese Dichotomie in der Praxis nicht immer scharf ist. Als einfaches Modell zur Analyse des Argumentierens ist sie aber gut geeignet.

Wenn wir z. B. für die These argumentieren wollen, daß man keine Drogen zu sich nehmen soll, so werden wir vermutlich das Argument vorbringen, daß Drogen die Gesundheit ruinieren und das Leben drastisch verkürzen. Dies, zusammen mit der Annahme, daß niemand seine Gesundheit ruinieren und sein Leben verkürzen will, bildet die Basis der Argumentation. Aus dieser Basis folgt dann die These. Das ist der Normalfall des Argumentierens.

Einem Drogensüchtigen kann man jedoch mit dem Argument, die Droge zerstöre seine Gesundheit und verkürze sein Leben, nicht kommen. Diese Tatsachen sind ihm durchaus bekannt, aber vermutlich bewertet er den Zustand des Drogenrausches höher als Gesundheit oder langes Leben. Sein Wertesystem, seine Grundprinzipien sind dann andere. Wie kann man dann noch mit ihm argumentieren? Das ist die Frage nach Möglichkeiten, Methoden und Grenzen des fundamentalen Argumentierens.

Das allgemeine Schema der konklusiven Argumentation

Die Ausdrücke *Argumentieren, Begründen, Beweisen, Rechtfertigen,* werden gewöhnlich unterschiedslos benützt. Jede korrekte Argumentation ist ein Beweis für ihre These bzw. als solcher rekonstruierbar, doch ist die formallogische Struktur des Beweises nicht besonders interessant, denn im Alltag werden keine raffinierten logischen Figuren benützt. Die Grundsituation ist einfach: Es liegt eine Behauptung, Aufforderung, Meinung, Norm, Anschuldigung, kurz, eine *These* vor, und es wird gefragt: *Warum?* Antworten darauf nennt man Argumentationen. Sie werden manchmal akzeptiert, manchmal zurückgewiesen. Jede Argumentation läuft auf etwas hinaus, hat ein Ziel; sonst ist es (wie Neujahrsansprachen von Staatspräsidenten) keine Argumentation. Eine Argumentation (im engeren Sinne, d. h. eine korrekte) ist eine Folge von Sätzen, durch welche eine These in logisch korrekter Weise nachgewiesen wird. Die Sätze, mit denen man beginnt, heißen Argumente der Argumentation. Ein isolierter Satz kann nicht sinnvoll als Argument bezeichnet werden. Die Argumente sind die Ausgangsbasis der Argumentation; wenn eine solche Basis nicht vorhanden ist, läßt sich nicht (regulär) argumentieren.

Das logische Grundschema des Argumentierens ist also: *Aus Argumenten $A_1, A_2, \ldots, A_n$ folgt die These T.*

Argumentationen haben häufig (aber keineswegs immer) die Form von Dialogen oder können als solche rekonstruiert werden. Jemand behauptet eine These, und sein Gegenüber verlangt eine Argumentation dafür. Gelingt die Argumentation, so ist genug getan, um den Zweifler zu überzeugen. Ob dieser seinen Zweifel tatsächlich aufgibt, d. h. die Frage der psychologischen Wirksamkeit der Argumentation, geht uns hier nichts an. Es gibt sicher korrekte Argumentationen, die praktisch wirkungslos bleiben; und es sind unkorrekte Argumentationen denkbar, die die Zuhörer mitreißen.

Die Grundfrage der Argumentationslehre lautet: Was ist eine schlüssige und damit (zumindest potentiell) überzeugende Argumentation? Die Antwort darauf ist einfach, aber auch reichlich allgemein: Eine Argumentation ist schlüssig, wenn sie die Wahrheit der These garantiert. Das ist genau dann der Fall, wenn alle Argumente wahr sind und die These logisch aus den Argumenten folgt. Die Umkehrung dieses Satzes ergibt ein allgemeines Schema für das Zurückweisen von Argumentationen: Eine Argumentation ist nicht zwingend, wenn sie die Wahrheit der These nicht garantiert. Dies ist der Fall, wenn mindestens eines der Argumente falsch ist oder wenn die These nicht logisch aus den Argumenten folgt.

Der Fall, daß die These logisch gar nicht aus den Argumenten folgt, wird in den Lehrbüchern der Logik als eine Art Anhang behandelt; man spricht dann von Trugschlüssen. Praktische Bedeutung haben Trugschlüsse nicht, und wir werden sie nicht behandeln.[1] Eine interessante Kritik an Argumentationen ist immer eine inhaltliche Kritik an den Argumenten. In der Praxis geht man davon aus, daß eine Argumentation logisch korrekt ist, daß die These also aus den Argumenten folgt, sofern die Argumente nur wahr sind. Der Kritiker hat aber zu untersuchen, welche Argumente tatsächlich benützt werden und ob sie wahr bzw. akzeptabel sind.

Logik, Rhetorik und Argumentation

Es gibt noch eine andere Lehre, die sich mit der Kunst des Überzeugens und Überredens befaßt, die Rhetorik. Sie hat seit jeher keinen ganz einwandfreien Ruf. Schon im 5. Jahrhundert v.u.Z. soll der Sophist Protagoras gelehrt haben, *daß man über jede Sache mit gleichem Recht nach beiden Seiten disputieren könne*[2], und seinen Schülern gezeigt haben, wie man *die schwächere Seite zur stärkeren macht.* Ohne Zweifel, man kann für jede These eine Rede halten, und auch für ihr Gegenteil. Und man hat oft den Eindruck: Wer die bessere, geschicktere Rede hält, gewinnt sein Publikum, gleichviel, ob seine Thesen wahr sind oder nicht. Das scheint gegen die Redekunst zu sprechen; es darf aber nicht übersehen werden, daß auch jede korrekte Argumentation sich der Rede bedient, so daß zwischen Argumentationslehre und Rhetorik eine strikte Trennung nicht gezogen werden kann.

Logik und Rhetorik haben sich im Lauf der Geschichte weit auseinander entwickelt. Die Rhetorik hat sich mit der Zeit vorwiegend zu einer Kunstlehre des *schönen* Redens entwickelt, die uns hier nicht weiter interessiert.[3] Die Logik andererseits ist eine systematisierte, sehr allgemeine Theorie über das Beweisen, in der von inhaltlichen Gesichtspunkten ganz abstrahiert wird. Nur die Form der Sätze ist für die logische Analyse wichtig, d.h. ihre Struktur, die sich aus der Anordnung von Wörtern wie *alle, keiner, einige, nicht, oder, und, wenn ... dann* ergibt. Die Analyse von Argumentationen, wie sie im Folgenden dargestellt wird, ist dagegen ganz von inhaltlichen Überlegungen geleitet. Zwei Argumentationen können exakt dieselbe logische Struktur besitzen, und doch von völlig unterschiedlicher Bedeutung oder Reichweite sein. Aber selbstverständlich muß jede Argumentation logisch einwandfrei sein.

Das Enthymem

Das Enthymem ist eine im Alltag überaus häufig benützte Form des Argumentierens. An ihm läßt sich sehr gut erkennen, wie sich die logische und die rhetorische Betrachtungsweise unterscheiden. Mit dem Begriff des Enthymems ist zweierlei gemeint:

1) In so gut wie allen alltäglichen Argumentationen erwähnt man nicht alle eigentlich nötigen Prämissen ausdrücklich, denn das wäre unnötig, langweilig, abstoßend, quälend. Wendet sich ein Redner an ein ihm wohlbekanntes Publikum, z. B. an Rechtsanwälte, Ärzte, Katholiken etc., so kann er bei seinen Zuhörern ohne weiteres bestimmte Kenntnisse und Urteile voraussetzen und muß sie nicht ausdrücklich erwähnen. Man argumentiert korrekt, aber enthymematisch, wenn man sagt: *Sokrates ist sterblich, denn er ist ein Mensch*. Durch explizites Hinzufügen des nur im Geiste (*en thymo*) formulierten, aber nicht ausgesprochenen Arguments *Alle Menschen sind sterblich* wird daraus die Standardform eines korrekten logischen Schlusses: *Alle Menschen sind sterblich; Sokrates ist ein Mensch; also ist Sokrates sterblich.* Bei Bedarf kann eine enthymematische Argumentation durch Hinzufügen der fehlenden Argumente also stets auf die Form eines vollständigen Schlusses gebracht werden. Der Unterschied zwischen einem logisch korrekten Beweis und einer rhetorischen Argumentation ist hier ein rein äußerlicher, technischer. Dies ist die erste Bedeutung von „Enthymem".

Nehmen wir folgendes Beispiel. Meier sagt: *Ich finde, X sollte wieder Regierungschef werden; die Zeiten sind schwierig, und X hat schon zehn Jahre regiert.* Müller aber entgegnet: *Ich finde, X sollte nicht mehr Regierungschef werden; die Zeiten sind schwierig, und X hat schon zehn Jahre regiert.* Diese beiden enthymematischen Argumentationen sind äußerlich ganz gleich, führen aber zu entgegengesetzten Thesen. Der Grund dafür ist klar: Die beiden Argumentationen benützen zwei verschiedene, nicht ausgesprochene Argumente. Für die Analyse ist es nötig, die nicht ausgesprochenen Argumente explizit zu machen; häufig sind gerade sie der eigentliche Streitpunkt. Meier geht von dem Satz aus *Wenn die Zeiten schwierig sind, sollte man einen altgedienten Regierungschef nicht auswechseln.* Müller dagegen vertritt genau die gegenteilige Position.

2) Im Bereich des menschlichen Handelns oder Wissens läßt sich selten etwas mit absoluter Sicherheit behaupten, immer könnte es sich auch anders verhalten. Man kann oft nur Wahrscheinlichkeitsaussagen machen, Thesen oder Argumente über das, was meistens oder vermutlich so und so ist. Dies ist die zweite Bedeutung von Enthymem.[4] Man nehme etwa die folgende Argumentation: *Man darf dem Politiker X nichts glauben, denn er steht gerade im Wahlkampf*. Man wird eine solche Argumentation zwar nicht völlig ablehnen, aber doch einige Bedenken haben. Es soll dem Vernehmen nach Politiker geben, denen man Wahlversprechen glauben darf. Die Auflösung des Enthymems hätte also etwa zu lauten: *Politiker lügen im Wahlkampf häufig; X ist ein Politiker; also lügt X mit einer gewissen Wahrscheinlichkeit*. Das ist ein Wahrscheinlichkeitsschluß. Der Schluß als solcher ist logisch korrekt und zwingend, aber er garantiert nur eine gewisse Wahrscheinlichkeit für die These, weil auch die Argumente nur eine gewisse Wahrscheinlichkeit besitzen.

Universale Argumentationsschemata

Das schon erwähnte universale Schema einer korrekten Argumentation: *Aus Argumenten A_1, ... A_n folgt die These T* läßt sich noch weiter ausdifferenzieren, z. B. nach einem Vorschlag von Toulmin.[5] Man kann die Argumente einteilen in solche, die sich konkret und speziell auf den vorliegenden Fall beziehen („Daten"), und in allgemeinere Sätze, Gesetzmäßigkeiten oder Grundsätze („Prinzipien"). Diese Dichotomie ist keineswegs immer eindeutig, aber in vielen Fällen ist sie ein gutes Hilfsmittel für die Analyse. Eine weitere Verfeinerung des Schemas betrifft die Sicherheit, mit der die These aus den Argumenten gefolgert werden kann. Manchmal folgt die These notwendig, manchmal nur wahrscheinlich. Schließlich gehen in Argumentationen immer explizite oder implizite Ausnahmebedingungen ein, d. h. die These soll aus den Argumenten folgen, außer wenn bestimmte Ausnahmebestimmungen erfüllt sind. Einschränkende Bedingungen könnten allerdings auch als Daten oder Prinzipien formuliert werden, doch ist es mitunter zweckmäßig, sie eigens anzuführen, um z. B. extreme Sonderfälle, an die man normalerweise nicht denkt, gesondert zu erfassen.

Die Tatsache, daß eine Frau schwanger ist, ist aufgrund der biologischen Gesetzmäßigkeiten ein zwingendes Argument dafür, daß einige Zeit davor ein Geschlechtsakt stattgefunden hat – außer es liegt ent-

weder eine künstliche Befruchtung oder der seltene Fall einer Einwirkung des Heiligen Geistes vor.

Damit erhält man das folgende universale „Toulmin-Schema" des Argumentierens: *Aus Daten* $D_1 \ldots D_n$ *und Prinzipien* $P_1 \ldots P_m$ *folgt, sofern nicht eine Ausnahme E vorliegt, mit der Sicherheit S die These T.*

Der Wert eines Schemas wie das von Toulmin besteht hauptsächlich darin, daß es eine Anleitung zur genauen und vollständigen Rekonstruktion einer Argumentation gibt. Im Alltag werden Argumentationen kaum je vollständig formuliert, sondern nur skizziert. So werden z. B. Prinzipien, die allgemein bekannt oder nicht kontrovers sind, gar nicht angeführt. Aber eine kritische Auseinandersetzung mit einer Argumentation ist erst möglich, wenn letztere nicht in enthymematischer Gestalt vorliegt, sondern auf die Form eines logisch einwandfreien Beweises gebracht wurde.

Das Toulmin-Schema hat große Ähnlichkeit mit einem Schema, das schon viel früher von Hempel und Oppenheim[6] für die Struktur wissenschaftlicher Erklärungen angegeben worden ist. Das Hempel-Oppenheim-Schema besagt im wesentlichen: Eine Erklärung für eine Tatsachenfeststellung T besteht darin, daß T aus allgemeinen Sätzen (Naturgesetzen) $A_1, \ldots, A_m$ und aus speziellen Sätzen (Anfangs- und Randbedingungen) $D_1, \ldots, D_n$ logisch hergeleitet wird, also: *Aus* $A_1, \ldots, A_m$ *und* $D_1, \ldots, D_n$ *folgt T.*

So folgt z. B. aus den Gravitationsgesetzen, zusammen mit Daten über einen speziellen Apfel an einem speziellen Ast, daß dieser Apfel, wenn man seinen Stiel durchtrennt, in einer bestimmten Zeit auf die Erde fällt. Die Analogie zum Toulmin-Schema ist nicht überraschend; Erklären, Argumentieren, Beweisen sind logisch gesehen dasselbe.

Spezielle Argumentationslehren. Die status-Lehre

Je universeller eine Argumentationslehre ist, desto nichtssagender wird sie, das ist nicht zu vermeiden. Das Toulmin-Schema und alle ähnlich umfassenden Schemata des Argumentierens sind ebenso allgemein wie trivial. Die Aussichten auf eine praktisch nutzbare Theorie werden deutlich besser, wenn man die Fragestellung inhaltlich einengt, etwa: Wie argumentiert ein Advokat, ein Prediger, ein Psychotiker, ein Werbetexter?

Eine solche Beschränkung der Fragestellung kann zu einer konkreteren, lebensnäheren und eventuell auch praktisch verwertbaren Argumentationslehre führen. In gewissen speziellen Bereichen sind die Argumentationsformen vielleicht so stark eingegrenzt, daß eine brauchbare und interessante Theorie aufgestelllt werden kann, die aber immer eine „lokale" sein wird, und keine „globale". Es kann dann sogar nach einer vollständigen Erfassung der für den speziellen Bereich überhaupt bestehenden Argumentationsformen gesucht werden.

Ein klassischer Fall ist die Gerichtsverhandlung. Hier ist die These klar: Gezeigt werden soll die Schuld/Unschuld eines Angeklagten; auch liegen die Prinzipien des Verfahrens fest, wodurch die zulässigen Argumente stark vorbestimmt sind. Diese Prinzipien sind juristischer Art: Niemand darf für eine Tat bestraft werden, die er nicht begangen hat oder die er nicht so begangen hat, wie sie ihm vorgeworfen wird, oder die er aus Unwissenheit oder aus edlen Beweggründen bzw. zum allgemeinen Besten begangen hat oder die zu beurteilen das jeweilige Gericht nicht befugt ist. Daraus resultieren die möglichen Verteidigungsargumente, und deshalb ist für diesen Bereich die Aufstellung einer interessanten Theorie des Argumentierens möglich. Sie ist seinerzeit im Rahmen der antiken Rhetorik (speziell von Hermagoras, 2. Jhdt.v.u.Z.) entwickelt worden. Es ist die Lehre von den 4 *status* (griech. *stasis*), d. h. Hauptstreitpunkten, das sind jene Punkte, auf die es bei der Verteidigung wesentlich ankommt.[7] Es sind dies:

1. Der *status coniecturalis*. Das ist die Frage nach dem Täter. Hat der Angeklagte die Tat überhaupt ausgeführt? Das beste Argument des Angeklagten ist immer die Behauptung, daß er die inkriminierte Tat gar nicht begangen habe.

2. Der *status definitivus*. Der Angeklagte hat tatsächlich irgendetwas getan, aber seine Handlung fällt nicht unter den in der Anklage benützten Begriff. Er hat z. B. tatsächlich einer Frau im Tempel die Börse entwendet, doch war es kein Tempelraub, die sakralen Besitztümer wurden ja nicht angetastet. Oder jemand hat tatsächlich den Tod eines Menschen verursacht, aber nicht vorsätzlich, und deshalb ist eine Anklage wegen Mordes zurückzuweisen.

3. Der *status qualitatis*. Die Tat wird nicht bestritten, ihre „Qualität" aber näher untersucht. Dies ist manchmal eine sehr ehrenwerte Verteidigung. Hier gibt es zahlreiche Möglichkeiten, wie z. B.: Das Opfer/der Kläger hat die Tat herausgefordert; die Tat war nicht beabsichtigt; es lag Befehlsnotstand vor; es war Gefahr für den Staat in Verzug; die Tat war aus Gründen der Moral oder der Ehre geradezu

geboten. (Klassisches Beispiel: Ja, ich habe meine Mutter getötet, denn sie hat meinen Vater ermordet.) Politisch oder religiös motivierte Mörder pflegen sich mit dem Hinweis auf die besondere Qualität ihrer Tat zu rechtfertigen.

4. Der *status translationis*: Das ist die Frage, ob sich die Anklage nicht abweisen läßt, ohne sie inhaltlich zu erörtern. Das ist möglich, wenn das Gericht nicht zuständig ist. Ein Abweisen der Anklage kann vorteilhaft sein, wenn zu erwarten ist, daß das tatsächlich zuständige Gericht günstiger urteilen wird, als das, vor dem der Fall im Moment verhandelt werden sollte.

Die Idee der *status*-Lehre war sicher, daß damit sämtliche Argumentationsmöglichkeiten erschöpft sind und daß es für den Verteidiger genügt, eine einzige davon zu gewinnen. Das Schema der 4 *status* kann auch als Anleitung für den Richter gedeutet werden: Worauf hat er zu achten, wenn er das Urteil fällt.[8] Die zugrundeliegenden Überlegungen sind inhaltlicher Art; rein logische Analysen dagegen wären nicht hilfreich.

Es ist klar, daß die *status*-Lehre kein universales Argumentationsschema ist und in zahllosen Bereichen unanwendbar sein wird. Andererseits ist sie nicht ganz so partikulär und beschränkt, wie es scheinen mag; sie läßt sich überall dort anwenden, wo es um die Verteidigung gegen Anklagen geht. Unter Rückgriff auf die *status*-Lehre lassen sich z. B. die verschiedenen „Lösungen" des Problems der Theodizee gut analysieren. Das Problem besteht in der Frage nach dem Zusammenhang zwischen einem als allwissend, allmächtig und allgütig vorausgesetzten Gott und dem vielen Übel und Leid in der von diesem Gott geschaffenen und vorhergesehenen Welt. Dieser Gott wird also wegen der Übel in der Welt angeklagt. Das Problem ist für Hochreligionen wie das Christentum ein sehr dringliches, doch stammt seine Formulierung bereits aus vorchristlicher Zeit. Bei dem Philosophen Epikur (341–270 v.u.Z.) ist zu lesen:

Entweder will Gott die Übel beseitigen, kann es aber nicht. (Dann ist er schwach, also kein Gott.)

Oder er kann es und will es nicht. (Dann ist er mißgünstig, also kein Gott.)

Oder er kann es nicht und will es nicht.

Oder er kann es und will es (wie es sich allein für einen Gott gehört) – woher kommen dann die Übel in der Welt?[9]

Bei Epikur dient die Fragestellung dem Ziel, den Gottesbegriff fragwürdig zu machen. Innerhalb der christlichen Theologie aber mußte man versuchen, die Anklage gegen Gott irgendwie zu entkräften. Die dafür in Frage kommenden Argumentationsmöglichkeiten lassen sich anhand der *status*-Lehre klassifizieren. Zugleich folgt aus dieser Lehre, daß die Möglichkeiten damit erschöpft und neuartige Argumente nicht mehr zu erwarten sind. Das ist eine wichtige Einsicht. Folgende Argumente zur Abwendung der Anklage können demnach versucht werden:

1. *Status coniecturalis*: Stammen die Übel in der Welt tatsächlich von Gott, oder sind sie etwa einer anderen Macht zuzurechnen, den Kräften der Finsternis, wie die Manichäer lehrten? (Dies würde aber der Allmacht Gottes widersprechen.)

2. *Status definitivus*: Unbestreitbar gibt es in der Welt vieles, das uns unangenehm erscheint; aber handelt es sich wirklich um Übel, die man Gott vorwerfen kann? Sie könnten z. B. Strafen für unsere Sünden sein. (Das steht aber im Widerspruch zu Gottes Allgüte und Allmacht. Die riesige Menge der Übel in der Welt ist als Strafe für unsere Sünden wohl reichlich überzogen; und warum müssen z. B. auch kleine Kinder soviel leiden, ehe sie sündigen können? Außerdem hätte ein gütiger und allmächtiger Gott die Menschen auch mit sanfteren Mitteln auf seine Wege leiten können. Deutet man die Übel als Strafe, so stolpert man außerdem in den Konflikt zwischen Gottes Allwissenheit und der Schuldfähigkeit des Menschen vor Gott: Wenn Gott vorhersieht, daß der von ihm geschaffene Mensch sündigen wird, dann ist es nicht gerecht, diesen Menschen hinterher dafür zu bestrafen.)

3. *Status qualitatis*: Könnte es nicht sein, daß die sogenannten Übel z. B. aus Gründen der Harmonie des gesamten Alls unvermeidlich sind? Die Welt wäre vielleicht nicht so vollkommen, wenn sie gänzlich ohne Übel wäre. (Aber es hat noch niemand zeigen können, inwiefern Übel und Leid für die Schönheit der Welt notwendig sind. Was trägt es zur Vollkommenheit der Schöpfung bei, wenn jemandem ein Bein amputiert werden muß? Zu sagen, die ganze Fülle des Elends in der Welt sei unverzichtbar um der höheren Vollkommenheit der Welt willen, ist extrem zynisch und widerspricht Gottes Allmacht und Güte.)

4. *Status translationis*: Steht es dem Menschen überhaupt zu, über Gott zu urteilen? Das bei Theologen seit Hiobs Zeiten so beliebte Unfaßbarkeitsargument besagt, daß Gottes Gedanken und Eigenschaften für uns nicht zu fassen seien. Unser beschränkter Verstand habe nicht über die Gottheit zu urteilen. (Der Verweis auf die Unzu-

ständigkeit der menschlichen Vernunft bedeutet aber nicht bloß das Ende jeder vernünftigen Diskussion über das Theodizeeproblem, son dern auch das Ende jeder Theologie überhaupt.)

2. Elemente des Argumentierens

Argumentationen benützen in den allermeisten Fällen einen oder mehrere allgemeine Sätze, wir haben sie bereits die „Prinzipien" genannt. Z.B. bildet der Satz *Die Wahrheit wiegt schwerer als die Humanität* ein Prinzip jeder fanatisierten Argumentation. Was in einer Argumentation ein Prinzip ist, ob es eventuell mehrere davon (oder, im Trivialfall, gar keines) gibt, ist nicht so sehr eine Frage der Logik, sondern eine des Inhalts, genauer gesagt, unseres Interesses am Inhalt. Da sich Prinzipien häufig wiederholen, ist es möglich, eine Art Katalogisierung von Argumentationsfiguren zu erstellen. Ein solcher Katalog enthält Argumentationsprinzipien, die häufig vorkommen oder die für den Betrachter von besonderem Interesse sind. Es wird sich aber immer um einen unabgeschlossenen Katalog handeln. Was uns interessiert, ist in allen Fällen die Wahrheit bzw. Falschheit dieser Prinzipien.

Manche dieser Prinzipien werden vorwiegend zur Stützung einer These benützt, andere vorwiegend dazu, eine These zu bestreiten, doch läßt sich daraus keine eindeutige Einteilung gewinnen; viele Prinzipien können sowohl für als auch gegen eine These eingesetzt werden.

Im folgenden geben wir eine Auswahl von häufiger vorkommenden Prinzipien der Argumentation. Unsere Aufzählung ist nicht absolut distinkt, d.h. eine konkrete Argumentation erlaubt manchmal mehrere, verschiedene Rekonstruktionen, in denen nicht immer genau dasselbe Prinzip benützt wird. Unser kleiner Katalog ist vor allem eine Beispielsammlung, um den Blick für die wesentlichen und problematischen Stellen in Argumentationen zu schärfen.

Der Katalog wird nur korrekte Argumentationen berücksichtigen, d.h. solche, die die Wahrheit bzw. Wahrscheinlichkeit der These garantieren, vorausgesetzt, die Argumente sind alle wahr bzw. wahrscheinlich. Wir werden zwar auch einige Argumentationstypen anführen, die üblicherweise als unkorrekt gelten. Der Grund dafür, sie hier trotzdem anzuführen, ist, daß sie sich bei entsprechender Rekonstruktion als korrekte Argumentationen ansehen lassen, bei denen allenfalls über die Wahrheit des zugrundeliegenden Prinzips gestritten werden kann. Wir werden das weiter unten anhand der Quellenargumente erläutern.

Das Zurückweisen von Argumentationen spielt im praktischen Leben eine große Rolle. Eine Argumentation ist zurückzuweisen, wenn sie nicht geeignet ist, die Wahrheit der These nachzuweisen. Sofern nicht ein logischer Fehler vorliegt, muß ein Angriff gegen eine Argumentation die Wahrheit bzw. Wahrscheinlichkeit von mindestens einem der Argumente bestreiten. Der Kritiker kann zu diesem Zweck die Wahrheit des (bzw. eines) Argumentationsprinzips bestreiten oder dessen Anwendbarkeit auf den vorliegenden konkreten Einzelfall.

Das Verallgemeinerungsprinzip und das Ausnahmeargument

In moralischen Argumentationen wird sehr oft ein Prinzip der Verallgemeinerung benützt, und zwar meist destruktiv, um eine These zu verwerfen. Man nehme etwa die These *Ich darf stehlen und betrügen, soviel ich will, wenn ich mich nur nicht erwischen lasse*. Um zu zeigen, daß das keine akzeptable Einstellung ist, weist man darauf hin, wie ungemütlich eine Gesellschaft wäre, in der *alle* Menschen sich diese egoistische Position zu eigen machen. *Wo kämen wir hin, wenn alle so handeln würden!* Wer so argumentiert, benützt als allgemeines Prinzip irgendeine Version der berühmten „Goldenen Regel" *Was du nicht willst, daß man dir tu* ..., z. B. folgende: *Handlungen oder Verhaltensweisen, die unerträglich wären, wenn jedermann sie sich zu eigen macht, sind moralisch schlecht und gehören verboten*.

Ohne Zweifel wird das Universalisierungsargument in vielen Fällen sinnvoll eingesetzt. Aber es ist bestimmt nicht absolut selbstverständlich und kann aus verschiedenen Gründen zurückgewiesen werden. Man kann z. B. die Anwendbarkeit des Prinzips einschränken: Wenn die meisten anderen Menschen mit Sicherheit ohnehin nicht so handeln werden wie ich, so besteht kein Anlaß für mich, mir darüber den Kopf zu zerbrechen, was wäre, wenn etc. Ein Dieb wird zugeben, daß das Leben unerfreulich wäre, wenn alle Menschen ständig stehlen würden, wird aber hinzufügen, daß eben keineswegs alle Menschen dauernd stehlen. Wir müssen unser Leben an der Realität orientieren und nicht an hypothetischen Konstruktionen, wird er hinzusetzen.

Das Verallgemeinerungsprinzip wird oft durch eine Ausnahmeklausel außer Kraft gesetzt. Die Universalisierung wird dabei durch das Argument eingeschränkt, daß eine bestimmte Person oder Position einen derartigen Sonderstatus besitzt, daß das Verallgemeinerungsprinzip nicht angewendet werden darf. Was für das gewöhnliche Menschenvolk gilt, braucht nicht auch für Götter oder gottähnliche Menschen zu gelten: *Quod licet jovi non licet bovi.*

Nehmen wir zum Beispiel die seinerzeitige Diskussion darüber, ob in einem katholischen Land auch andere Religionen erlaubt sein sollten oder nicht. Verallgemeinert man die in früheren Zeiten so verbreitete religiöse Intoleranz, d.h. nimmt man an, die jeweils vorherrschende Religion (welche auch immer es sei) solle und dürfe gegen alle anderen intolerant sein, so erhält man eine sehr friedlose Welt. Das ist oft als Argumentation gegen religiöse Intoleranz (und damit für Toleranz) benützt worden, z. B. folgendermaßen:

Wenn die Katholiken sagen, es sei ein Verbrechen, nicht an die herrschende Religion zu glauben, so beschuldigen sie ihre eigenen Vorfahren, die ersten Christen, gerade dieses Verbrechens, während sie die Heiden rechtfertigen, die die Christen hinrichten ließen.[1]

Hier wird verallgemeinert: Wenn es ein Verbrechen ist, nicht an die herrschende Religion zu glauben, so ist das immer und überall ein Verbrechen. Diese Verallgemeinerung führt aber zu unerfreulichen Konsequenzen, weshalb man sie durch eine Ausnahmebestimmung einzugrenzen versucht:

Alle Religionen sind Menschenwerk, und allein die römisch-katholisch-apostolische Kirche ist das Werk Gottes.[2]

Die Einschränkung wird oft selbst als allgemeiner Satz formuliert: Was für die *Wahrheit* beansprucht werden muß, darf keineswegs auch von den vielen irrigen Meinungen oder Häresien beansprucht werden. Praktisch ist damit ein sehr massiver Anspruch verbunden: Ich, meine Kirche, meine Partei (und was dergleichen mehr) ist im Besitz der Wahrheit.

In der Ausnahmebestimmung wird ein allgemeines Prinzip (etwa, daß man gegenüber anderen Meinungen tolerant sein solle) grundsätzlich anerkannt und zugleich für einen bestimmten, singulären Fall außer Kraft gesetzt. Deshalb braucht der Kritiker auch nur die spezielle Ausnahmebestimmung anzugreifen, um die Anwendbarkeit des allgemeinen Prinzips zu garantieren. Typische Ausnahmeargumente sind: a) Die Wahrheit (meiner Religion etwa) darf mit den Irrtümern (aller anderen Religionen) nicht auf dieselbe Ebene gestellt werden. b) Was für mein Volk, mein Land, meine Partei, meine Kirche, meinen Gott geschieht, ist in jedem Fall gut.

Das Zusammenspiel von allgemeinen Prinzipien und speziellen Ausnahmebestimmungen ermöglicht andererseits erst eine lebensnahe

Sittenlehre. Fromme Juden haben Hunderte von Geboten und Verboten zu befolgen; aber wenn es darum geht, ein Menschenleben zu retten, dürfen alle Gebote übertreten werden. Eine ähnliche Argumentation findet sich z. B. in einem Dialog zwischen dem chinesischen Philosophen Menzius und einem Fragesteller. Zum Verständnis des Dialogs muß man bedenken, daß die traditionellen Regeln der Sittlichkeit im alten China von ungeheurer Bedeutung waren und Verstöße dagegen sehr negativ bewertet wurden. Die Unterredung beginnt mit der Versicherung, daß die allgemeinen Prinzipien der Sittlichkeit anzuerkennen seien:

Jemand fragte: „Was ist wichtiger, Sittlichkeit oder Nahrung?“ (Die Antwort war:) „Sittlichkeit!“

„Und was ist wichtiger, Sittlichkeit oder Sexualität?“ – „Sittlichkeit!“

Aber dann formuliert Menzius Ausnahmebestimmungen. Er benützt dazu konkrete Beispiele:

Wenn jemand verhungern müßte, der sich der Sittlichkeit gemäß ernährt, während er sich ernähren könnte, wenn er keine Rücksicht auf die Sittlichkeit nimmt, was dann? Wenn jemand, der seine Braut (der Sitte entsprechend) persönlich heimführen wollte, nicht zu einer Frau käme, während er zu einer Frau käme, wenn er sie nicht persönlich heimführt, soll er sie dann persönlich heimführen?

Wenn die Ernährung ein schweres Problem ist, und man vergleicht sie mit einer leichtgewichtigen Regel der Sittlichkeit, dann wiegt selbstverständlich die Ernährung schwerer. Oder wenn die Sexualität ein dringliches Problem ist, und man vergleicht sie mit unwichtigen Regeln der Sittlichkeit, dann wiegt selbstverständlich die Sexualität schwerer.

Man muß aber vorsichtig sein, damit die allgemeinen Prinzipien nicht durch die Ausnahmebestimmungen bedeutungslos werden. Menzius fügt deswegen noch hinzu:

Wenn jemand nur dadurch etwas zu essen bekäme, daß er es seinem Bruder entreißt und ihm dabei noch den Arm ausrenkt, soll er dann seinem Bruder tatsächlich den Arm ausrenken? Oder wenn der einzige Weg, zu einer Frau zu kommen, wäre, daß einer über seines Nachbarn Mauer steigt und dessen jungfräuliche Tochter wegschleppt, soll er das dann wirklich tun?[3]

Es ist kein Zufall, daß hier die Begrenzung der Ausnahmebestimmungen nicht durch einen allgemeinen Satz erfolgt, sondern durch ein drastisches Beispiel. Wir kommen darauf später zurück.

Gerechtigkeits- oder Gleichheitsprinzipien

Hier argumentiert man mit dem allgemeinen Satz: *Wesen, Vorfälle oder Fakten derselben Kategorie sollen auf die gleiche Weise behandelt werden.* Dieses Prinzip wird als solches kaum diskutiert, denn es ist sehr abstrakt; strittig sind seine konkreten Anwendungen.

Die Versuchung liegt nahe, das Prinzip als Kern einer Argumentation für die Demokratie zu benützen. *Alle Menschen sind von Natur aus gleich*, ist ein Argument, dem man nicht gerne widerspricht; zusammen mit dem Gerechtigkeitsprinzip liefert es unter Umständen die These, daß die Demokratie die einzige gerechte Staatsform ist.

Aber die Menschen sind nicht gleich, sonst könnte man sie nicht einmal mit Namen unterscheiden. Sie sind höchstens *in gewisser Hinsicht* gleich, oder genauer: Wenn man genug nachdenkt, findet man *irgendwelche* Gleichheiten. Angriffe gegen eine Gleichheitsargumentation brauchen sich deshalb kaum gegen das abstrakte Gleichheitsprinzip zu richten, auch nicht gegen die Behauptung, die Menschen seien *in gewisser Hinsicht* alle gleich, denn letzteres ist trivial.

Hobbes eröffnet seine politische Philosophie mit folgender Argumentation:

Die Natur hat die Menschen hinsichtlich ihrer körperlichen und geistigen Fähigkeiten so gleich geschaffen, daß trotz der Tatsache, daß bisweilen der eine einen offensichtlich stärkeren Körper oder gewandteren Geist besitzt als der andere, der Unterschied zwischen den Menschen alles in allem doch nicht so beträchtlich ist, als daß der eine aufgrund dessen einen Vorteil beanspruchen könnte, den ein anderer nicht ebensogut für sich verlangen dürfte. Denn was die Körperstärke betrifft, so ist der Schwächste stark genug, den Stärksten zu töten – entweder durch Hinterlist oder durch ein Bündnis mit anderen ...[4]

Die gleiche körperliche Verletzlichkeit aller Menschen, mit der Hobbes operiert, läßt sich nicht in einer Argumentation für die Demokratie verwenden (was Hobbes auch nicht tut); eher könnte die Gleichheit der Verletzlichkeit aller Menschen ein Argument für die Gleichheit des Schutzbedürfnisses liefern und in weiterer Folge vielleicht ein Argument dafür, daß der Staat allen Bürgern den gleichen Schutz bieten müsse.

Generell läßt sich die Gleichheit *in gewisser Hinsicht* bestenfalls als Argument für eine *Gleichbehandlung in gewisser Hinsicht* benützen; in jedem Fall aber muß das Gleichheitsprinzip stark spezifiziert und eingeengt werden.

Dilemma bzw. Fallunterscheidung

Diese Figur besteht aus zwei Argumenten, nämlich, (1) daß es außer der These T nur noch endlich viele andere, einschlägige Möglichkeiten gibt (im Fall des Dilemmas: daß es insgesamt nur 2 Möglichkeiten gibt, neben der These T also nur noch eine weitere); (2) daß keine der anderen Möglichkeiten der Fall ist bzw. in Frage kommt. Daraus folgt dann logisch zwingend die Wahrheit der These T. Als Prinzip wird hier ein logisch wahrer Satz benützt,[5] an dem nichts zu kritisieren ist. Deswegen kann man die Argumentation nur angreifen, indem man zeigt, daß (1) die Aufzählung der Möglichkeiten nicht vollständig ist oder (2) daß keineswegs alle anderen Möglichkeiten, ausgenommen T, ausscheiden. Zum Beispiel: *In vielen Ländern der dritten Welt sind Diktaturen wünschenswert; diese Länder haben nämlich nur zwischen Freiheit und Hunger zu wählen, und satt zu sein, ist wichtiger.*

Diese Argumentation für die Etablierung von Diktaturen geht davon aus, daß (1) Freiheit und ausreichende Ernährung der Bevölkerung unter den gegebenen Umständen einander ausschließende Ziele sind, und daß weitere relevante Wahlmöglichkeiten nicht bestehen; und (2) daß Freiheit, gekoppelt mit Hunger, nicht wünschbar ist. Werden diese beiden Argumente akzeptiert, so hat man eine korrekte Argumentation für die Etablierung von Diktaturen.

Beliebt bei Fanatikern aller Art ist ein Prinzip, das die Form eines Dilemmas hat: *Wer nicht für mich ist, ist gegen mich.*[6] Der Satz verschweigt geflissentlich, daß es zumindest noch eine dritte Möglichkeit gibt, nämlich Gleichgültigkeit und Desinteresse der betreffenden Lehre gegenüber.

Eine andere Anwendung des Dilemmas besteht (1) in der erschöpfenden Aufzählung aller einschlägigen Möglichkeiten für die Geltung einer These T, und (2) dem Nachweis, daß keine einzige dieser Möglichkeiten verwirklicht ist oder sein kann. Daraus folgt schlüssig, daß T falsch ist. Der israelische Historiker Moshe Zimmermann[7] vertritt die These, daß in Europa der Antisemitismus keine ernsthafte Gefahr mehr bilde, weil seine Ursachen nicht mehr existieren. Es habe nämlich nur folgende Ursachen gegeben: religiöse Verhetzung durch die christlichen Kirchen, soziale Mißstände (für die man jüdische Fabrikanten und Bankiers verantwortlich machte) und nationale Probleme.[8] Alle diese Ursachen seien inzwischen weggefallen, also bestehe die Gefahr des Antisemitismus (in Europa) nicht mehr.

Die Argumentation benützt (1) eine Fallunterscheidung für die Ursachen eines Phänomens, (2) die Behauptung, keine der aufgezählten Möglichkeiten sei verwirklicht. Es ist klar, daß (1) und (2) anfechtbar sind. In (1), so könnte man z. B. einwenden, seien nur rational einsehbare Ursachen aufgezählt, es könnte aber leider auch andere, irrationale Ursachen geben, etwa ein Bedürfnis nach einem Haßobjekt.

Auch Epikurs Darstellung des Theodizeeproblems, von der früher die Rede war, benützt die Fallunterscheidung. Man erinnere sich, es geht um die Frage, ob Gott die Übel dieser Welt hätte vermeiden können oder nicht und ob er die Übel vermeiden wollte oder nicht. Dies ergibt die 4 von Epikur aufgelisteten möglichen Kombinationen. Epikur zeigt, daß keine von ihnen mit den Grundprinzipien der Religion verträglich ist, genauer: daß es keine befriedigende Erklärung für die Übel dieser Welt gibt, die mit den traditionell angenommenen Eigenschaften der Gottheit verträglich ist.

Relativierung

Wir beginnen mit einem logischen Prinzip: *Wenn es über eine Frage mehrere, konkurrierende Thesen gibt, dann können diese nicht alle gleichzeitig wahr, wohl aber alle gleichzeitig falsch sein.*

Die Relativierung ist eine vorwiegend destruktiv benützte Argumentationsfigur. Zu diesem Zweck wird der anzugreifenden These ein Platz in einer größeren Menge von Alternativen angewiesen und damit ihr Einmaligkeitsanspruch angezweifelt. Als Argument gegen die These wird vorgebracht, daß über den in ihr behandelten Sachverhalt auch ganz andere Standpunkte vertreten werden. Der daoistische Philosoph Zhuangzi (China, 4. Jhdt. v. u. Z.) benützt das relativierende Verfahren in vielen Variationen, etwa wie folgt:

Wenn der Mensch an einem feuchten Ort schläft, bekommt er Rheumatismus und ist wie gelähmt. Nicht so der Schlammbeißer. Aber wenn der auf einem Baum sitzt, dann zittert er vor Angst. Und wie steht es mit den Affen? Wer von ihnen kennt also den richtigen Platz zum Leben?

Der Mensch ißt Mastvieh, der Hirsch frißt Gras, der Tausendfüßler delektiert sich an Würmern, die Eule frißt Mäuse. Wer von ihnen besitzt also den richtigen Geschmack? Die Menschen haben ihre Schönheitsköniginnen; aber wenn ein Fisch so eine Schönheit sieht, taucht er in die Tiefe, und wenn ein Vogel sie sieht, fliegt er davon. Wer von ihnen weiß also, was auf Erden wirklich schön ist?[9]

Was kann man mit diesem Argument eigentlich nachweisen, und

was will man damit nachweisen, welches Prinzip wird hier (stillschweigend) verwendet? Es kommen zweierlei Prinzipien in Frage. Das eine sagt:

(P1) Wenn über die Zuschreibung eines Begriffes K verschiedene Beobachter zu verschiedenen Urteilen gelangen, dann muß K relativiert werden.

Das heißt: Wenn zwei Beobachter B_1 und B_2 einander widersprechende Urteile über denselben Sachverhalt abgeben, so ist das kein Widerspruch, denn was B_1 für K (z. B. für schön) ansieht, kann für B_2 eventuell auch non-K (z. B. häßlich) sein. Deshalb ist der ursprüngliche, „absolute" Begriff K als unbrauchbar zu verwerfen. Man kann nicht schlechthin von einem idealen Lebensraum oder von Schönheit sprechen. An die Stelle des Begriffs *schön* treten Begriffe wie *schön für einen Affen, schön für einen Hund, schön für einen Menschen.* Die Relativierung hat einen Hauch von Nihilismus an sich, weil man nicht mehr naiv fragen kann: *Was ist schön? Was ist häßlich?*

Die Relativierung wird deutlich ungemütlicher, wenn es um moralische Fragen geht. Ein und dieselbe Handlung wird vielleicht von verschiedenen Menschen oder Völkern als gut bzw. schlecht angesehen. Akzeptiert man hier das Prinzip (P1), so darf man nicht mehr fragen, ob eine Handlung gut sei oder schlecht, sondern nur noch, ob sie von bestimmten Menschen oder Kulturen für gut gehalten werde.

Noch kritischer wird es, wenn an die Stelle des Begriffes *wahr* relativierte Begriffe *wahr für mich, wahr für dich* treten sollen. Damit geht ein Begriff verloren, auf den wir kaum verzichten wollen, der Begriff der Wahrheit. Hier stoßen wir auf eine typische Schwierigkeit bei allen Argumentationen, deren Ziel die Toleranz ist, d. h. die Duldung von mehreren, einander widersprechenden Meinungen, Glaubensbekenntnissen, Ideologien. Im 16. Jahrhundert plädiert zum Beispiel der Basler Humanist Castellion mit folgenden Worten für Toleranz:

Nachdem ich viel darüber geforscht habe, was denn ein Häretiker sei, habe ich nichts anderes gefunden als dies: Als Häretiker bezeichnen wir alle, die nicht mit unserer Ansicht übereinstimmen. Das zeigt sich daran, daß es kaum eine Sekte gibt (und sie sind heute zahllos), welche nicht die anderen für häretisch hält. Das geht so weit, daß du, wenn du in einer Stadt für rechtgläubig giltst, in der nächsten ein Häretiker bist. So muß, wer heute in Frieden leben will, soviele Religionen haben, wie es Städte oder Sekten gibt.[10]

Hier wird der Begriff *Häretiker* relativiert zu *Häretiker in den Augen eines so-und-so Gläubigen*. Es folgt damit die Möglichkeit, daß Religionen einander widerspruchsfrei wechselseitig für Häresien halten. Dies hat die Konsequenz, daß auch der Begriff der Rechtgläubigkeit und damit der (religiösen) Wahrheit relativiert wird. Jede Sekte, jede Konfession, jede Ideologie beansprucht aber, im Besitz der einen, absoluten, einzigen Wahrheit zu sein. Dem Verfechter von Toleranz kann nun vorgeworfen werden, er bestreite die Existenz einer solchen absoluten Wahrheit überhaupt, womit die ganze Religion der Beliebigkeit ausgeliefert werde. In vielen Fällen zwingt aber die historische Situation den Anwalt der Toleranz, einen derartigen Vorwurf entschieden zurückzuweisen. Er wird also einräumen, daß es natürlich nur eine einzige Wahrheit, eine einzige wahre Religion gebe. Oft ist dies auch seine ehrliche Überzeugung.

Ist dies aber einmal eingeräumt, so wird die Toleranzargumentation schwierig. Denn der Wahrheit kommt doch sicher ein Sonderstatus zu. Daß es zu einer wahren These T oder der einen wahren Religion unbegrenzt viele konkurrierende, aber falsche geben kann, ist trivial und ändert nichts an der Sonderstellung der Wahrheit. Es ist für die Wahrheit eines Satzes unerheblich, wieviele konkurrierende, falsche Meinungen dazu geäußert werden.

Der Anwalt der Toleranz kann deshalb am ehesten für folgendes Prinzip eintreten: *(P2) Wenn es über eine Frage mehrere, voneinander abweichende Ansichten gibt, zwischen denen man nicht entscheiden kann, soll man gegen alle diese Ansichten tolerant sein.*

Fatalerweise wird jeder überzeugte Anhänger einer Religion oder Ideologie aber bestreiten, daß zwischen wahrem und falschem Glauben, zwischen Orthodoxie und Häresie nicht objektiv und endgültig entschieden werden könne. Folglich sei das gerade formulierte Toleranzprinzip ohnehin nicht anwendbar. So kann es dahin kommen, daß die streitenden Parteien sich in einem Punkt einig sind, der Verdammung des Aufklärers, der für Toleranz eintritt.

Das slippery-slope-Prinzip[11]

Man argumentiert für eine These über einen strittigen Fall, indem man auf einen anderen, nach allgemeiner Meinung unstrittigen, schrecklichen hinweist, und behauptet, daß der strittige Fall nur eine Vorstufe des schrecklichen sei. *„Wehret den Anfängen!“* ist eine prägnante Kurzfassung dieses Prinzips: *Abtreibung gehört verboten, denn wenn* *man einmal damit beginnt, Leben zu zerstören, wo wird es noch Grenzen geben! Abort in der 1. Woche soll erlaubt sein, in der 30. Woche nicht, das ist inkonsequent! Und warum nicht auch Alte und Kranke töten?*

Analog kann gegen die Anwendung gentechnischer Verfahren argumentiert werden. Welche natürlichen oder unmittelbar einleuchtenden Grenzen gibt es für die Veränderung menschlichen Erbguts, wenn sie einmal möglich sein wird?

Das Prinzip der slippery-slope-Argumentation könnte lauten: *Angenommen, zwischen X und Y gibt es keine scharfen Unterschiede oder Grenzen, sondern einen allmählichen, graduellen Übergang. Wenn X getan oder erlaubt wird, so wird deshalb über kurz oder lang auch Y getan oder erlaubt werden.*

Je nachdem, ob man ein Prinzip dieser Art akzeptiert oder nicht, wird die slippery-slope-Argumentation akzeptabel sein oder nicht. Sichtlich kommt es darauf an, was für X und Y eingesetzt wird. Was wäre etwa von der folgenden Behauptung zu halten? *Zwischen dem Töten von Tieren und dem von Menschen besteht kein natürlicher Unterschied; Wenn also das Jagen oder Schlachten von Tieren erlaubt ist, dann auch …*

Um ein slippery-slope Argument zu entkräften, wird man nachzuweisen versuchen, wie unwahrscheinlich das Abgleiten im vorliegenden Fall ist, oder welche subtilen Vorkehrungen getroffen wurden, um ein solches Abgleiten zu verhindern. Eine andere Möglichkeit ist, den graduellen Übergang von dem schrecklichen Fall zu dem in Frage stehenden überhaupt zu bestreiten. *Wo liegen dann noch Grenzen?!* argumentiert die eine Seite, und die andere entgegnet: *Alles hat seine Grenzen!*

Argument *a majore* (*minore*)

Dieser Terminus ist nicht sehr verbreitet; er bezeichnet eine mit dem slippery slope Argument verwandte Technik. Es wird ein Kontinuum hergestellt, in dem irgendwo ein positiv (negativ) bewerteter Fall liegt, und dieser Fall wird gesteigert bis zu dem in Frage stehenden: *Wenn man einen Erwachsenen, der sich immerhin wehren kann, nicht töten darf, wieviel weniger einen Embryo, der doch schutzlos ist.* Oder: *Wenn schon Notwehr gegen einen individuellen Mörder vom Gesetz erlaubt wird, wie sehr müßte Notwehr gegen ein Atomkraftwerk erlaubt sein, das unsere gesamte Bevölkerung für alle Zukunft bedroht!*

Ein berühmtes Beispiel findet sich bei dem chinesischen Philosophen Mo Di (5./4. Jhdt. v. u. Z.), der folgendermaßen gegen das Kriegführen argumentiert:

Angenommen, es geht heutzutage jemand in einen fremden Obstgarten und stiehlt dort Pfirsiche und Pflaumen; jeder, der davon erfährt, wird es verurteilen, und wenn die Obrigkeit diesen Menschen zu fassen bekommt, wird er bestraft. Warum wohl? – Weil er andere schädigt, um selbst zu profitieren! Hunde, Schweine, Hühner oder Ferkel stehlen ist noch viel schlimmer, als Obst aus fremden Gärten zu holen. Warum? Weil damit anderen noch größerer Schaden zugefügt wird. Deshalb ist es auch viel inhumaner und verbrecherischer!

Wenn schließlich jemand einen unschuldigen Menschen tötet [...] so ist das noch viel verwerflicher [...] Warum? Weil er anderen Menschen noch weit mehr schadet. Darum sind seine Inhumanität und sein Verbrechen auch viel größer, und die Strafe wird entsprechend schwerer ausfallen. Alle Fürsten auf Erden wissen das sehr wohl, verurteilen solche Taten und nennen sie ein unsittliches Verhalten. Erreicht dieses Vorgehen aber seinen Höhepunkt, indem ganze Staaten angegriffen werden, so finden sie daran nichts mehr zu verdammen [...]

Angenommen, ein Mann sieht einen kleinen schwarzen Fleck und nennt ihn schwarz; sieht er aber einen großen schwarzen Fleck, nennt er ihn weiß. Dieser Mann kennt offensichtlich nicht den Unterschied zwischen schwarz und weiß. Kostet jemand ein wenig Bitteres und nennt es bitter, viel Bitteres aber nennt er süß, so kennt er den Unterschied zwischen süß und bitter nicht. Wenn jemand ein geringes Unrecht als ein Unrecht erkennt, großes Unrecht aber, nämlich den Angriff auf ein Land, nicht als Unrecht erkennt, sondern womöglich noch von Rechtschaffenheit redet – kann man dann von ihm noch sagen, daß er den Unterschied zwischen Recht und Unrecht kenne? Daran sieht man, wie wenig die Fürsten Recht und Unrecht noch auseinanderhalten können.[12]

Der Hintergrund des Einzelfalles. Die paranoide Deutung

Gegeben sei ein unangenehmes Faktum. Man ordnet dieses Faktum nun in einen größeren Zusammenhang ein, um es dadurch neu zu gewichten. Dabei wird (stillschweigend) folgendes Prinzip angewendet: *Eine an sich eventuell noch tolerierbare, unangenehme Sache wird unerträglich, wenn dahinter eine umfassendere, allgemeine Gesetzmäßigkeit oder ein Plan steckt.*

Ein derartiges Prinzip hat viel für sich; je nachdem, ob eine Sache absichtlich, regelmäßig, geschehen ist oder aber zufällig, hat man Grund, mit ihrer Wiederholung zu rechnen oder nicht. Diskutiert und kritisiert wird an solchen Argumentationen deshalb weniger das allgemeine Prinzip, als die Einordnung des Einzelfalles in einen allgemeineren Kontext. Diese Einordnung geschieht z. B. mit der Wendung *Derlei ist absolut kein Zufall, derlei folgt geradezu notwendig aus dieser Ideologie. Derlei ist nur die Spitze des Eisberges.*

Das Argument, daß hinter gewissen Dingen mehr als bloß (unglücklicher) Zufall stecke, kann falsch sein. Der an Verfolgungswahn (Paranoia) Leidende deutet jedes nur erdenkliche Ereignis, das Kreischen eines Kindes, einen fehlgeleiteten Telefonanruf, einen schimmelig gewordenen Käse, als Teil einer großen Verschwörung gegen sich. (In – freilich extrem seltenen – Ausnahmefällen ist die Interpretation richtig und der leidende Mensch gar nicht paranoid.) Diktatoren, die ihre Ziele nicht sofort erreichen, vermuten überall Sabotage: Was geschehen ist, ist kein Zufall, dahinter steckt Absicht, Methode, System, ein Plan, eine Weltverschwörung – und das hat Konsequenzen; es gibt Schuldige. Manchmal stimmt das ja auch, aber eben nicht immer. Jedes einzelne Mißgeschick, jeder Mißerfolg erhält dadurch ein ganz anderes, größeres Gewicht. Die Figur kann auch absichtlich, wider besseres Wissen benützt werden, um von Schwierigkeiten abzulenken: Wo Sabotage vorliegt, muß es auch Saboteure geben, die man suchen und aburteilen kann. Dümmstenfalls erfindet man etwa eine „Jüdische Weltverschwörung".

Auch das „Dominoprinzip" beruht darauf, Einzeltatsachen in einen größeren Zusammenhang zu stellen. In der politischen Diskussion des kalten Krieges benützte man die Domino-These, um zu begründen, daß der Westen jedes nicht-kommunistische Land unterstützen müsse. Der Verlust eines Landes für den Westen wäre demnach kein isolierter Einzelfall gewesen, sondern er hätte eine Kette von unerwünschten Folgen ausgelöst: *Fällt ein Dominostein, so folgt der nächste usf. Niemand soll denken, ein Rückzug aus Vietnam bedeute das Ende des Konfliktes. Dieser Fall ist bloß der nächste in einer langen, nicht-enden-wollenden Entwicklung.*[13]

Das Mißbrauchsargument

Die Umkehrung des vorhin angeführten Prinzips lautet: *Eine mißliche Sache ist eher zu ertragen, wenn es sich um einen Zufall oder eine einmalige Entgleisung handelt, als wenn ihr Planung, Absicht, Gesetzmäßigkeit, System zugrunde liegen.*

Dieses neue Prinzip dient der milderen Bewertung bzw. Entschuldigung von Mißständen oder schlimmen Entwicklungen. Zum Beispiel hat die Ausbildung des Stalinismus viele Anhänger des Marxismus schockiert, um so mehr als der Marxismus eigentlich als humanitäre Ideologie begonnen hatte. Man fragte sich: War dies nur ein unglücklicher Zufall, ein nicht vorhersehbarer Betriebsunfall, oder folgte der Terror aus der Idee des Sozialismus oder des Kommunismus? Handelt es sich um einen atypischen Ausnahmefall oder eine bedauerliche Entartung, so kann ein Anhänger des Marxismus auch weiterhin mit gutem Gewissen an seiner Ideologie festhalten. Denn dann ist der Terror der Stalin-Ära nicht der marxistischen Ideologie anzulasten, sondern einzelnen mißgeleiteten oder schwachen Anhängern derselben: Nicht der Marxismus ist schlecht, sondern der Mißbrauch, der damit getrieben wurde. Nicht die Idee ist falsch, einige Menschen sind schuldig geworden.

Diese Figur kann durchaus sinnvoll sein. Es gibt kaum etwas, mit dem nicht Mißbrauch getrieben werden kann, also ist es problematisch, etwas nur wegen des Mißbrauchs zu verdammen. Sollte jemals ein Papst oder Bischof machtgierig, genußsüchtig oder verbrecherisch gewesen sein, so ist dadurch nicht ohne weiteres ein Argument gegen seine Kirche gegeben. Er handelt dann eben „eines Kirchenmannes unwürdig". Viele demokratische Politiker sind korrupt; wir wissen es alle. Und doch schließen wir davon nicht ohne weiteres auf die Minderwertigkeit der Demokratie.

Man könnte das Prinzip aufstellen: *Einer Doktrin dürfen nur solche Dinge angelastet werden, die sich aus eben dieser Doktrin direkt herleiten.* Ein Kritiker müßte dann im einzelnen untersuchen, ob beispielsweise Intoleranz bei gewissen Religionen oder Diktatur bei bestimmten Ideologien nur mißbräuchliche Entgleisungen sind oder dogmatisch durchaus angelegt. Heikel wird es, wenn eine angeblich menschenfreundliche Doktrin im Laufe der Geschichte mit großer Regelmäßigkeit sogenannte Mißbräuche hervorbringt und kaum je die versprochenen großartigen humanitären Wirkungen.

Analogien und Gleichnisse

Ein Gleichnis geben heißt, einen einschlägigen konkreten Einzelfall K1 anführen, um, davon ausgehend, für eine These zu argumentieren, die von einem anderen (eventuell von einem *ganz anderen*) Einzelfall K2 handelt. Rein logisch gesehen kann man von einem Einzelfall niemals auf einen anderen Einzelfall oder gar auf eine allgemeine These schließen. Aber wenn K1 zur Verdeutlichung eines allgemeinen Satzes A (d. h. als Beispiel für A) dient, aus dem neben K1 noch viele andere konkrete Fälle (zu denen auch K2 gehört) abgeleitet werden können, ist das Anführen von K1 ein hilfreicher Argumentationsschritt.

In der Praxis argumentiert man für eine These K2 über einen Einzelfall oft so, daß man nur einen anderen Einzelfall K1 als Beispiel anführt, während der allgemeine Satz A (durch den das Beispiel K1 mit der zu erweisenden These K2 verbunden ist oder sein sollte) unausgesprochen bleibt. Man schließt *per analogiam* von K1 auf K2, was logisch nicht ohne weiteres erlaubt ist. Platon argumentiert für die politische Herrschaft der (platonischen) Philosophen über den Staat und zugleich gegen die Demokratie mit folgendem Beispiel:

Höre also das Gleichnis [...] Denke dir, es ginge auf einem Schiff oder auf vielen Schiffen folgendermaßen zu. Der Schiffseigentümer ist größer und stärker als die ganze Besatzung; er ist aber schwerhörig und kurzsichtig, und sein Verständnis für das Seewesen ist ebenfalls mangelhaft. Nun zanken sich die Schiffsleute untereinander, weil jeder meint, ihm käme die Führung des Schiffes zu. Dabei hat aber keiner je die Steuerkunst gelernt, kann auch seinen Lehrer und seine Lehrzeit nicht nachweisen. Ja, sie erklären, diese Kunst sei gar nicht lehrbar, und wollen jeden in Stücke hauen, der sie lehrbar nennt. Sie stürmen also beständig auf den Schiffseigentümer ein, er solle ihnen das Steuerruder in die Hand geben. Überredet ihn einmal ein anderer, so ermorden sie ihn oder werfen ihn über Bord [...]

Wer sich beim Überreden oder Überwältigen des Schiffseigentümers geschickt erweist und ihnen behilflich ist, die Macht in die Hände zu bekommen, der steht als seetüchtig, als kundiger Steuermann und Kenner des Seewesens bei ihnen in Ehren. Wer kein Geschick dazu hat, wird unbrauchbar gescholten [...]

Bei dieser Lage der Dinge auf einem Schiff wird doch der wahre Steuermann von den Schiffsleuten entschieden für einen Sterngucker und Schwätzer, einen für sie unbrauchbaren Mann erklärt [...]

Ich brauche das Gleichnis wohl nicht auszulegen. Du siehst, daß sich die Staaten dem wahren Philosophen gegenüber ebenso betragen, und verstehst, was ich meine.[14]

Sicher will Platon logisch korrekt argumentieren. Von seinem Gleichnis kann man logisch aber nicht ohne weiteres auf die These schließen, ein Staat solle nicht demokratisch, sondern von einer Diktatur platonischer Philosophen regiert werden. Platons Argumentation muß daher als Enthymem aufgefaßt werden, das zwei unerwähnte Prämissen benützt, nämlich erstens ein allgemeines Prinzip, gegen das man (nicht zuletzt wegen seiner Allgemeinheit) wenig einwenden kann: *Eine schwierige Aufgabe soll nur von den dafür besonders Befähigten und Ausgebildeten gemeistert werden und nicht von beliebigen Nichtswissern.*

Die zweite Prämisse ist sehr viel spezieller und viel weniger einleuchtend: *Nur die platonischen Philosophen sind zur Bewältigung politischer Aufgaben befähigt und ausgebildet, nicht aber der Rest der Bevölkerung.*

Es ist klar, daß die Kritik an diesem speziellen, unausgesprochenen Satz ansetzen muß. Die Schiffsgeschichte ist nur eine Erläuterung des ersten, allgemeinen Satzes, und es wäre ungeschickt, sich mit dieser (bloß erläuternden) Geschichte auseinanderzusetzen.

Regierende bezeichnen sich selbst gerne als Landesväter, Kleriker als Hirten. Warum? Väter und Hirten müssen Autorität besitzen, sie müssen Entscheidungen über andere Wesen treffen und diese Entscheidungen notfalls mit Gewalt durchsetzen können. Jedermann sieht das ein. Ein Hirte diskutiert nicht mit seiner Herde, sondern hütet sie. Dieselben Ansprüche an Autorität und Macht stellen Regierungen und Kirchen. Das Gleichnis vom Vater bzw. Hirten dient dabei als Argument. Wie aber, wenn jemand andere Aspekte des Gleichnisses für einen Schluß *per analogiam* benützen wollte? Kinder entwachsen nämlich ihren Vätern und werden volljährig; und Hirten dienen dazu, schöne fette Tiere zu produzieren, die dann geschlachtet werden – deswegen die große Sorgfalt der Hirten.

Was folgt aus *diesen* Aspekten? Es folgt gar nichts, weil aus einem Gleichnis ohnehin nichts folgt. Logisch gesehen sind Gleichnisse nur Bilder, die stellvertretend für einen allgemeinen Satz (ein Prinzip) stehen. Im Beispiel lautet das Prinzip ungefähr so: Wer Menschen führen und befehligen soll, darf Macht und notfalls auch Gewalt beanspruchen. Über *dieses* Prinzip müßte diskutiert werden, wobei das Bild vom guten Hirten wenig hilft. Analogien, Bilder, Gleichnisse sind im praktischen Leben unentbehrlich, aber ihr argumentativer Wert ist gering. Sie können das Denken und die Phantasie anregen, aber sie können nichts beweisen, und sie können sehr irrefuhrend sein.

Analogieschlüsse spielen in der Rechtsprechung eine wichtige Rolle. Wenn zur Beurteilung eines konkreten Einzelfalles kein Gesetz aufzufinden ist oder das einschlägige Gesetz nicht präzise genug formuliert ist, orientiert sich der Richter an „gleichgelagerten", schon entschiedenen Fällen, um dann *per analogiam* ein Urteil zu erarbeiten. Dieses Fortschreiten von Einzelfall zu Einzelfall ist logisch nicht zwingend, da nicht klar ist, welches allgemeine Prinzip die Fälle verbindet. Je nach den Umständen wird man sagen, daß der Richter bei solchem Vorgehen versucht, „der Absicht des Gesetzgebers" (d. h. einem allgemeinen Prinzip) gerecht zu werden, oder daß das neue Urteil neues Recht schafft.

Das Differenzierungsargument

Es dient zur Abwehr eines Beispiels oder Vergleiches. Man zeigt, daß zwei Fälle, die scheinbar gleich gelagert sind, sich tatsächlich stark unterscheiden, und man schließt daraus, daß sie auch nicht gleich zu bewerten sind. Damit läßt sich Platons Angriff auf die Demokratie zurückweisen, denn ein Staat ist kein Schiff, und politische Fähigkeiten sind etwas völlig anderes als Navigationskünste auf hoher See. Folglich kann es im einen Fall unklug sein, das Kommando durch Los festzulegen, und im anderen Fall durchaus sinnvoll.

Ein Beispiel für ein Differenzierungsargument gibt Rousseau, wenn er gegen die Möglichkeit argumentiert, daß jemand sich selbst freiwillig in die Sklaverei begibt (etwa um seine Schulden zu begleichen). Ist dies nicht ein freiwillig geschlossener Vertrag wie jeder andere, mithin genauso zu respektieren und einzuhalten? Rousseau argumentiert dagegen:

Ich glaube, das ist eine sehr schlechte Folgerung.

Wenn ich ein Gut veräußere, wird es für mich eine gänzlich fremde Sache; es kann mir gleich sein, ob man es mißbraucht. Ob aber meine Freiheit mißbraucht wird, ist mir niemals gleichgültig. Die Schuld alles Bösen, zu dem man mich zwingt, fällt auf mich zurück, weil ich eingewilligt habe, ein Werkzeug des Verbrechens zu werden.

Jedoch gesetzt, man könnte seine Freiheit veräußern wie seine Güter, so bliebe doch für die Kinder der Unterschied sehr groß: die väterlichen Güter fallen ihnen nur durch die Übertragung seines Rechts zu, aber die Freiheit haben sie als Menschen von der Natur erhalten, und ihre Eltern sind daher nicht berechtigt, ihnen dieses Geschenk der Natur zu rauben.[15]

Das Prinzip, *Ungleiche Fälle müssen ungleich bewertet werden*, ist aber nicht zwingend. Jemand verteidigt etwa die Anwendung von Gewalt in einem konkreten Fall mit dem Argument, man müsse unterscheiden, aus welchem Grund Gewalt angewendet werde, aus Grausamkeit, Machtgier etc., oder aus Sorge um den Bestand der Heiligen Kirche. Gegen die Unterscheidung läßt sich an sich nichts einwenden, unterscheiden kann man immer. Zu attackieren wäre aber eventuell das Prinzip, daß zum Beispiel das Verbrennen von Menschen auf dem Scheiterhaufen je nach den Umständen unterschiedlich zu bewerten sei. Eine Differenzierung ist in diesem Zusammenhang alles andere als einleuchtend, denn ein wichtiger Teil der Idee der Menschenrechte besteht ja darin, daß sie *ohne Unterschied* der Umstände eingehalten werden sollen.

Freak Cases

Mit diesem Ausdruck bezeichnet man ausgefallene, scheinbar abwegige oder verrückte Beispiele. Sie dienen als Gegenbeispiele gegen eine allgemeine These. Im Hintergrund steht ein unangreifbares logisches Prinzip: Eine (allgemeine) These, zu der es auch nur ein Gegenbeispiel gibt, ist falsch. Eine These mag zunächst einleuchtend scheinen, aber der *freak case* gibt ein Gegenbeispiel. Auch ein exzentrisches Gegenbeispiel ist ein Gegenbeispiel. Diese Figur findet sich schon bei Platon. Er benützt ein exzentrisches Beispiel zur Widerlegung einer bestimmten These über den Begriff der Gerechtigkeit:

Sollten wir die Gerechtigkeit als schlechthin gleichbedeutend mit der Wahrhaftigkeit setzen und dem Zurückgeben dessen, was man von anderen empfangen hat...?

Nimm z. B. folgenden Fall: Wenn jemand von einem geistig gesunden Freund Waffen in Verwahrung genommen hat und dieser, später in Wahnsinn verfallen, sie wieder zurückfordert, so wird doch jedermann sagen, man dürfe dergleichen Dinge nicht zurückgeben, und der, welcher dies tut, könne nicht als gerecht gelten; ebensowenig, wenn er gegenüber einem Manne, der in solchem Zustand ist, in allen Stücken die Wahrheit sagen wollte.

Man bestimmt also die Gerechtigkeit nicht richtig, wenn man sagt, sie bestehe darin, daß man die Wahrheit sagt und zurückgibt, was man empfangen hat.[16]

Freak cases sind speziell bei moralischen Argumentationen von Bedeutung. Sie machen dort auf die Gefahr universeller, eleganter, aber lebensferner Doktrinen und Maximen aufmerksam. In der klassischen chinesischen Philosophie spielt der Fall des moralisch aufrechten Herrn Gong eine gewisse Rolle.[17] Dabei geht es um das moralische Gebot, seinen Vater bedingungslos zu respektieren und zu unterstützen. Der Vater des Herrn Gong war allerdings ein Dieb. Dieser „ausgefallene" Fall stellt den Sinn des allgemeinen Prinzips der Elternliebe in Frage. Wir geben hier nur eine von mehreren Varianten für die Behandlung des Problems, die konfuzianische:

Der Herzog von She sagte zu Konfuzius: „Bei uns zulande gibt es einen aufrechten Mann namens Gong. Als sein Vater ein Schaf stahl, sagte der Sohn gegen ihn aus."

Konfuzius sagte: „Bei mir zulande gibt es eine andere Art, aufrecht zu sein. Hier deckt der Vater den Sohn und der Sohn deckt den Vater. Auch das ist ehrenwert."[18]

Der *freak case* erzwingt ein sorgfältigeres Überdenken einer allgemeinen These, und er zeigt, daß jede noch so genaue Formulierung nie alle Probleme erfassen kann. Das wird man bei moralischen Fragen oft genug feststellen können. Das Beispiel des aufrechten Herrn Gong zeigt auch, daß die Klassifizierung eines Beispiels als *freak*, verrückt, relativ ist. Das moralische Problem des Herrn Gong beruht auf einem Konflikt zweier Normen (Kindespflichten und bürgerlicher Pflichten); und ist ein Normenkonflikt nicht ein moralisch ganz besonders interessanter Fall? Exzentrisch ist der Fall des Herrn Gong nur relativ zu der allgemeinen Norm, seinen Vater bedingungslos zu ehren.

Weniger erfreulich ist es, wenn man mit wirklich abwegigen Einwänden konfrontiert wird. Normalerweise schließt man z. B. bei moralischen Überlegungen den Eingriff von Marsmännlein, das Einschlagen eines Meteoriten oder die Situation des letzten Menschen nach einer globalen Atomkatastrophe aus.

Das Argument *ad temperantiam* (ein gewisses Maß einhalten)

Dies ist eine ebenso beliebte wie problematische Argumentationsfigur. Man stellt eine Position, die man verteidigen will, als gemäßigt dar, als Mitte zwischen Extremen. Die Argumentation benützt das Prinzip *Maßhalten ist besser als extreme Positionen einzunehmen.* Ein solches Prinzip ist nur verständlich, wenn es näher spezifiziert wird. Ansonsten besteht, weil der Begriff des Extrems alles andere als klar ist, die Gefahr der totalen Beliebigkeit, denn zu jeder Position lassen sich vermutlich „extremere“ ausdenken. Einen Ladendieb lebenslänglich hinter Gitter zu setzen ist gemäßigt gegenüber den Extremen, ihn laufenzulassen oder ihn zu vierteilen. Obwohl Mäßigung in irgendeinem Sinne sicher eine empfehlenswerte, angenehme Haltung ist, sind Argumente *ad temperantiam* nur selten sinnvoll; oft sind sie bloß verschämtere Versionen des Arguments: *Es könnte dir doch noch viel, viel schlechter gehen!* Dieses Argument ist auf dieser unserer Welt immer wahr, aber das in der Argumentation benötigte Prinzip ist nicht einleuchtend: *Beklage dich nicht, denn es könnte dir noch viel schlechter gehen.*

Das historisch-genetische Argument

Ein Phänomen historisch erklären heißt: zeigen, wie es im Lauf der Geschichte entstanden ist. Gelingt eine solche historische Erklärung überzeugend (was wir der Deutlichkeit wegen voraussetzen wollen), so braucht man nicht über andere Erklärungen nachzudenken, die beispielsweise mit einem Eingriff extraterrestrischer Mächte operieren. Das Prinzip der Argumentation lautet: *Obwohl es für jede Tatsache zahlreiche Möglichkeiten der Erklärung gibt, braucht man sich um dieselben nicht zu kümmern, sobald man die wirkliche Erklärung hat.* Wenn man z. B. die Entstehung einer Religion historisch erklärt hat, braucht man keinen überirdischen Einfluß anzunehmen, durch den diese Religion entstanden ist.

Aufklärerische Philosophen (zum Beispiel L. Feuerbach[19], D. Hume[20]) haben gerne skizziert, wie und warum Religionen historisch entstanden sind, etwa aus Furcht vor der Natur. Vermutlich wollten sie die Falschheit der Religion nachweisen; aber sie hielten sich mit einer solchen, starken These zurück, denn rein logisch hat die Wahrheit bzw. Falschheit einer These nichts mit der Ausbildung und Ausformulierung dieser These im Lauf der Geschichte zu tun. Man kann eine Geschichte der Religionen oder des Rassismus schreiben, aber man hat damit theoretisch nichts über die Wahrheit oder Falschheit der Religionen oder des Rassismus gesagt.

Nietzsche stellt unter der Überschrift *Die historische Widerlegung als die endgültige* folgende methodologische Behauptung auf:

Ehemals suchte man zu beweisen, daß es keinen Gott gebe, – heute zeigt man, wie der Glaube, daß es einen Gott gebe, e n t s t e h e n konnte und wodurch dieser Glaube seine Schwere und Wichtigkeit erhalten hat: dadurch wird ein Gegenbeweis, daß es keinen Gott gebe, überflüssig.- Wenn man ehemals die vorgebrachten „Beweise vom Dasein Gottes" widerlegt hatte, blieb immer noch Zweifel, ob nicht noch bessere Beweise aufzufinden seien, als die eben widerlegten: Damals verstanden die Atheisten sich nicht darauf, reinen Tisch zu machen.[21]

Wir wollen hier davon absehen, daß historische Erklärungen selten eindeutig und zwingend sind. Nehmen wir also an, die Entstehung des Gottesglaubens sei historisch erklärt, ohne daß man Offenbarungen oder sonstige außerirdische Phänomene bemühen muß. Um Nietzsche zu rechtfertigen, müßte man dann ungefähr das folgende Prinzip benützen: *Eine These, deren Entstehung historisch erklärbar ist, braucht man inhaltlich nicht ernst zu nehmen.*

Als universales Prinzip läßt sich so etwas bestimmt nicht aufrechterhalten. Wenn ein Kind behauptet, es sei letzte Nacht auf dem Dachfirst spazierengegangen, so wird man das historisch-genetisch erklären: das Kind hat geträumt. Aber man kann nicht absolut ausschließen, daß das Kind wirklich auf dem Dach war. Die historisch-genetische Erklärung wird allerdings unser Bedürfnis nach weiteren Untersuchungen drastisch verringern. Es bedarf schon eines sehr starken Anlasses, um uns zu Nachforschungen darüber zu veranlassen, ob das Kind nicht doch auf dem Dach war. Das historisch-genetische Argument ist um so gewichtiger, je dubioser die These ist, deren Entstehungsgeschichte es darlegt.

Im *Kommunistischen Manifest* steht der berühmte Satz: *Die herrschenden Ideen einer Zeit waren stets nur die Ideen der herrschenden Klasse.*[22] Das ist eine universelle These über die historische Genese von Ideologien (Überbauphänomenen) aus materiellen Interessen (Klasseninteressen). Letztlich besagt diese These, daß man sich mit solchen Ideologien inhaltlich nicht auseinanderzusetzen brauche, sie würden ohnehin mit den zugehörigen Klassen entstehen und vergehen.

Quellenargumente, Argumente *ad hominem*

Betrachten wir den Satz: *Das Dogma D ist wahr, weil der Papst es verkündet.* Das ist ein klassisches Quellenargument. Für die Wahrheit einer These wird als Argument angeführt, von wem, aus welcher Quelle, von welcher Autorität die These stammt. Damit daraus eine schlüssige Argumentation wird (und als solche ist der Satz ja gemeint), muß man ein allgemeines Prinzip hinzufügen: *Alle Sätze, die der Papst verkündet, sind wahr.*

Damit liegt eine logisch korrekte Argumentation vor. (Man sieht, daß eine Figur je nach den Umständen als Fehlschluß oder als korrekte, aber enthymematische Argumentation gedeutet werden kann.) Angriffe gegen die Argumentation werden sich zweifellos gegen das ihr zugrundeliegende allgemeine Prinzip richten. Die Berufung auf eine ehrwürdige Quelle ist die typische Argumentationsform von Buchreligionen; diese haben immer einen Bestand an heiligen Schriften als Basis der Argumentation. Als das stärkste Argument gilt dabei, wenn eine heilige Schrift eine These auch noch als wörtlichen Ausspruch des Meisters überliefert: *ipse dixit*, der Meister selbst hat es gesagt. So gingen auch orthodoxe Marxisten mit den Worten von Marx und Lenin um.

Unter „Quellenargumenten" oder Argumenten *ad hominem* werden Figuren verstanden, in denen, ausgehend von Behauptungen über die Quelle (den Verfechter) einer These, für oder gegen die Wahrheit der letzteren argumentiert wird. „Brunnenvergiften" heißt, nicht eine These, sondern ihre Quelle zu verunglimpfen. Dieses Vorgehen hat keinen guten Ruf und ist grundsätzlich nicht beweiskräftig; es richtet sich nicht gegen eine These, sondern gegen den Menschen (*ad hominem*), der sie aufstellt; man versucht so, die inhaltliche Auseinandersetzung mit dessen These zu umgehen.

Voltaire charakterisierte seinerzeit das Vorgehen kirchlicher Kreise gegen die Aufklärer, indem er einem Vertreter der Kirche ein typisches Argument *ad hominem* in den Mund legte:

Wir untersuchen ihren Lebenswandel, der, wie wir feststellen, meistens lasterhaft und verbrecherisch ist; und wenn er uns unbescholten scheint, so behaupten wir, dies sei unmöglich, da sie doch an der Enzyklopädie mitgearbeitet haben.[23]

Andererseits weist bereits Aristoteles[24] darauf hin, daß der Lebenswandel eines Redners durchaus in Beziehung zu seiner Glaubwürdigkeit stehe. Je strittiger eine These ist, desto wichtiger wird die Frage nach der Glaubwürdigkeit desjenigen, der die These vertritt. Lehrer, Nachrichten, Zeugen und deren Berichte, Wunderberichte und ähnliche Zeugnisse stellen manchmal die einzigen Informationen über ein Ereignis dar und können nicht weiter nachgeprüft werden. Je unersetzlicher der Zeuge ist, desto mehr unterliegt er der Kritik. Dagegen ist bestimmt nichts einzuwenden.

Seit langem erfolgt z. B. die Kritik angeblicher Wunder (inklusive aller Offenbarung) als Kritik der Zeugen. D. Hume widmet dem in der *Untersuchung über den menschlichen Verstand* ein ausführliches Kapitel und stellt das Prinzip auf, je wunderbarer ein Bericht sei, desto mehr müsse man an der Glaubwürdigkeit des Zeugen zweifeln. Mit anderen Worten: *Kein Zeugnis reicht aus, ein Wunder festzustellen, es müßte denn das Zeugnis von solcher Art sein, daß seine Falschheit wunderbarer wäre als die Tatsache, die es festzustellen trachtet.*[25]

Die Bewertung der Quelle hat selbst den Charakter einer Argumentation für bzw. gegen deren Glaubwürdigkeit. Bei der Bewertung von Zeugenberichten über seltsame, wunderbare Ereignisse (von göttlichen Offenbarungen bis zu fliegenden Untertassen) sind zum Beispiel allgemeine Sätze wie die folgenden zu finden:[26]

– Wunderberichte aller Art kommen regelmäßig von Exzentrikern, Drogensüchtigen, Psychopathen: *„Sie haben Dinge gesehen, die Andere nicht sehen“ – gewiß! und dies sollte uns vorsichtig gegen sie stimmen, aber nicht gläubig!*[27]

– Die Zeugen haben ein tiefes (eventuell unbewußtes) Bedürfnis nach Mysterien und Irrationalität.

– Die Berichte werden durch den Medienrummel stimuliert, Wunder geschehen nur dort, wo die Leute schon darauf warten. Nach dem Bericht des Neuen Testaments hat Jesus in seiner Heimatstadt Nazareth, wo man ihn kannte und mit Skepsis betrachtete, kaum Wunder gewirkt:

Jesus kam in seine Vaterstadt und lehrte in der Synagoge. Die Leute aber entsetzten sich und fragten, woher hat dieser solche Weisheit und solche Taten, ist er nicht der Sohn des Zimmermanns. ..?

Jesus aber sprach zu ihnen: Ein Prophet gilt nirgends weniger als in seinem Vaterland und in seinem Hause. Und er tat dort nicht viele Zeichen wegen ihres Unglaubens.[28]

Der Satz, daß ein Prophet nichts in seiner Heimat gilt, ist ein durchaus doppelsinniges Prinzip. Er kann gelesen werden als Klage über die Hartherzigkeit und Ungläubigkeit der Menschen ihren vertrauten Mitmenschen gegenüber; er kann auch gelesen werden als nüchterne Feststellung, daß der Wunderglauben um so größer wird, je unbekannter, fremder und unkontrollierbarer der Wundertäter bzw. der Bericht über ihn ist.

Gegen jeden skeptischen Einwand betreffs eines Wunderberichtes läßt sich natürlich auch eine Gegenthese aufstellen, so etwa: In der Regel sind es ehrenwerte, normale, gesunde Menschen, die von dem wunderbaren Ereignis überwältigt und geradezu vergewaltigt wurden.

Oft sind es geschulte, professionell skeptische Beobachter, z. B. Theologen (bei Wundern) oder Piloten (bei fliegenden Untertassen). Übrigens werden vermutlich die meisten Wundererlebnisse gar nicht weitererzählt, aus Furcht, sich lächerlich zu machen.

Man sieht, Quellenargumente können in beiden Richtungen vorgebracht werden, für oder gegen die Glaubwürdigkeit der Quelle. Logisch gesehen, ist die direkte Auseinandersetzung mit einer These der Quellenkritik sicher vorzuziehen, doch gibt es auch Fälle, in denen sich die direkte Auseinandersetzung mit einer These nicht lohnt – man denke an den Hexen- und Teufelsglauben.

Argumente mit der Zeit, Erfahrung oder Anzahl

Dies ist eine spezielle Variante des Quellenarguments. Es handelt sich um eine oft benützte Argumentationsfigur, der das Prinzip zugrunde liegt: *Was sich während langer Zeit und bei vielen durchgesetzt hat, ist wahr/gut/richtig.* Das Prinzip beruft sich implizit auf die kollektive Erfahrung der Menschheit oder einer einschlägigen Personengruppe. In einer extremen Variante scheint es die Basis der Demokratie zu sein: *Die Mehrheit hat immer Recht.*

Der Satz ist unhaltbar. Für die Wahrheit eines Satzes ist es unerheblich, wie viele oder wie wenige Menschen ihn für wahr halten. Andererseits wäre es arrogant, sich über die Erfahrungen der Menschheit hinwegzusetzen. Hobbes setzt sich in seiner politischen Philosophie mit der schwärmerischen Vorstellung auseinander, ein friedliches, sicheres Zusammenleben der Menschen sei auch ganz ohne staatliche Zwangsgewalt möglich. Man kann eine solche These nicht einfach bestreiten – *möglich* müßte so etwas eigentlich sein, wenn der Mensch ein rationales Wesen ist. Hobbes appeliert deshalb an das tatsächliche Verhalten der Menschen, das auf jahrtausendealten Erfahrungen beruht:

Manchem mag es seltsam vorkommen, daß die Natur die Menschen so sehr entzweien und zu gegenseitigem Angriff und gegenseitiger Vernichtung treiben sollte. Er möge deshalb bedenken, daß er sich bei Antritt einer Reise bewaffnet und darauf bedacht ist, in Begleitung zu reisen, daß er beim Schlafengehen seine Türen und sogar in seinem Hause seine Kästen verschließt... Welche Meinung hat er also von seinen Mituntertanen. ..?[29]

Was die Menschheit in der Praxis so lange und an allen Orten ausprobiert hat, dürfte schwerlich falsch sein. Wenn es wirklich ohne Staat und ohne Polizei ginge, dann hätte man das bestimmt verwirklicht. Es erscheint gegenwärtig nicht notwendig, daß wir es ausprobieren. Aber wie steht es mit dem folgenden Argument? *Wenn es für die Gesellschaft wirklich förderlich wäre, daß Mann und Frau absolut gleichberechtigt sind, so wäre das schon vor Jahrtausenden eingeführt worden.*

Das Argument *ad misericordiam*

Das Mitleidsargument ist eine andere spezielle Variante des Quellenarguments. Es beruht darauf, daß Mitleid (*misericordia*) oder Mitgefühl Vertrauen erweckt. Wer wird es wagen, die Ansichten von jemandem, der Schreckliches durchmachen mußte, kritisch zu analysieren? Aber es gibt keinen Grund für eine solch ehrfürchtige Zurückhaltung. Während gegen eine mitleidige *Handlungsweise* mitunter gar nichts einzuwenden ist, sollte man über die *Wahrheit* von Thesen gefühllos und nüchtern urteilen.

Wenn es um Lebensweisheit geht, scheint das Argument *ad misericordiam* allerdings ein Körnchen Weisheit zu enthalten. Wenn Hiob in seinem Elend ein metaphysisches oder politisches Gedankengebäude entwickelt hätte, hätte man das unbeeindruckt von seinem Elend kritisch analysieren müssen. Wenn er aber darüber berichtet hätte, wie Schicksalsschläge die Lebenshaltung beeinflussen können, sollten wir aufmerksam zuhören. Es geschähe aber nicht aus Mitgefühl, sondern weil man ihn aufgrund seiner großen (und traurigen) Erfahrung für besonders kompetent hält, Aussagen über das Leben zu machen.

Eine harmlose Variante ist das „Köhlerargument", d.h. die Berufung auf einen besonders schlichten und ungebildeten Menschen, der nicht durch Mode und Zivilisation verdorben ist. Das kann etwa folgende Form haben: *Das Beste, was ich je dazu hörte, kam von einer einfachen, armen Bäuerin...* Unterstellt wird hier das Prinzip, daß einfache, arme Bäuerinnen besonders verläßliche Garanten der Wahrheit sind.

Das *Tu-quoque*-Argument

Dieses Argument dient der Abwehr moralischer Angriffe. Man wirft dem Gegner, der einem wegen einer Tat X Vorwürfe macht, vor, daß er genau dasselbe getan habe: *Wie können die Amerikaner den Nazis die Judenvernichtung vorwerfen, wo sie doch selber die Indianer ausgerottet haben?*

Das allgemeine Prinzip ist komplex: *(a) Wer selber X tut, hat kein Recht, uns X vorzuwerfen, folglich ist (b) sein Vorwurf damit erledigt, widerlegt, nicht ernst zunehmen.* Selbst wenn man (a) zugibt, ergibt sich (b) damit jedoch keineswegs. Aus dem Fehlen der *moralischen* Berechtigung zu einem Vorwurf folgt nicht dessen Falschheit. Ein rauchender Lehrer hat *moralisch* kein Recht, rauchende Schüler zu beschimpfen, aber was er über die Schädlichkeit des Rauchens sagt, kann dennoch stimmen. Freilich fallen seine Vorwürfe auch auf ihn selbst zurück. Was er sagt, ist Heuchelei und trotzdem richtig. Je stärker die moralische Emphase eines Angreifers ist, desto empfindlicher wird man ihn durch ein *tu-quoque*-Argument erschüttern können.

Das Argument *ad nauseam*

Mit *nausea*, Übelkeit, ist hier gemeint, daß eine Diskussion nach einer gewissen Zeit derart zuwider geworden ist, daß einem davon speiübel wird. Ist, so könnte man das Prinzip formulieren, ein solcher Zustand erreicht, dann sollte man die Diskussion beenden und von etwas anderem reden: „Wir haben uns schon viel zu lange mit dieser Geschichte aufgehalten! Einmal muß Schluß mit dieser Diskussion sein!"

Hier wird dafür plädiert, ein Thema unerledigt zu lassen, zu einer These überhaupt nicht Stellung zu beziehen und sich solcherart eventuell der Verantwortung zu entziehen. Das tut man vorzugsweise bei unangenehmen, peinlichen Themen. Andererseits berücksichtigt das Argument *ad nauseam* eine fundamentale Lebenstatsache: Unsere Lebenszeit ist begrenzt, nicht alles kann unbegrenzt lange diskutiert werden, man muß im Leben Prioritäten setzen. Ein solches Prinzip wird jedermann zugeben; fraglich ist aber seine konkrete Anwendung. Was dem einen für wesentlich erscheint, ist für den anderen vielleicht unwichtig.

Mit vollem Bewußtsein benützt Konfuzius diese Argumentationsfigur, wenn er die Frage nach den Geistern der Verstorbenen zurückweist. Eigentlich hätte das für ihn eine wichtige Frage sein müssen, weil er die traditionelle Verehrung der Ahnen sehr wichtig nahm. Doch ist folgende Episode überliefert:

Jemand fragte nach dem Dienst an den Geistern. Konfuzius sprach: „Wenn man noch nicht fähig ist, den Menschen zu dienen, wie könnte man den Geistern dienen?" Jener fragte nach dem Tod. Die Antwort war: „Man versteht das Leben nicht, wie könnte man den Tod verstehen?"[30]

Hier wird die Ansicht, man solle sich nicht mit metaphysischen Fragen befassen, durch das Argument gestützt, man habe wichtigere irdische Aufgaben zu bewältigen, und zwar noch für lange Zeit.

Das Argument *ad lapidem*

Dies ist eine Argumentationsfigur, bei der meist strittig ist, ob sie fehlerhaft ist oder nicht. Ein Beispiel wird zugleich die seltsame Bezeichnung dieser Figur erläutern. Der berühmte Bischof Berkeley hat in subtilen philosophischen Gedankengängen die Irrealität der Welt nachzuweisen versucht. Nach seiner Meinung sind nur unsere Erlebnisse, unser Seelenleben, real, während die sogenannte Außenwelt von uns nur irrtümlicherweise konstruiert ist. Die Materie existiert gar nicht unabhängig von unserem Geist, *existieren* bedeutet bloß *wahrgenommen werden.*

Ein Gegner dieser „idealistischen" Philosophie begnügte sich damit, als Gegenargument einen Stein mit dem Fuß wegzustoßen. Das läßt sich höchst unterschiedlich bewerten. Wer mit dem Fuß gegen einen Stein (*ad lapidem*) tritt, so argumentiert die eine Seite, der wird die Realität des Steines überdeutlich erfahren; eine Theorie, die die Realität des Steines bestreitet, kann einfach nicht richtig sein, und es lohnt sich nicht, alle ihre Subtilitäten zu untersuchen: Tritt gegen den Stein, und du wirst sofort einsehen, wie lächerlich der Idealismus ist. Der Idealist aber deutet das Argument *ad lapidem* als totales Mißverstehen des Problems, als Unfähigkeit, sich in eine ernsthafte philosophische Diskussion über den Idealismus einzulassen. (Daß es weh tut, wenn man gegen ein Stein tritt, bestreitet auch der Idealist nicht – es geht ihm um eine philosophische Interpretation der Erlebnisse.)

Im Argument *ad lapidem* wird eine handfeste triviale Tatsache angeführt, durch welche eine subtile, theoretische Argumentation widerlegt werden soll, ohne im einzelnen auf deren eventuell raffinierte Gedankenführung einzugehen. Es macht den Reiz dieser Figur aus, daß nicht ohne weiteres zu entscheiden ist, ob sie überzeugend sein wird oder nicht.

Ein geistesgeschichtlich berühmtes Beispiel ist Voltaires philosophischer Roman *Candide*, der sich in satirischer Form gegen Leibnizens These richtet, diese unsere Welt mitsamt ihrem ganzen Elend sei die beste aller möglichen. Leibniz hatte das Problem der Theodizee – wir sind ihm ja schon begegnet – dadurch gelöst, daß er philosophisch nachwies, eine bessere Welt als diese, unsere, sei gar nicht möglich.

Anstatt aber auf Leibnizens tiefgründige Argumentation einzugehen, schildert Voltaire im *Candide* ein einzelnes menschliches Leben, das buchstäblich von einem Unglück ins nächste taumelt. In die Schilderung aller Leiden und Unglücksfälle dieses Lebens werden gelegentlich Kommentare im Stile der Leibnizschen Philosophie eingeblendet. Voltaire erspart sich eine inhaltliche Auseinandersetzung mit dieser Philosophie, er konfrontiert sie einfach mit der Realität, dies allerdings tut er drastisch.

Die Bewertung von Voltaires Argumentation hat immer geschwankt. Für deutsche Metaphysiker geht Voltaire an Leibnizens Argumenten vorbei, ohne deren Tiefgründigkeit zu begreifen. Voltaire, sagen seine Kritiker, sei seicht, Leibniz aber tief.[31] Die Anhänger Voltaires andererseits meinen, der Roman *Candide* zeige ein für allemal die Lächerlichkeit der Leibnizschen „Theo-Philosophie", an der nichts tief sei, außer ihrem Unsinn.

3. Fallgruben

Ein Argument kann wahr und eine Argumentation korrekt sein, und trotzdem führen sie nicht zu dem gewünschten Ziel. Dafür gibt es verschiedenste Ursachen; einige davon seien kurz erwähnt. Man erreicht das Argumentationsziel nicht, wenn die Aufmerksamkeit des Publikums zu sehr vom eigentlichen Thema abgelenkt wird. Man erreicht sein Ziel auch nicht, wenn man etwas anderes beweist, als nach Lage der Diskussion bewiesen werden müßte. Derartige Fallgruben können mit Absicht für den Gegner vorbereitet werden, oder man stolpert aus Unerfahrenheit hinein. Eine Diskussion oder Argumentation muß schließlich unfruchtbar bleiben, wenn der „logische Status" der These unklar ist.

Red Herring

Ein Beispiel oder auch ein Gegenbeispiel können korrekt gewählt sein und doch einen abwegigen Effekt produzieren. Die weitere Diskussion könnte sich nämlich ganz auf das Beispiel konzentrieren, während die eigentliche These vergessen wird. Unerfahrene Redner können darüber verzweifeln, routinierte Redner stellen das planmäßig in Rechnung, indem sie eine Spur legen, die vom eigentlichen Problem wegführt. Man spricht deshalb vom *red herring*. Dies ist ein Ausdruck aus der Jägerei. Man legt für die Hunde eine auffällige Spur, indem man einen Hering am Boden hinter sich herzieht, der besonders intensiv riecht. Diese Spur wird unerfahrene Hunde von ihrem eigentlichen Ziel ablenken.

Jemand vertritt beispielsweise in einer Diskussion die These, die Polizei solle Demonstranten daran hindern, die Öffentlichkeit zu belästigen. Es geht dabei um eine Demonstration gegen eine zehnprozentige Erhöhung der Straßenbahntarife. Der Kontrahent des Redners entgegnet: *Demonstrationen sind ungeheuer wichtig, auch wenn einzelne Bürger sich dadurch belästigt fühlen. Man denke bloß an die großen Demonstrationen gegen Atomraketen – die atomare Zerstörung der Welt ist doch schwerwiegender als ein bißchen Belästigung?*

Damit ist eine Spur gelegt, die von den Zuhörern bereitwillig verfolgt wird. Atomwaffen sind Reizthemen, und man kann damit rechnen, daß das Publikum darauf hereinfällt. Die Frage nach den Ausschreitungen bei der Demonstration gegen die Erhöhung der Straßenbahnpreise wird schnell vergessen.

Man kann eine solche Spur auch unbeabsichtigt legen, was für die weitere Diskussion peinlich sein kann. Wenn ein Tierfreund in einem Vortrag sagt: *Tierliebe ist etwas Großartiges. Viele berühmte Männer waren große Hundeliebhaber. Adolf Hitler, Josef Stalin, General Franco hatten Hunde...*, so darf er sich nicht wundern, wenn sein Publikum sich im weiteren Verlauf weniger mit Tierliebe als z. B. mit Charaktereigenschaften von Diktatoren befaßt.

Ignoratio elenchi und der Strohmann

Ignoratio elenchi nennt man den Irrtum über das zu Beweisende. Man beweist nicht das Gesuchte, sondern etwas anderes. Man bringt eine korrekte Argumentation vor, aber nicht für die behauptete These, sondern für eine andere. Statt der vom Gegner wirklich vertretenen Position greift man – absichtlich oder irrtümlich – einen Strohmann an, d. h. eine verzerrte, mißverstandene Darstellung der gegnerischen Position. Ein Politiker, der wegen einer Sache ins Kreuzfeuer gerät, verteidigt sich wortgewaltig, daß er eine andere (die ihm niemand vorwirft) gar nicht getan habe. Oder man nehme einen „Dialog" folgender Art. A: *Die UNO, ist das nicht ein Musterbeispiel für korrupten, ineffizienten, kostspieligen Bürokratismus?* B: *Die UNO verkörpert die grandiose Idee einer weltumspannenden Gemeinschaft aller Völker!*

Anstatt die These des A zu widerlegen oder ihr zuzustimmen, argumentiert B für eine andere These, die mit der ersten in keiner klar erkennbaren Beziehung steht. (Der erfahrene politische Agitator hat einen Schatz solcher Sätze zur Hand, mit denen er auf Fragen und Einwände reagiert, ohne eine Antwort zu geben.)

Es ist beliebt, einen Gegner zu attackieren, indem man ihm eine These unterschiebt, die er gar nicht vertritt; gegen diesen „Strohmann" hat man dann leichtes Spiel. Man wählt sich als Strohmann natürlich einen fürchterlichen Popanz, ein Schreckgespenst, gegen das sich jedermann voller Empörung zur Wehr setzen wird. Jemand tritt etwa dafür ein, daß Kranke das Recht haben sollten, ihr Leben freiwillig zu beenden; als Strohmann aber bekämpft sein Gegner die These, Ärzte sollten das Recht haben, Kranke zu töten.

Darüber, wie der Aufklärer sich die Argumentation von seinem Gegner aufzwingen läßt, schreibt Nietzsche einmal:

Von vier Gattungen der Dinge sagen die gebundenen Geister, sie seien im Recht. Erstens: Alle Dinge, welche Dauer haben, sind im Recht; zweitens: Alle Dinge, welche uns nicht lästig fallen, sind im Recht; drittens: Alle Dinge, welche uns Vorteil bringen, sind im Recht; viertens: Alle Dinge, für welche wir Opfer gebracht haben, sind im Recht.

Die Freigeister, welche ihre Sache vor dem Forum der gebundenen Geister führen, haben nachzuweisen, daß es immer Freigeister gegeben hat, also daß die Freigeisterei Dauer hat, sodann, daß sie nicht lästig fallen wollen, und endlich, daß sie den gebundenen Geistern im Ganzen Vorteil bringen; aber weil sie von diesem Letzten die gebundenen Geister nicht überzeugen können, nützt es ihnen Nichts, den ersten und zweiten Punkt bewiesen zu haben.[1]

In dieser spöttischen Bemerkung steckt eine scharfe Beobachtung. Die Streitfrage, um die es zwischen „gebundenen" und „freien" Geistern geht, ist die Richtigkeit bzw. Falschheit irgendeiner Ideologie. Statt direkt für die Wahrheit seiner Doktrin zu argumentieren, weist der Ideologe etwa darauf hin, daß seine Ideologie alt und durch Märtyrer bezeugt sei. Nietzsche macht das dabei benützte Prinzip explizit: *Was schon lange besteht, vorteilhaft ist und wofür Opfer gebracht wurden, das ist wahr*. Mancher Aufklärer ist im unklaren, wofür bzw. wogegen er jetzt argumentieren soll. Er müßte solche Prinzipien seines Gegners energisch bestreiten; noch besser wäre es freilich, sie zu ignorieren und sich sofort der Frage nach der Richtigkeit bzw. Falschheit der betreffenden Ideologie zuzuwenden. Häufig aber tappt der Aufklärer bereitwillig in die Falle und bemüht sich um den vollkommen überflüssigen Nachweis, daß auch seine, aufklärerische Ideologie alt, vorteilhaft und nützlich sei und ihre Märtyrer habe. Auf diese Weise ist nichts für den Aufklärer zu gewinnen. Sobald man beginnt, etwa darüber zu diskutieren, wer wieviele echte Märtyrer aufzuweisen habe, hat die eigentlich zur Debatte stehende Ideologie nichts mehr zu befürchten, denn über sie wird nicht mehr diskutiert. Der Fehler des Aufklärers beruht auf dem undifferenzierten Bemühen, möglichst wenige Thesen des Gegners zu bestreiten, damit eine gemeinsame Argumentationsbasis gewahrt bleibt.

Eine logische Schwierigkeit oder *semper aliquid haeret*

Wer mit Dreck beworfen wird, hat es schwer, sich reinzuwaschen. Nachzuweisen, daß man etwas *nicht getan* habe oder daß etwas *nicht stattgefunden* habe, ist schon aus logischen Gründen schwer. Den frühen Christen hat man vorgeworfen, daß sie kleine Kinder verspeisten; ähnliches haben die Christen ihrerseits den Juden nachgesagt. Wie soll man nachweisen, daß man *keine* Kinder gegessen und Hostien *nicht* geschändet habe? Je mehr man es bestreitet, desto mehr redet man darüber, und schließlich sagen die Leute, daß vermutlich doch irgend etwas daran sein dürfte: *aliquid semper haeret.*

Wer sich verteidigt, hat sich nolens volens von seinem Gegner dessen Argumentation aufzwingen lassen. Was aber kann der Angegriffene tun, außer sich zu verteidigen? Konkrete Behauptungen lassen sich eventuell widerlegen, aber nebulös gehaltene Vorwürfe, so etwa, die Juden würden *bei Gelegenheit* heimlich Hostien schänden und Blut saufen, lassen sich nie endgültig widerlegen. Man kann nur die Quellen lächerlich zu machen versuchen, d. h. mit Argumenten *ad hominem* arbeiten. Am besten dürfte aber wohl ein massiver Gegenangriff sein, der die Aufmerksamkeit in andere Bahnen lenkt. Das ist durchaus kein schäbiger Trick, sondern entspricht der Lage der Dinge. Wenn Verleumdungen ohne Gründe in die Welt gesetzt werden, kann man ihnen schwerlich durch Gründe ein Ende setzen.

Das leuchtende Beispiel

Um eine allgemeine These zu widerlegen, genügt es, ein einziges Gegenbeispiel anzuführen. Sagt jemand etwa, Frauen seien zu verantwortlicher und erfolgreicher politischer Tätigkeit prinzipiell unfähig, so kann man ihm erfolgreiche Kaiserinnen oder Premierministerinnen vorhalten. Allerdings muß man mit einigen Gegenzügen rechnen: Das Beispiel der Kaiserin X sei ein seltener Ausnahmefall, ihre Politik sei höchst umstritten, außerdem habe sie nicht wirklich allein geherrscht, sondern männliche Ratgeber gehabt.

Die Angabe von Gegenbeispielen ist eine logisch zwingende Argumentation gegen eine These. Es wird einem dabei jedoch die Art der Argumentation vom Gegner aufgezwungen. Das ist ungünstig, denn in manchen Bereichen ist es unmöglich, absolut unanzweifelbare Beispiele anzugeben; auch besteht die Gefahr, sich lächerlich zu machen, wenn man sich auf das Niveau des Gegners herabläßt.

In religiösen und ideologischen Systemen gehört es zum Standardrepertoire, den Gegnern die Moralität abzusprechen. Wirklich anständig, sagt der Fanatiker, können nur die Anhänger meiner eigenen Kirche, Weltanschauung oder Partei sein, diese allerdings bis zur Heiligkeit. Alle anderen sind Unmenschen; sie stehlen, lügen, morden, und wenn sie es einmal nicht tun, dann aus Heuchelei.

Was soll man darauf entgegnen? Logisch scheint die Lage einfach: Die Orthodoxie behauptet, daß es keine anständigen Häretiker gibt, und die Gegenseite versucht, diese These durch Gegenbeispiele zu widerlegen. Das Verfahren hat seine Tücken. Wer solchen Attacken durch Gegenbeispiele begegnen will, wird naturgemäß nach besonders „leuchtenden" Beispielen suchen; das wären moralisch ganz besonders hochstehende, aber gerade nicht der Orthodoxie angehörende Menschen, häretische bzw. ungläubige „Edelmenschen" also.

Der Edelmensch, wie er hier gezeichnet wird, ist das Gegenstück zum Heiligen, er ist geradezu der säkularisierte Heilige. Dabei ist kaum etwas so lächerlich, wie wenn der Aufklärer mit dem Heiligenkalender der Orthodoxie zu konkurrieren versucht. Ein besonders merkwürdiger Bericht über einen antiken Philosophen, der wegen seiner Sittenstrenge berühmt war, steht in Bayles Wörterbuch. Es geht um den platonisch-pythagoräischen Philosophen Xenokrates, der im 4. Jhdt. v.u.Z. lebte. Über ihn sind die erstaunlichsten Geschichten überliefert. Bayle faßt die Quellen wie folgt zusammen:

Seine Sittenreinheit war außergewöhnlich. Seine Würde, Ernsthaftigkeit und Strenge waren derart, daß ein Theologe seinesgleichen heute unfehlbar für einen Jansenisten oder Rigoristen gelten würde. Er war völlig Herr über seine Leidenschaften. Eine sehr schöne Hetäre hatte gewettet, daß er ihren Versuchungen unterliegen würde; aber sie verlor die Wette, obwohl sie neben ihm liegen durfte und alle Künste ihres Handwerkes anwenden konnte, um ihn zu animieren. Wahrlich ein ebenso denkwürdiger Sieg wie der des heiligen Aldhelm[2] *und mancher anderer Heiligen, die, wie es heißt, dergleichen Prüfungen glücklich bestanden. Die Keuschheit war aber nicht die einzige Tugend des Weisen: Alle übrigen Tugenden der Mäßigkeit zeichneten sein Leben aus; er liebte weder Vergnügungen noch Reichtum noch Ruhm [...]*

Durch eine Vorlesung über die Mäßigkeit machte er auf Polemo, den größten Lustmolch seiner Zeit, einen solchen Eindruck, daß dieser auf der Stelle den Entschluß faßte, der Lust zu entsagen und sich der Weisheit zuzuwenden [...] Er scherzte nicht; Ernst und Strenge verließen ihn nie [...]

Es ist bewundernswert, daß er bei diesem strengen Charakter nicht bloß für seine Nächsten, sondern sogar für Tiere ein sehr mitfühlendes Herz besaß. Man berichtet von mancherlei Proben, die er davon gab, namentlich diese: Er versteckte einen Spatzen, der sich auf der Flucht vor einem Sperber auf ihn gestürzt hatte, und ließ ihn erst wieder los, als die Gefahr vorbei war [...]

Mit Besuchen verlor er keine Zeit, sondern liebte die Zurückgezogenheit des Arbeitszimmers. Er meditierte viel, und war kaum auf den Straßen zu sehen. Wenn er aber erschien, wagte es die herumlungernde Jeunesse nicht, sich dort aufzuhalten, und verdrückte sich, um nicht mit ihm zusammenzutreffen [...]

Die Theologie dieses Philosophen war erbärmlich: Er anerkannte keine anderen Götter als die sieben Planeten und den Fixsternhimmel.[3]

Es ist nicht ganz klar, warum Bayle diesen Artikel in sein Wörterbuch aufnahm. Der letzte Satz weist aber darauf hin, daß hier ein Beispiel für die Verbindung von erbärmlicher Theologie und großer Sittenstrenge gegeben werden soll, d. h. ein Gegenbeispiel zur These „Ohne Religion keine Moral".

Nehmen wir an, dies sei tatsächlich Bayles Intention gewesen, und betrachten wir das Schema, nach dem hier argumentiert wird. Der Theologe nennt eine Eigenschaft seiner Heiligen, und der Aufklärer zeigt, daß freie Geister diese Eigenschaft noch in viel höherem Grade besitzen. Sagt der Theologe, daß seine Glaubensgenossen keusch sind, so zeigt der Kritiker ihm ein Beispiel von sexueller Unempfindlichkeit, das auch noch die schönste Hetäre brüskiert. Spricht der Theologe von Mäßigkeit, so erwähnt der andere einen Atheisten, der kaum noch Kräutertee getrunken hat.

Gibt es kein geschickteres Vorgehen gegen die These „Ohne Religion keine Moral"? Was ist daran schon zu bewundern, daß jemand eine schöne Frau verschmäht? Auch die Aufklärer sind oft durch die Vorstellungen jener Ideologie gebunden, die sie attackieren. Deshalb das verzweifelte Bemühen mancher Aufklärer, auch noch die keuscheste Nonne an Keuschheit zu überbieten, zumindest in der Legende.

Frau und Überfrau

Über jede Gruppierung von Menschen, über jede Nation, jeden Stand, jede Rasse, jedes Geschlecht, jede Minderheit kursieren jederzeit Urteile und Vorurteile. Massiv erlogene Anschuldigungen soll man natürlich zurückweisen. Aber es ist nicht zu empfehlen, die angegriffene Gruppe zu idealisieren. Es gibt keine menschliche Gruppierung, die das verdient, und jedermann weiß das auch.

Das umfassendste Beispiel einer schlecht behandelten Menschengruppe sind die Frauen. Wer für ihre Gleichbehandlung kämpft, verfällt leicht in den Fehler, mit ihrer Vortrefflichkeit zu argumentieren. Ein bemerkenswertes Beispiel ist Schillers Gedicht *Würde der Frau*. Es beginnt mit den Zeilen:

Ehret die Frauen! Sie flechten und weben
Himmlische Rosen ins irdische Leben,
Flechten der Liebe beglückendes Band,
Und in der Grazie züchtigem Schleier
Nähren sie wachsam das ewige Feuer
Schöner Gefühle mit heiliger Hand.

Das Gedicht schildert Unrast und Gewalttätigkeit des Mannes und setzt ihnen die ruhigen Tugenden der Frau entgegen. Es ist meisterlich konstruiert – und unerträglich. Durch die lebensfremde, verlogene Lobhudelei verkehrt sich ein gutgemeintes Argument in sein Gegenteil. Aber selbst, wenn sämtliche Schillerschen Lobpreisungen der Frau einfach falsch und Frauen insgesamt nicht edler als Männer sein sollten – ändert das etwas an dem Wunsch, ihnen exakt dieselben Rechte zuzubilligen wie Männern?

Der Wichtigkeit der Sache wegen geben wir noch ein zweites, erheblich älteres Beispiel, den Traktat über die Vortrefflichkeit des weiblichen Geschlechtes, *De Nobilitate et Praecellentia Foeminei Sexus*, verfaßt 1529 von Heinrich Cornelius Agrippa von Nettesheim. Durch die große Entfernung des Textes von unserer Zeit wird er zu einem besonders deutlichen Exempel.

Ohne auf die Schrift insgesamt einzugehen, seien hier nur zwei typische Argumentationsfiguren hervorgehoben, nämlich die Aufzählungen hervorragender Frauen und das übersteigerte Lob für die Frau im allgemeinen. Um zu beweisen, daß Frauen sämtliche Fähigkeiten der Männer genauso besitzen, gibt Agrippa Aufzählungen von Priesterinnen, Prophetinnen, Zauberinnen, Philosophinnen, Dichterinnen, Grammatikerinnen, weisen Frauen, Staatsgründerinnen, Erfinderinnen und Kriegsheldinnen.[4] Aber über Größe, Berühmtheit, Edelmut oder Weisheit läßt sich bei Frauen genauso streiten wie bei Männern.

Mit Katalogen solcher Art zu argumentieren provoziert außerdem nicht selten den Einwand, es handle sich bei den genannten Fällen bloß um Ausnahmen. Wenn man erst mühsam Listen aufstellen muß, sei die Sache selbst offenbar gar nicht evident und die Anzahl der herausragenden Personen wohl sehr gering.

Agrippa spendet der Frau überreiches Lob:

Die Frau vereinigt in sich die gesamte Weisheit und Macht des Schöpfers. Nach ihr ist kein anderes Geschöpf mehr zu finden oder vorstellbar. Sie ist der Endpunkt der Schöpfung, die Vollendung aller göttlichen Werke.[5]

Er schildert die Schönheit des weiblichen Körpers mit einer Detailliertheit, die an Pornographie grenzte, würde sie nicht so lächerlich wirken. Das Fazit lautet:

Es gibt kein anderes Geschöpf, das einen derart bewundernswerten Anblick bietet oder ein vergleichbares Wunderwerk wäre; man müßte blind sein, wollte man nicht einsehen, daß Gott alle Schönheit des Universums in der Frau vereinigt hat, so daß alle Kreatur davon geblendet wird.[6]

Tugend und Schamhaftigkeit der Frau sind für Agrippa viel größer als jene des Mannes, genau wie es das Schema will, daß jeder männlichen Untugend oder Tugend eine weibliche Übertugend entgegenzusetzen sei:

Die Frau bewahrt sich Ihre Schamhaftigkeit selbst im Tod und darüber hinaus, wofür Ertrunkene ein besonderes Beispiel liefern. Nach Plinius und nach der Erfahrung schwimmen (da die Natur die Schamhaftigkeit bei den Toten bewahrt) Leichen von Frauen auf dem Bauch, jene von Männern aber auf dem Rücken.[7]

Agrippa erwähnt ein weiteres Wunder der Natur:

Eine Schwangere kann, falls sie dazu Lust verspürt, gefahrlos rohes Fleisch, rohen Fisch, und oft sogar Kohle, Schlamm und Steine essen. Sie kann ohne zu leiden auch Metalle, Gift und andere derartige Dinge verkraften und daraus noch nützliche Nahrung machen.[8]

Es liegt nicht einfach an der Antiquiertheit des Textes, daß er wie eine Parodie wirkt. Die Argumente waren seinerzeit genauso schlecht, wie sie es heute sind. Es ist für Fragen der Gleichberechtigung nicht wichtig, ob Schwangere Gift und Schlamm essen können oder nicht. Sollten sie es tatsächlich können, so beweist auch das nichts. Die Fallgrube ist uralt. Vorgegeben ist die These von der Minderwertigkeit der Frau; der Verteidiger der Frau fällt prompt in diese Grube und beginnt, für die Überwertigkeit der Frau zu argumentieren – etwas, was weder erforderlich ist, noch besonders überzeugend. Man denke nicht, es handle sich hier um verstaubte Argumentationsfiguren, die nur historisches Interesse besitzen; alles Eintreten für verfolgte Menschengruppen, etwa für ethnische Minderheiten, gerät immer wieder in diese Gefahr.

Über Antisemitismus und Philosemitismus

Als Reaktion auf die Barbarei des Antisemitismus ist nach 1945 in Deutschland bisweilen alles Jüdische mit einer besonderen Verklärung überzogen worden. Alles am Judentum ist danach gut, edel, weise, verehrungswürdig und über alle Kritik erhaben.

Dem Antisemitismus wird hier ein romantischer Philosemitismus entgegengesetzt. Während die Antisemiten den Juden jede nur erdenkliche Gemeinheit nachsagen, werden sie für die Philosemiten zu einem auserwählten Volk von Heiligen. Ein ähnliches Vorgehen, freilich noch ganz anders motiviert, findet sich bereits in Lessings Drama *Nathan der Weise*. Keiner in diesem Stück ist auch nur annähernd so edelmütig und weise wie der Jude Nathan. Es ist ein grandioses Drama, aber sein aufklärerischer Wert ist problematisch. Hin und wieder gibt es weise Menschen, gleichviel ob Christen, Juden oder Heiden. Es sind, wie jedermann weiß, allemal Ausnahmen. Und mit ihnen darf man nicht argumentieren. Aber Leidende jeder Art werden von ihren Fürsprechern oft so lange idealisiert, bis sie womöglich selbst daran glauben.

Wie soll man vorgehen? Man soll ehrlich sein, und der Intoleranz keine romantisch verlogenen Illusionen entgegensetzen. Eine humane Behandlung ist etwas, das den Menschen nicht erst aufgrund besonderer Verdienste zugebilligt werden darf; das ist der Sinn des Wortes *Menschenrechte*. Auch der gewöhnliche, schäbige Mensch soll anständig behandelt werden. Man braucht für das Ideal der Humanität nicht mit der übergroßen Güte und Liebenswürdigkeit der Menschen zu argumentieren, zumal einem das niemand abnehmen würde. Eher schon könnte man auf die Erbärmlichkeit der Verfolger hinweisen.

Der Atheistenstaat

Angriff ist besser als Verteidigung. Ein Beispiel mag es deutlich machen. Ein Staat aus lauter Atheisten, so lautete seinerzeit eine beliebte These, wäre nicht existenzfähig: Leute, denen nichts heilig ist, würden ja wie wilde Tiere übereinander herfallen. Als es Bayle[9] um 1700 unternahm, diesen Unsinn zu bestreiten, hätte er natürlich auf die Suche nach einem Atheistenstaat gehen können; er hätte etwa das konfuzianische chinesische Kaiserreich erwähnen können. Aber was wäre mit einem solchen Argument gewonnen gewesen? Ob die alten Chinesen religiös gewesen seien oder gottlos, darüber ließe sich endlos streiten, ebenso darüber, ob ihr Staat besonders gut gewesen sei. Bayle tappte nicht in die Falle, sondern bestritt den Kern des frommen Arguments: Hat die Religion wirklich Einfluß auf das praktische, das sittliche Verhalten? Macht sie die Menschen anständiger?

Wir können als Prinzip aufstellen, daß [...] der Glaube einer Religion den Wandel eines Menschen nicht bestimmt und regelt, außer daß er höchstens dazu geeignet ist, in seinem Herzen Zorn gegen Andersdenkende [...] zu erwecken.

Dieses Prinzip läßt überdeutlich erkennen, wie sehr man sich täuscht, wenn man meint, daß selbst die Götzenanbeter notwendigerweise mehr Tugend besäßen als die Atheisten.[10]

Die Religion hat auf das sittliche Verhalten der Menschen keinen großen Einfluß, schon gar nicht auf das politische Verhalten – das ist Bayles Gegenthese. Es ist eine realistische These, die Geschichte liefert beliebig viele Beispiele für ihre Richtigkeit. Es sind häufig gerade die Frommen selbst, welche über die Heuchelei der christlichen und allerchristlichsten Herrscher oder Parteien klagen. Mit der Bayleschen These rennt man also halboffene Türen ein, was für den Aufklärer immer günstig ist.

Sachfragen oder Definitionsfragen?

Es ist sinnlos, für oder gegen eine These zu argumentieren, wenn keine Klarheit über den „logischen Status" der These oder (was damit zusammenhängt) über die Bedeutung der benützten Wörter besteht. Man nehme die These *Männer sind Frauen überlegen*; was soll darin der Ausdruck „überlegen" bedeuten? Es sind Definitionen denkbar, durch die sich die These als wahr erwiese, etwa wenn „überlegen" heißen soll: „körperlich größer und stärker"; und es sind Definitionen denkbar, bei denen kaum noch Argumente für die These von der Überlegenheit der Männer beizubringen sind.[11]

Das sogenannte Selbstbestimmungsrecht der Völker verlangt, daß jede Nation ihren eigenen Staat haben soll. Wenn eine politische Gruppierung irgendwo in der Welt einen neuen, eigenen Staat errichten will, argumentiert sie damit, für eine Nation zu sprechen, die bisher keinen eigenen Staat hatte. Die Gegner eines solchen „Befreiungskampfes“ argumentieren, daß die betreffende Gruppe gar keine eigene Nation sei, sondern irgend etwas anderes. Aber was ist eine *Nation?* Gibt es eine österreichische, bosnische, makedonische, kanadische, schweizerische, palästinensische Nation? Sind das Sachfragen, für die man argumentieren kann, oder sind es Definitionsfragen? Definitionen kann man verschieden aufbauen, bis zu einem gewissen Grad sind sie beliebig; allerdings ist eine Diskussion sinnlos, wenn die Kontrahenten sich nicht über die Bedeutung der zentralen Begriffe einig sind. Manchmal werden reale Konflikte hinter Definitionsfragen versteckt. Die Streitfrage ist einfach, ob der Staat A einer Gruppe B einen eigenen Staat konzedieren will oder nicht; nur darum geht es. Diskutiert wird aber, ob die Gruppe B *wirklich eine eigene Nation* darstellt. Die Verfechter der staatlichen Unabhängigkeit von B werden den Begriff der Nation anders definieren als die Gegner einer solchen Eigenstaatlichkeit. Solcherart konstruiert jede Seite eine Argumentation für ihre These.

Der Übergang vom Sein zum Sollen und der naturalistische Fehlschluß

In der Moraltheorie spielt die Frage nach der Begründung von Normen eine zentrale Rolle. *Du sollst nicht töten, nicht stehlen, nicht lügen!* – Aber *Warum nicht?* Hier wird eine Argumentation eingefordert. Für eine solche Argumentation gibt es eine Einschränkung, die manchmal als Humes Satz bezeichnet wird. Das ist ein rein logisches Prinzip, nämlich: Es gibt keine gültige Argumentation für Sollen-Sätze, wenn in den Argumenten nicht ebenfalls Sollen-Sätze stehen.[12] Damit scheiden Argumentationen aus, bei denen die Argumente sich nur auf Tatsachenfeststellungen beschränken. Letzteres wäre ein logisch unzulässiger Übergang vom Sein zum Sollen. Beispiel: Du sollst nicht töten, denn bei allen Völkern dieser Erde wird der Mord streng bestraft. Du sollst nicht foltern, denn du fügst den Opfern schwere Schäden zu.

In der Moralphilosophie wie im praktischen Leben kommen solche logisch nicht zulässigen Übergänge durchaus vor, allerdings oft subtil verborgen. *Du sollst die Umwelt schonen, denn sonst geht die Menschheit zugrunde*, hört man heute öfter. Aber das ist an sich noch keine gültige Argumentation, denn es fehlt das Prinzip *Die Menschheit soll nicht zugrunde gehen.* Und dieses Prinzip ist wieder ein Sollen-Satz.

Für ein ganz analoges Vorgehen hat später G.E. Moore[13] den Ausdruck *naturalistischer Fehlschluß (naturalistic fallacy)* geprägt. Damit wird folgende Figur bezeichnet: Jemand versucht, Sätze, in denen der Begriff *gut* vorkommt, durch Sätze zu umschreiben, die bloß sagen, was *der Fall ist.* Man geht dabei von einer Beschreibung der Tatsachen zu einer Bewertung derselben über, und das ist keine zulässige Argumentation. Wie die meisten Fehlschlüsse läßt sich auch dieser als korrekte, aber enthymematische Argumentation auffassen. Man muß nur ein entsprechendes Prinzip hinzufügen, etwa: *Was bei allen Kulturvölkern als Verbrechen galt, das ist schlecht.*

4. Ideologie, Fanatismus und Argumentation

Argumentation in ideologischen Fragen

Wir wenden uns jetzt der Frage zu, wie eine (verbale, versteht sich) Auseinandersetzung mit jemandem erfolgen könnte, mit dem uns keine gemeinsame Argumentationsbasis verbindet, das heißt mit jemandem, der fundamentale Prinzipien, Werte, Dogmen für richtig hält, die wir für falsch halten. Wenn wir einfach die Thesen oder Dogmen eines solchen Menschen bestreiten und negieren, so ist das keine Argumentation. Wir ersetzen bloß ein dogmatisches System durch ein anderes. Der Durchschnittsbürger hält sich an das Prinzip, daß die Gesundheit das Wichtigste ist; für den Drogensüchtigen hat dieses Prinzip keine unbedingte Geltung. Mancher Drogensüchtige hat womöglich das Prinzip, daß das durch die Droge vermittelte Glücksgefühl wichtiger als alles andere sei; der Durchschnittsbürger lehnt dieses Prinzip ab. Der Aufklärer hat das Prinzip, daß Humanität höher zu stellen sei als religiöse Dogmen; der religiöse Fanatiker hat das Prinzip, daß seine Wahrheit das Heil bringe und deshalb notfalls mit Gewalt durchzusetzen sei.

Wie kann man mit jemandem in eine Argumentation eintreten, wie kann man gegen jemandes Thesen argumentieren, wenn man mit ihm in den fundamentalen Prinzipien nicht übereinstimmt? Wie können zwei verschiedene Ideologien oder Religionen einander die Richtigkeit der eigenen Dogmen und die Falschheit der anderen argumentativ nachweisen? Sie können es nicht. Argumentieren setzt eine Argumentationsbasis voraus, und gerade um diese Basis geht der Streit. Die Verhältnisse lassen sich am knappsten durch den alten Lehrsatz der Logik wiedergeben, daß man mit jemandem, der bereits unsere Prinzipien bestreitet, nicht diskutieren könne: *Contra principia negantem non est disputandum.*[1]

Das ist der Normalfall im Streit zwischen zwei Ideologien. Ein argumentativer Kampf zwischen ihnen ist nicht möglich. Im großen und ganzen bestätigt auch die Geschichte diesen Lehrsatz der Logik. Man kann es an den Auseinandersetzungen zwischen irgend zwei konträren Ideologien oder Religionen jederzeit studieren, gerade auch an solchen, die ein sorgfältig ausformuliertes Lehrsystem und eine kanonisierte Sammlung von Fundamentaltexten (heiligen Büchern) besitzen. Wo zwei solche Ideologien aneinandergrenzen oder miteinander konkurrieren, würde man subtile argumentative Auseinandersetzungen erwarten. Die Wirklichkeit ist anders. Je nach Maßgabe der realen Machtkonstellation fallen Ideologien und Religionen mit Feuer und Schwert übereinander her, oder sie existieren nebeneinander ohne nachhaltige Versuche, den Gegner zu überzeugen. Ansonsten ist es eine bekannte Tatsache, daß konkurrierende Ideologien einander dogmatisch verdammen, während ihre Oberhäupter freundlich Besuche austauschen und dabei von weniger verfänglichen Themen sprechen. Dieses Faktum ist nicht bloß realpolitisch, sondern auch im Hinblick auf die Argumentationslage verständlich: Über die Dogmatik ist ohnehin keine Argumentation möglich, also ignoriert man die Gegensätze stillschweigend.

Versuche einer ausführlichen, geduldigen Diskussion zwischen divergierenden Ideologien oder Religionen, mit dem Ziel, die Gegenseite durch die Kraft der Argumente redlich zu überzeugen, finden sich allenfalls in der Welt der schönen Literatur. Das berühmteste, seinerzeit auch berüchtigtste Beispiel ist ein fingiertes Religionsgespräch von Jean Bodin.[2] Die Disputanten sind ein Lutheraner, ein Calvinist, ein Katholik, ein Mohammedaner, ein Jude, ein Vertreter der Vernunftreligion und ein Anhänger einer Art Naturreligion. Jeder versucht, die anderen von der Richtigkeit der eigenen Religion zu überzeugen, und es gelingt keinem. Die Gespräche finden im Geist größter Toleranz und gegenseitiger Achtung statt, lassen aber gleichzeitig das Scheitern der inhaltlichen Auseinandersetzung deutlich werden. Keiner kann die anderen überzeugen. Der Bericht endet mit den Worten: *Danach lebten sie in bewundernswertem Frieden miteinander [...] Aber man sprach nie wieder von der Religion, und jeder blieb fest bei der seinen.*

Obwohl die Situation logisch gesehen ausweglos ist, versuchen Menschen immer wieder, mit Vertretern gegnerischer Ideologien ins Gespräch zu kommen. Dieses Phänomen ist je nach den Umständen auf verschiedene Weise erklärbar. Erstens werden die hier bestehenden Möglichkeiten für eine echte Argumentation meist überschätzt, und der Versuch eines Gesprächs beruht auf Illusionen. Zweitens wird vielleicht versucht, doch noch eine gemeinsame Argumentationsbasis zu gewinnen; dies ist der Fall bei der „internen" Diskussion bzw. Kritik, von der noch ausführlich zu reden sein wird. Drittens könnte sich die Auseinandersetzung mit dem Gegner auf das Negieren von dessen Prinzipien beschränken; man könnte das „Fundamentalkritik" nennen. Viertens schließlich kann man sich mit dem ideologischen Gegner auch anders als nur in einer logisch zwingenden Argumentation wirksam auseinandersetzen. Das soll mit dem Ausdruck „Subversivität" bezeichnet werden. Der erste und der dritte Fall brauchen nicht weiter erörtert zu werden; dagegen sollen im folgenden interne wie auch subversive Argumentationen studiert werden.

Man kann fragen, ob eine solche Untersuchung den Aufwand lohne. Daß die Menschen dauernd über alles und jedes uneins sind, ist schließlich ein Alltagsphänomen; aber es ist nicht immer ein harmloses Phänomen. Ideologische und religiöse Streitigkeiten haben viel Blut gekostet und werden das auch weiterhin tun. Unsere Überlegungen gehen deshalb sogleich vom Extremfall einer Ideologie oder Religion aus, vom Fanatismus.

Was soll man einem Menschen antworten, der uns sagt, daß er Gott mehr gehorchen wolle als den Menschen und daß er infolgedessen sicher ist, den Himmel damit zu gewinnen, daß er uns umbringt?[3]

Das ist die Frage nach den Möglichkeiten der Auseinandersetzung mit dem Fanatismus. Groß scheinen diese Möglichkeiten nicht zu sein, und was Voltaire, immerhin ein erfolgreicher Kämpfer gegen religiösen Fanatismus, diesbezüglich gesagt hat, klingt, weil realistisch, ziemlich pessimistisch:

Gegen diese epidemische Krankheit gibt es kein Mittel als den Geist der Philosophie, der allmählich die Sitten der Menschheit besänftigt und den Ausbruch des Übels vorhersieht. Wenn dieses Übel nämlich einmal um sich gegriffen hat, muß man die Flucht ergreifen und abwarten, daß die Luft wieder rein wird.[4]

Natürlich wird immer wieder versucht, die Auseinandersetzung mit einem Fanatiker auf die Standardform des Argumentierens zurückzuführen, d. h. eine gemeinsame Basis für das Argumentieren zu finden, zum Beispiel unter Berufung auf Menschenrechte, elementare Gefühle oder die Verantwortung für die Zukunft der Menschheit. Ein solches Vorgehen ist optimistisch und gründet auf der Annahme, daß der Fanatiker aus Prinzipien, die wir mit ihm teilen, falsche Schlüsse zieht. Mit solchen Annahmen sollte man vorsichtig sein. Man sollte den Fanatiker nicht als inkonsequent oder geistig beschränkt ansehen, so als hätten er und wir zwar dieselben obersten Prinzipien, aber er sei nicht intelligent genug, sie richtig anzuwenden. Man muß der Tatsache ins Auge schauen, daß über die Prinzipien selbst gestritten werden kann und daß dabei ein Rückgriff auf andere, höhere Prinzipien nicht möglich ist.

Was ist Fanatismus?

Beginnen wir mit einer klassischen Erklärung aus der Aufklärungszeit. Fanatismus ist demzufolge

blinder, leidenschaftlicher Eifer, der aus abergläubischen Meinungen entsteht und lächerliche, ungerechte und grausame Taten hervorbringt; nicht nur ohne Scham und Gewissensbisse, sondern auch noch mit so etwas wie Freude und Trost. Fanatismus ist nichts als in die Tat umgesetzter Aberglauben.[5]

Problematisch ist daran zunächst das Wort „Aberglauben", das von jeder Ideologie zur Bezeichnung aller anderen Ideologien benützt wird. Aber auch abgesehen davon weist diese Begriffserklärung in eine falsche Richtung, weil sie den Fanatismus als Wüten von Menschen darstellt, denen vor Raserei Schaum vor dem Mund steht. Vielleicht hat der echte Fanatiker stets auch psychopathische Charakterzüge; aber mit dieser Feststellung wird man dem Phänomen nicht gerecht. Schon Voltaire bemerkt:

Es gibt eiskalte Fanatiker. Das sind die Richter, die Jene zum Tode verurteilen, deren einziges Verbrechen ist, anders zu denken als sie. Solche Richter sind umso schuldiger [...], als sie anscheinend auf die Vernunft hätten hören können.[6]

Damit ist nicht ein Ausnahmefall erfaßt, sondern weit eher die Regel. Man sollte in der Auseinandersetzung mit Fanatikern immer davon ausgehen, es mit intelligenten, konsequent denkenden Menschen zu tun zu haben, deren Handlungen keineswegs „irrational" sind. Deshalb ist es gut, sich mit den gängigsten Prinzipien und Figuren des fanatischen Argumentierens vertraut machen. Denn es gibt auch auf dieser Seite Argumente.

Das Grundprinzip des Fanatismus ist ein Satz, den man schwerlich wird bestreiten wollen: *Die Wahrheit verdient einen Sonderstatus gegenüber allen falschen Lehren.* Eine beliebte Variante davon ist der Satz: *Man muß Gott mehr gehorchen als den Menschen.* Verbindet sich ein solches Prinzip mit der Meinung *Ich habe die Wahrheit*, oder *Ich weiß, was Gott von mir will*, so ist bereits die wichtigste Voraussetzung für einen Ausbruch von Fanatismus gegeben.

Fanatismus ist das Gegenteil von Toleranz, aber nicht aus wie auch immer zu erklärenden üblen Charakterzügen des Fanatikers, sondern aus höheren Motiven, etwa um der Wahrheit willen, zur Ehre Gottes, der Partei, des Proletariats, der Nation, der Rasse und so fort. Fanatismus ist Inhumanität im Namen hoher Ideale – und deshalb mit bestem Gewissen. Wie soll man dagegen mit bloßen Worten angehen? In der berühmten *Encyclopédie* der französischen Aufklärung steht zu lesen:

Man weiß nicht, welche Haltung man gegenüber einer Menge von Fanatikern einnehmen soll. Behandelt sie milde – sie treten euch mit Füßen. Wenn ihr sie verfolgt, erheben sie sich. Das beste Mittel, sie zum Schweigen zu bringen, ist es, die Aufmerksamkeit der Öffentlichkeit geschickt auf andere Dinge zu lenken. Aber niemals gehe man gewaltsam vor! Nur durch Verachtung und Lächerlichkeit kann man sie in Mißkredit bringen und schwächen.[7]

Im Verlauf unserer Überlegungen wird sich zeigen, daß dies mehr als bloß eine ironische Floskel ist. Die *Encyclopédie* ist allerdings das Dokument eines erfolgreich geführten, schon fast beendeten Kampfes gegen den Fanatismus, während wir den Kampf selbst studieren wollen. Wir tun es anhand konkreter Beispiele.

Die folgenden Beispiele sind der christlichen Tradition entnommen. Für eine solche Auswahl des Materials sprechen mehrere Gründe: Intoleranz in Theorie und Praxis war in den christlichen Religionen ein weitverbreitetes Phänomen; diese Intoleranz verwirklichte sich öffentlich und mit dem besten Gewissen; die christlichen Religionen haben eine lange Geschichte hinter sich, in deren Verlauf die Reflexion über Toleranz bzw. Intoleranz ein hohes intellektuelles Niveau erreichen konnte; die als Material ausgewählten Schriften liegen zeitlich weit genug zurück, so daß eine ruhige Betrachtung möglich ist.

Es gibt neben dem religiösen Gebiet mehrere andere, „modernere", auf denen sich Fanatismen entwickelt haben: Politik, Rassismus, Nationalismus. Aber keiner dieser Bereiche hat eine so ausdifferenzierte, sich über mehr als ein Jahrtausend erstreckende *Argumentation* in Sachen Intoleranz hervorgebracht wie der religiöse. Auch hat es in keinem anderen Bereich eine ähnlich intensive interne Kritik an der Intoleranz geben – und auch wieder Kritik an dieser Kritik.

Ginge es nur um massive Formen religiöser Intoleranz, so könnte man meinen, das Thema ad acta legen zu dürfen, zumindest soweit es Mitteleuropa betrifft. Das wäre freilich sogar für diesen Teil der Erde reichlich voreilig. Aber Fanatismus scheint, ebenso wie Grausamkeit, sehr fest im Menschen verankert und findet immer eine passende Ausdrucksform. Hatten nicht viele Menschen gemeint, mit dieser Pest sei es zumindest in Europa endgültig vorbei? Spätestens seit 1991 das Gemetzel auf dem Balkan begann, weiß man es besser. Die Höhe von Wissenschaft und Technik war niemals eine Garantie gegen Fanatismus. Deshalb sollten auch wir Mitteleuropäer uns nicht zu sicher fühlen.

Religiöse Intoleranz ist auch deswegen für die Argumentationslehre so interessant, weil sie den „reinsten" Fall von Fanatismus bildet, nämlich jenen, bei dem es (zumindest vordergründig) nicht um Macht, Besitzergreifung, Lebens- oder Überlebensraum geht, sondern um die „reine Lehre", die „Ehre Gottes". Dagegen hat etwa der nationalistische Fanatismus immer auch konkrete wirtschaftliche, soziale und politische Hintergründe, was ihn weniger durchschaubar macht.

Im Februar 1994 hat ein gewisser Dr. Goldstein in Israel ein Blutbad unter Arabern angerichtet; man sagte danach sofort, der Mann sei ein Psychopath gewesen. Im November 1995 ermordete ein israelischer Student den israelischen Ministerpräsidenten Rabin; diesmal schrieb die in Jerusalem erscheinende palästinensische Zeitung *An-Nahar*: „Wir begrüßen Israel im Klub der Verrückten im Nahen Osten". Aber so einfach liegen die Dinge nicht. Es handelte sich um rational geplante Taten, die einem wohldefinierten Ziel dienen sollten, einem Ziel, für das keineswegs nur die Mörder eintraten. Die Mörder waren nur besonders konsequent in der Verfolgung des Zieles. Und gerade das macht den Fanatismus aus. Aber im Nahen Osten geht es nicht bloß um Ideologien, sondern um den Besitz eines Landes. Dadurch wird die Analyse der Argumente komplizierter. Der Klarheit wegen benützen wir lieber ein „logisch reines" Beispielmaterial.

Das folgende Beispielmaterial entstammt zum einen Teil einer Schrift des Genfer Reformators Calvin. Zum Verständnis des Textes sei kurz die Vorgeschichte seiner Entstehung skizziert. Am 27. Oktober 1553 war in der von Calvin beherrschten Stadt Genf der spanische Arzt und Gelehrte Servet verbrannt worden. Er hatte das Dogma von der Dreifaltigkeit Gottes bestritten, war aber im übrigen ein durchaus gläubiger Christ. Sofort nach der Verbrennung Servets setzte Kritik ein; der wichtigste Kritiker war der Basler Humanist Sebastien Castellion. Calvin, der die eigentlich treibende Kraft hinter der Hinrichtung Servets gewesen war, trat daraufhin mit einer umfangreichen Schrift an die Öffentlichkeit, um das Töten von Häretikern allgemein und speziell im Falle Servets zu rechtfertigen. Calvins Schrift enthält eine ganze Reihe von Argumenten für die These, daß gegen Häretiker notfalls mit Gewalt vorzugehen sei.

Ähnliche Argumente sind aber schon viel früher vorgetragen worden; wir entnehmen sie deshalb zum Teil auch einem Schreiben des heiligen Augustinus aus dem Jahr 408, in dem der Kirchenvater den Einsatz staatlicher Gewaltmittel gegen Häretiker, d. h. nicht-katholische Christen, nachdrücklich rechtfertigt. Die Gewaltmittel umfaßten die Konfiskation des Vermögens, den Verlust der Erb- und Testierrechte, das Verbot zu kaufen oder zu verkaufen, und schließlich die Verbannung[8] – alles in allem die Vernichtung der bürgerlichen Existenz.

Das ideologische Grundprinzip und ein Dutzend Argumente für Intoleranz

In Calvins *Verteidigung des richtigen Glaubens* sind folgende Sätze zu lesen, die das Prinzip des religiösen Fanatismus mit aller nur wünschbaren Deutlichkeit ausdrücken:

Jeder, der die Ansicht unterstützt, man tue Häretikern und Gotteslästerern durch eine Bestrafung Unrecht, macht sich bewußt mitschuldig und zum Komplizen desselben Verbrechens. Man komme mir nicht mit irdischen Autoritäten – es ist Gott, der hier spricht, und man sieht klar, was Er in seiner Kirche bis ans Ende der Welt bewahrt haben will.

Nicht ohne Grund schlägt Er alle menschlichen Gefühle nieder, von denen gewöhnlich das Herz erweicht wird; nicht ohne Grund verjagt Er die Liebe des Vaters zu seinen Kindern und alle Freundschaft zwischen Brüdern und unseren Nächsten; (nicht ohne Grund) entzieht Er die Ehemänner den vielleicht milde stimmenden Schmeicheleien ihrer Frauen; mit einem Wort: (nicht ohne Grund) beraubt Er die Menschen quasi ihrer Natur.

(Nämlich:) Damit nichts ihren Eifer erkalten lasse.

Warum fordert Er diese extreme Härte und Unnachgiebigkeit, wenn nicht, um zu zeigen, daß man Ihm nicht die schuldige Ehre erweist, wenn man nicht Seinen Dienst wichtiger nimmt als jede menschliche Rücksicht, und weder Verwandtschaft noch Blut noch sonst irgend etwas schont; und daß man jegliche Menschlichkeit zu vergessen hat, wenn es darum geht, für Seinen Ruhm zu kämpfen?[9]

Beeindruckt von dem heiligen Ernst dieser Worte, gehen wir jetzt daran, ein kleines Verzeichnis christlicher Intoleranz-Argumente aufzustellen. Der Leser wird dabei rasch erkennen, daß keines dieser Argumente oder Prinzipien per se ohne weitere Erörterung verworfen werden kann, ja, daß ihnen nicht selten eine gewisse Plausibilität nicht bestritten werden kann.

(1)[10]*Die besondere Gefährlichkeit des Häretikers*

Alle Orthodoxien sind sich darin einig, im Abweichler, im Häretiker, Ketzer, die Gefahr aller Gefahren zu sehen. Das zeigt sich historisch darin, daß der Kampf gegen Häresien zu allen Zeiten mit größerer Erbitterung geführt wurde als gegen den „äußeren Feind". Der tatsächliche Grund wird wohl immer gewesen sein, daß der äußere Feind viel zu mächtig war, so daß man, da ein „heiliger Krieg" aussichtslos war, sich mit ihm lieber politisch arrangierte, mit ihm vorteilhaften Handel trieb, also tolerant koexistierte. Mit dem Häretiker im eigenen Machtbereich, dem gefährlichen Konkurrenten, konnte man vielleicht fertig werden.

Die Argumente allerdings lauten ganz anders. Der Häretiker und der Abtrünnige, der Apostat, haben im Gegensatz zum Angehörigen eines fernen, exotischen Volkes jeden nur möglichen Zugang zur wahren Lehre der Orthodoxie, sie haben diese Wahrheit unmittelbar vor Augen – und trotzdem glauben sie nicht daran. Das ist eine Herausforderung besonderer Art, weil jede Orthodoxie meint, ihre Wahrheit werde sich (auch ohne Beweise, die es ja nicht geben kann) ganz von selber, durch ihre eigene Wirksamkeit, durchsetzen, wenn sie jemand nur einmal in aller Klarheit vor Augen gehabt hat. Deshalb muß das Auftreten von Häretikern und Apostaten anders erklärt werden: Es sind absichtsvoll böse, verstockte Subjekte, die wider ihr besseres Wissen agieren. Das mindeste, was der Anhänger einer wahren Lehre annehmen wird, ist, daß jeder, der die Wahrheit einmal in ihrer ganzen Herrlichkeit geschaut hat, von ihr ergriffen wird und nicht mehr von ihr lassen kann. Die Wahrheit, seine Wahrheit, sollte sich durch ihre eigene Kraft in den Herzen festsetzen und darin mächtig und unzerstörbar werden. Der Abtrünnige gefährdet diese Illusion, also muß er besonders nachhaltig verflucht werden. Die christlichen Kirchen haben sich immer mit der Existenz von Völkern anderer Religion abzufinden verstanden; aber der „Abfall" eines schon getauften Christen war etwas Unerhörtes, löste Entsetzen aus und wurde entsprechend grausam bestraft. Das ist gut nachvollziehbar, weil ein solcher Vorfall die innere Wirksamkeit der christlichen Doktrin in Frage stellt. Mutatis mutandis gilt dasselbe für alle anderen Religionen und Ideologien.

Im 20. Jahrhundert schreibt ein bekannter christlicher Theologe:

Wer für den unmittelbar tödlichen Ernst einer Entscheidung darüber, ob dieser oder jener Satz wahr ist, keinen Sinn hat, der kann die christliche Einschätzung der Häresie nicht verstehen. [...] Denn hier wird die absolute Wahrheit, die schon in geschichtlich eindeutiger Weise ausgesprochen gegeben war, verloren [...]

Das Heidentum [...] bedeutet keine Gefahr für den Christen, der sich schlicht als weitergekommen, überlegen [...] ansehen kann. Aber all das ist anders beim Häretiker: [...] er verläßt das Ziel und gibt dabei vor, es allein zu besitzen. Ihm Gutgläubigkeit zuzubilligen, fällt daher dem Christentum schwerer als dem [...] Ungläubigen gegenüber [...] Wie sollte er schuldlos [...] das richtige und das gefälschte Christentum nicht auseinanderkennen? Er ist der Gefährlichste: er bekämpft die wirkliche und endgültige Wahrheit.[11]

(2) Das Hirtenargument

Der Verkünder einer wahren Lehre sieht die Dinge richtig; ist es nicht seine Pflicht, die weniger Einsichtigen, die Dummen und erst recht die Böswilligen notfalls zu ihrem Glück zu zwingen, wenn sanftere Methoden nicht zum Ziel führen – immerhin geht es um die ewige Seligkeit? Augustinus illustriert dieses Hirtenargument durch drastische Beispiele:

Wenn jemand sähe, wie sein Feind, durch ein gefährliches Fieber wahnsinnig geworden, dem Abgrund zuliefe, würde er da nicht Böses mit Bösem vergelten, wenn er ihn so laufen ließe, statt ihn zurückzuhalten und binden zu lassen?

Und doch würde er gerade dann als sein größter Feind und Gegner erscheinen, wenn er sich ihm am meisten nützlich erwies und ihm Erbarmen zuteil werden ließ! Sicher würde dieser ihm nach wiedererlangter Gesundheit um so größeren Dank sagen, je mehr er sehen würde, daß man seiner durchaus nicht geschont habe.[12]

Wie viele durch Gewalt zur katholischen Kirche bekehrte Häretiker sind inzwischen überglücklich darüber![13]

Sie wären jedoch nicht zur Besinnung gekommen, wenn man sie nicht gleich Wahnsinnigen [...] gefesselt hätte [...] Mußte man sie nicht zu ihrem Heil der Sorge für zeitliche Dinge entledigen,[14] *damit sie gleichsam den Todesschlaf abschütteln und [...] erwachen?*[15]

Wer einen Tobsüchtigen bindet und einen Schlafsüchtigen aufrüttelt, fällt beiden lästig und liebt doch beide.[16]

Aus der Hirtenpflicht folgt zugleich die Pflicht, gegen die gefährlichen Abweichler, die Bösen, einzuschreiten. Ihnen gegenüber wäre Toleranz geradezu eine Perversion:

Eine Humanität, die diejenigen schätzen, die Pardon für die Häre-

tiker wünschen, ist mehr als grausam: Denn um die Wölfe zu schonen, setzen sie die armen Schafe zur Beute aus.[17]

(3) Terror und doch kein Glaubenszwang

Kann man überhaupt jemanden zum *Glauben* zwingen? Nein, sagt Augustinus, derlei ist gar nicht möglich, man lenkt bloß die Aufmerksamkeit der Menschen in die richtige Richtung, man beseitigt nur ihre falschen Denkgewohnheiten, man befreit sie von Irrtümern:

Durch die Macht der Gewohnheit würden sie in keiner Weise an eine Änderung zum Besseren denken, wenn nicht der Schrecken über sie käme und die Aufmerksamkeit ihrer Seele auf die Erwägung der Wahrheit lenkte.[18] *[...]. Nicht als ob jemand gegen seinen Willen gut sein könnte, sondern aus Furcht vor dem, was er nicht erleiden will, gibt er entweder die ihm im Weg stehende Bitterkeit des Gemüts auf, oder er sieht sich gezwungen, die Wahrheit zu erkennen, indem er aus Furcht den früheren Irrtum abweist und die Wahrheit sucht [...] und so willig annimmt, wozu er sich früher nicht verstehen wollte.*[19]

Die Schrecken waren, wie Augustinus ausdrücklich erwähnt: Verbannung, Konfiskation des Besitzes, das Verbot zu kaufen, zu verkaufen, zu erben, zu vererben oder zu schenken.[20] Wird der Terror die Terrorisierten wenigstens mit Sicherheit zum rechten Glauben führen? Augustinus antwortet, wenn eine Medizin oft wirksam war, wird kein Arzt zögern, sie anzuwenden, auch wenn einzelne Kranke unheilbar sind.[21] Darüber, daß man niemanden zum Glauben zwingen könne, sagt der Nachfolger Calvins in Genf, Bezelius, noch klarer:

Wir geben sicher zu, daß dem so sei [...]. Aber wer wäre so dumm, zu denken, daß die Obrigkeit, wenn sie einen Häretiker straft, dies eigens tut, um ihn mit Gewalt zu zwingen, sich zu bessern und zu bekehren? Wenn das das Ziel der Obrigkeit wäre, so würde man niemanden zum Tod verurteilen, wie böse er auch sein mag [...]

Nicht um von ihnen gewaltsam einen falschen Anschein oder geheuchelte Reue zu erzwingen (werden Häretiker gestraft), sondern damit die Obrigkeit wahrhaft Gott dient [...] und die öffentliche Ordnung, die Lehre und die Sitten bewahrt werden.[22]

Und nochmals in aller Deutlichkeit:

Es ist nicht das Ziel der Obrigkeit, die Herzen zu regieren und zu formen, sondern vor allem Frieden und öffentliche Ruhe zu bewahren [...]. Und auch wenn es so viele Heuchler gibt, darf man doch nicht aufhören, Recht zu sprechen und gegen Übeltaten gemäß den Pflichten der Justiz vorzugehen.[23]

Soll denn nicht ein jeder seinem eigenen Gewissen folgen? Die Antwort ist einfach:

Bevor wir unsere Werke unserem Gewissen gemäß einrichten, müssen wir zuerst unser Gewissen selbst gemäß dem Wort Gottes einrichten.[24]

(4) Terror ist nicht gleich Terror

Da das Christentum den Gebrauch von Terror nicht schlechthin empfiehlt, benützt Augustinus ein klassisches Differenzierungsargument:

Nicht jeder, der schont, ist dein Freund, nicht jeder, der schlägt, dein Feind. „Die Schläge des Freundes sind besser als die Küsse des Feindes." (Sprichw. 27,6).[25] *[...]*

Wenn Gute und Böse das Gleiche tun und das Gleiche erleiden, so zeigt sich der Unterschied zwischen ihnen nicht in dem, was sie tun und leiden, sondern in den Ursachen, aus denen beides geschieht.[26]

Du begreifst, schreibt Augustinus an den Adressaten, der sich über die Zwangsmaßnahmen beschwert hatte,

daß es nicht darauf ankommt, ob jemand überhaupt gezwungen wird, sondern wozu er gezwungen wird, mag es gut sein oder böse.[27]

Immer haben die Bösen die Guten verfolgt, und die Guten die Bösen; jene, indem sie mit Ungerechtigkeit Schaden zufügten, diese, indem sie durch heilsame Zucht zum Guten antreiben [...] Es kommt ausschließlich darauf an, wer es für die Wahrheit, wer für die Ungerechtigkeit tut.[28]

(5) Selig sind, die Verfolgung leiden...

Die Weltgeschichte kennt hinreichend viele Beispiele dafür, wie schnell aus Verfolgten Verfolger werden können. Das bietet ideologische Schwierigkeiten, wenn für die eigenen Anhänger das Verfolgtwerden als besonders verdienstlich gilt. Also muß zwischen guten und schlechten Verfolgten differenziert werden. Für die guten gilt der Bibelspruch *Selig sind, die Verfolgung leiden um der Gerechtigkeit willen.*[29] Von den bösen, d. h. den nicht katholischen Verfolgten, schreibt Augustinus,

daß sie in der Zukunft nur die verdiente Strafe der Gottlosen finden werden, wenn sie die Leiden dieser Zeit nicht um der Gerechtigkeit willen, sondern wegen menschlicher Verkehrtheit und Anmaßung mit unfruchtbarer und eitler Geduld ertragen haben.[30]

Mit dieser Differenzierung ist das Verfolgen dann durch die Heilige Schrift ausdrücklich gerechtfertigt; Augustinus zitiert als Nachweis dafür das Gleichnis vom Gastmahl, das mit dem Satz *Zwinge sie einzutreten*[31] endet, oder den 18. Psalm: *Ich will meinen Feinden nachjagen und sie ergreifen und nicht umkehren, bis ich sie umgebracht habe (Psalm 18, 38).*[32]

Das Christentum hat sich mit einer ungeheuren Legende voller Märtyrer umgeben, die um ihres Glaubens willen gelitten haben. Sollte das nicht zur Toleranz mahnen? Sollen die Christen sich gerade so intolerant verhalten, wie es die bösen Heiden angeblich taten? Solche Bedenken erledigt auch Calvin mühelos:

Die Qualen, welche die Märtyrer erlitten haben, schließen den Schutz nicht aus, den gute Fürsten den Kindern Gottes gewähren, damit sie Ihm friedlich und in aller Reinheit dienen können.[33]

Wenn ein Märtyrer und ein Gotteslästerer eine ähnliche Strafe erleiden, so liegen die Fälle doch völlig verschieden, weil der eine die gute und gerechte Sache vertritt und der andere die schlechte. So unterscheidet die wahre Einsicht und der rechte Glaube die wahren Eiferer von den verrückten und aufrührerischen, die nur von ihren blinden Antrieben geleitet werden.[34]

(6) Ein Tu-quoque-Argument

Es scheint, daß die diversen frühchristlichen Häresien bzw. Kirchen einander in ihrer Verfolgungssucht wenig nachstanden. Jedenfalls erinnert der Kirchenvater seine Gegner zustimmend an Gemeinsamkeiten in der Verfolgung der Nicht-Christen:

Wer von uns oder von euch lobt nicht die Gesetze, die von den Kaisern gegen die heidnischen Opfer erlassen wurden? Dort ist gewiß eine weit strengere Strafe festgesetzt; es ist über jene Gottlosigkeit die Todesstrafe verhängt.[35]

Dem Gegner, der selbst nach Gewalt gerufen hat, wird das Recht bestritten, sich über Gewalt zu beklagen, zumal gegen ihn mit viel größerer Milde vorgegangen wird. Außerdem

Ihr sagt, daß ihr nicht grausam sein wollt; ich meine, ihr könnt es nicht sein, denn ihr seid zu gering an Zahl.[36]

(7) Tu quoque – umgekehrt

Die Heiden waren fast immer religiös tolerant; davon hat das frühe Christentum profitiert. Sollte das Christentum seinerseits nicht ebenso tolerant sein? Calvin lehnt das entschieden ab. Die Heiden kannten die Wahrheit noch nicht, also war für sie Toleranz vernünftig. Die Christen dagegen kennen die Wahrheit. In der Apostelgeschichte wird von einem gewissen Gamaliel berichtet, der sich bei den Juden für Toleranz gegenüber den Aposteln einsetzte. Man solle sie nur reden lassen, es werde sich schon zeigen, was es mit Sache auf sich habe. Gamaliel sagte zu den über die Apostel ergrimmten Juden:

„Laßt ab von diesen Menschen und laßt sie gehen! Ist dies Vorhaben oder dies Werk von Menschen, so wird's untergehen. Ist es aber von Gott, so könnt ihr sie nicht vernichten – damit ihr nicht dasteht als solche, die gegen Gott streiten wollen.“ Da stimmten sie ihm zu.[37]

Die Stelle ist gerne im Sinne eines Toleranzgebotes gedeutet worden. Calvin weist das zurück:

Es irren sich viele, die über Gamaliel sprechen, als ob man sich an seine Autorität halten müßte. Gamaliels Rat war, daß die Schriftgelehrten und Priester die Apostel nicht verfolgen sollten. Er sagte: Wenn ihre Lehre göttlich sei, könne nichts sie aufhalten; sei sie aber Menschenwerk, so werde sie von selbst vergehen.

Wenn man so etwas unüberlegt sagt, so scheint es, als wolle man nicht bloß die öffentliche Ordnung auflösen, sondern auch die Kirchenzucht zerbrechen. In Wirklichkeit kommt es auf die Person an, die so etwas sagt.

Denn Gamaliel war im Zweifel darüber, was richtig sei, und wußte nicht, auf welche Seite er sich schlagen sollte, nicht anders als ein Blinder, der im Dunkel tappt. Er ließ die Dinge also unentschieden. Trotzdem zieht er aus einem an sich richtigen Prinzip schlechte Folgerungen, nämlich: weil Gott das Seinige erhalten, Menschenwerk aber zugrunde gehen lassen wird, müsse man sich nicht um die Dinge kümmern. Im Gegenteil! So sehr Gott allein der Winzer ist, so sehr sendet er Arbeiter in seinen Weinberg.[38]

(8) Das Kriminalisierungsargument

Augustinus stellt die rhetorische Frage, weshalb man Ehebruch bestrafe, Sakrilegien (hier: abweichende Meinungen) aber nicht. Die Frage unterstellt offensichtlich, daß es ein Verbechen ist, eine andere als die orthodoxe Meinung zu haben.[39]

Niemals schildert der Fanatiker seine Gegner als nachdenkliche, die Wahrheit suchende Menschen, immer sind es Verbrecher, Monstren, Wahnsinnige. Der Abweichler wird zum gewöhnlichen Kriminellen gestempelt, wodurch seine Verfolgung den Ruch des Außergewöhnlichen verliert. Durch immer neue Wiederholungen wird erreicht, daß

Wörter, mit denen eine Abweichung von der Orthodoxie bezeichnet wird, die Bedeutung „Schwerverbrechen" oder „Majestätsverbrechen" erhalten. Man muß sich einmal den Schauder bewußtmachen, der immer noch auch für irreligiöse Menschen mit dem Wort „Blasphemie" verbunden ist; dieses Wort war immer ein Mittel, um Andersdenkende zu kriminalisieren.[40] So ist es immer: Der Abweichler ist ein Klassenfeind, der theologische Gegner ist ein Gotteslästerer. Dafür sieht das Strafgesetz entsprechende Sanktionen vor. So gesehen geht es dann nicht um Toleranz und Humanität, sondern um das Aufspüren und Aburteilen von Kriminellen. Schließlich bedeutet die Menschwerdung Christi nicht das Ende von Rechtsprechung und Polizei, wie Calvin realistisch feststellt. Er fragt bezüglich jener, die (mit Berufung auf das Evangelium) Straffreiheit für Häretiker fordern:

Wollen sie vielleicht sagen, daß Verbrechen ohne Strafe bleiben sollen? Wollen sie sagen, man solle allen Übeltätern die Zügel schießen lassen?

Eher werden sie wohl antworten, daß die Geduld, die Jesus Christus gegenüber jedem (Sünder, der ihm begegnete,) zeigte, nicht der Polizei oder dem Gesetz zuwiderläuft.[41]

Der Trick dabei ist, von gewöhnlichen Verbrechen zu reden, obwohl es nur um Abweichungen von der orthodoxen Dogmatik geht.[42] Es ist klar, daß für einen Fanatiker die Trennung von Staat und eigener Ideologie nicht einzusehen ist. Für ihn ist die Ideologie das Wichtigste; das Wichtigste darf aber nicht aus dem Zentrum der Gesellschaft und des Staates gerückt werden. Im realen Sozialismus war die Einheit von Staat und Partei genauso eine Selbstverständlichkeit wie früher das Bündnis von Thron und Altar. Es blieb dem christlichen Theologen K. Rahner vorbehalten, christliches Verständnis für den östlichen Terror zu artikulieren. Mitten im kalten Krieg, 1961, schreibt Rahner über das „östlich-kommunistische Daseinsverständnis":

Wer theoretisch von der Generallinie, von der durch die Staatsführung vertretenen Wahrheit des Kollektivs abweicht, entlarvt sich dort dadurch eo ipso als der sittlich verderbte Mensch und wird dementsprechend wegen seiner „Meinung" ebenso behandelt wie im Westen ein Dieb oder Mörder. (Der Christ sollte sich hüten, gegen die falsche und primitive Anwendung einer richtigen Grundeinsicht im Osten zu protestieren ...) [...] Die Unwahrheit der Häresie ist eine viel absolutere Bedrohung der menschlichen Existenz als alle anderen Vorkommnisse, denen gegenüber auch ein Mensch von heute [...] noch immer Gewalt als berechtigt empfindet.[43]

(9) Verhöhnung der Opfer

Abweichler werden nicht einfach liquidiert, sie sollen auch moralisch vernichtet werden. Der Häretiker wird nicht als Märtyer, sondern als Canaille umgebracht. Calvin berichtet über seinen Besuch im Kerker bei Servet, unmittelbar vor dessen Hinrichtung; er mokiert sich darüber, daß Servet in seinem letzten Stündlein kein Wort mehr über seine Position in der theologischen Kontroverse von sich gab:

So sehr Servet niemals ein Zeichen der Reue gab, so wenig bemühte er sich, ein Wort zu sagen, daß er an seiner Lehre festhalte und damit man letztere hätte gutfinden können.

Ich bitte euch: Was soll das bedeuten, wenn er, obwohl er die Freiheit hatte zu reden, wie er wollte, keinerlei Bekenntnis weder in der einen noch in der anderen Richtung ablegt, ganz wie ein Holzklotz! Er mußte nicht fürchten, daß man ihm die Zunge abschneiden würde [...]

Auch noch in den Händen des Henkers weigerte er sich, Jesus Christus den ewigen Sohn Gottes zu nennen. Aber nachdem er überhaupt nicht sagte, wofür er sterbe, – wer wird das noch einen Märtyrertod nennen?[44]

Servet hatte seine Position zuvor ausführlich in Büchern und in Briefen an Calvin dargelegt, es war also völlig klar, warum er verbrannt werden sollte. Niemand wußte das besser, als gerade Calvin. Darüber zu höhnen, daß ein Mensch in seiner Todesangst kein Interesse mehr an theologischen Spitzfindigkeiten hat, dazu gehört eine gehörige Portion Zynismus.

(10) Denkverbote, Zweifelsverbote

Mit der Kriminalisierung hängt das Denkverbot zusammen, das fanatisierte Ideologien so gerne erlassen möchten. Wer anderer Ansicht ist, als die intoleranten Machthaber, ist selbst ein Verbrecher, denn er steht auf der Seite der Verbrecher, auf der Seite des Bösen, er ist ein Staatsfeind. Calvin schließt sein Werk mit einem Fluch ab: *Verwünscht seien ihre viehischen Spitzfindigkeiten*[45], heißt es über solche Leser, die anderer Meinung sein sollten. Daß bereits der Zweifel eine schwere Sünde sei, dies gehört zur klassischen christlichen Argumentationsstrategie. Man versucht, sich quasi auf logischem Wege gegen jeden Einwurf abzusichern. Ja noch mehr, schon der Ruf nach Milde gegenüber einem Zweifler ist Häresie. Damit wird das Denk- und Redeverbot lückenlos. Dieselbe Strategie ist auch von anderen Fanatismen konsequent angewendet worden. So war schon der Zweifel am Endsieg im 3. Reich ein todeswürdiges Verbrechen. Rein logisch scheint damit der Fanatismus unbesiegbar. Wer ihn anzugreifen versucht, ist ein Gotteslästerer. Mit ihm diskutiert man nicht, man verbrennt ihn.

(11) Das Distanzierungsargument

Zur Selbstinterpretation wie zur Außendarstellung des Fanatikers gehört die „Distanzierung von Exzessen". Nach den Grundprinzipien des Fanatismus ist jede Handlung richtig, die zu Gunsten der eigenen Ideologie (und Herrschaft) erfolgt, d. h. mit der „richtigen Gesinnung". Der Orthodoxe verfolgt den Heterodoxen nur aus Liebe oder aus Pflicht. In Wirklichkeit spielen bekanntlich bei der Terrorisierung und Liquidierung der Abweichler Liebe und Edelmut keine besondere Rolle; gewöhnliche menschliche Eigenschaften herrschen vor: Machtgier, Haß, Neid, Sadismus, Gemeinheit. Die Dreckarbeit wird immer vom Pöbel verrichtet, von den „nützlichen Idioten", vom „weltlichen Arm", während sich die Ideologen die Hände nicht blutig machen. Werden die Klagen über den Terror zu laut, dann distanziert sich die Ideologie von den „Exzessen" und „mißbilligt" sie. Es geschieht aber nichts, um diese „Exzesse" zu verhindern. Augustinus schreibt den Häretikern:

> *Jeder, der euch nur wegen dieses kaiserlichen Gesetzes, nicht aus Liebe, um euch zu bessern, sondern aus feindseligem Haß verfolgt, der mißfällt uns [...]*
>
> *Ihr nennt mit Unrecht euer Eigentum, was ihr nicht als Gerechte besitzt und was ihr nach den Gesetzen der irdischen Könige verlieren sollt. Auch könnt ihr nicht sagen: „Wir haben es mit unserer Arbeit erworben", denn ihr lest in der Heiligen Schrift: „Die Arbeit der Gottlosen werden die Gerechten genießen" (Sprichw. 13,22). Wer jedoch immer aus Anlaß dieses Gesetzes, das die Christo dienenden Könige zu eurer Besserung erlassen haben, mit Begierde nach eurem Eigentum strebt, der mißfällt uns. Wer schließlich von den Gütern [...], die ihr besaßt [...], nicht aus Gerechtigkeit, sondern aus Geiz Besitz ergreift, der mißfällt uns.*[46]

Es darf also uneingeschränkt konfisziert werden, aber bitte nur mit der richtigen Gesinnung, ansonsten mißbilligt es der Ideologe – aber er ändert es nicht.

(12) Der Fanatiker tut nur seine Pflicht

Der Fanatiker sieht sich selbst als milden, gütigen Menschen, dessen Härte nicht auf Sadismus oder Haß gründet, sondern von der heiligen Sache erzwungen wird. Keineswegs fühlt er sich als Unmensch, dem alle Humanität abhanden gekommen ist, aber

Ich bitte euch: Wäre das nicht eine perverse Humanität, wenn man die Schandtaten eines Menschen verdeckt, indem man tausend Seelen dem Satan zur Beute aussetzt?

Möchte es Gott gefallen, daß alle Irrtümer Servets ganz tief begraben werden. Ich aber, wenn ich höre, wie sie überall herumschwirren, wäre ein Verräter, würde ich dazu schweigen.[47]

Alles, was geschieht, geschieht stets nur zur höheren Ehre Gottes, der Partei, des Volkes, der Reinheit der Rasse oder welche höchste Autorität man eben bemühen möchte. Man solle, schreibt Calvin, bei der Bestrafung von Vergehen grundsätzlich Maß halten,

aber wenn Bösewichter versuchen, die Fundamente der Religion zu ruinieren, schreckliche Gotteslästerungen hervorstoßen und verdammenswürdige Thesen ausstreuen [...], kurz: Das Volk zur Rebellion gegen die reine Lehre Gottes aufstacheln, dann muß man zum letzten Mittel greifen.[48]

Dieses letzte Mittel ist die Liquidierung des Gegners, die zeremonielle Ketzerverbrennung. Gleich darauf schreibt der Reformator über Moses, mit dem er sich sichtlich identifiziert, jener sei

als Richter so gemäßigt wie nur möglich gewesen. Wenn es aber darum geht, diejenigen zu bestrafen, die gegen den Dienst Gottes verstoßen haben, dann ist er wie Feuer und Flamme. Weiht eure Hände dem Herrn!, sagt er. Daß niemand seinem Bruder noch seinem Nächsten vergebe, daß man unnachsichtig alle töte, denen man begegnet!

Heißt das, daß dieser heilige Mann von wildem Zorn hingerissen worden sei, wenn er seine gewohnte Sanftmut vergißt und den Gott geweihten Leviten befiehlt, im Blut derer zu baden, die Götzendienst getrieben haben, und sich mit ihm zu tränken?

Im Gegenteil, der Heilige Geist lobt und preist eine solche Tat.[49]

5. Die Abwehr des Fanatismus

Keines der Argumente für religiöse Intoleranz, die wir im vorigen Kapitel herauspräpariert haben, ist absolut unannehmbar; für jedes gibt es akzeptable Anwendungen, wie es ja für jede Argumentationsfigur irgendwelche akzeptablen Anwendungen geben dürfte. Die Kritik wird deshalb immer wieder zeigen müssen, daß ein solches Argument im vorliegenden, konkreten Fall nicht hingenommen werden kann.

Die Argumentation für Intoleranz blieb selbst innerhalb der christlichen Tradition nicht unwidersprochen. Wir gehen jetzt daran, anhand der Kontroverse über Toleranz und Intoleranz eine Reihe von Argumenten für Toleranz herauszuarbeiten. Es werden teils Argumente sein, die der Abwehr der Intoleranz gelten, teils Argumente, die unmittelbar für Toleranz vorgebracht worden sind. Als besonders ausführliches Beispiel einer internen (d. h. christlichen) Kritik an den Argumenten für Intoleranz, speziell aber an Augustinus, soll uns Bayles *Commentaire philosophique, sur les paroles de l'evangile* (1686) dienen. Der wenig bekannte dritte Teil dieser Schrift ist eine detaillierte Auseinandersetzung mit den Intoleranz-Argumenten des heiligen Augustinus. Die im Titel erwähnten Worte des Evangeliums sind die uns bereits bekannten, auch von Augustinus herangezogenen: *Nötige sie einzutreten.*[1] Außerdem ziehen wir noch Sebastien Castellions Toleranzschrift *De haereticis an sint persequendi* (1554) (Über Ketzer und ob man sie verfolgen solle) heran.

Diesen Werken von Bayle und Castellion werden wir Argumente gegen die Intoleranz entnehmen. Um aber zu zeigen, daß der Humanist keineswegs das letzte Wort behalten muß, werden wir gelegentlich auch aus einer Schrift von Theodor Bezelius (1554) zitieren, die gegen Castellion wieder den Standpunkt der Intoleranz verteidigt.

Alle Kontrahenten in dieser Kontroverse beziehen sich auf die Bibel, sie haben eine gemeinsame Argumentationsbasis. Aber hier tritt sofort eine neue Schwierigkeit auf, die für ideologische Kontroversen typisch ist: Wie muß der heilige Text gelesen werden? Bayle tritt nachdrücklich dafür ein, die Bibelworte *Nötige sie einzutreten* nicht wörtlich, sondern allegorisch zu deuten. Er verficht das Prinzip, daß jede

Bibelinterpretation, die uns zu Verbrechen verpflichten würde, falsch sei.[2] Die wörtliche Deutung von *Nötige sie einzutreten* führe zu Verbrechen aller Art, also sei sie falsch. Gegen dieses Prinzip wird der Verfechter der Intoleranz antworten: Alles, was die Bibel gebietet, ist richtig und hat zu geschehen, ob es nun „human" ist oder nicht. Demgegenüber bedeutet Bayles Interpretationsmaxime, wonach die Bibel nichts Inhumanes befehlen könne, im Fall des Falles entweder die Zulassung *beliebiger* Bibeldeutungen, notfalls gegen den klarsten Wortsinn, oder überhaupt die Negation der Verbindlichkeit der Heiligen Schrift. Bayle schließt tatsächlich mit dem Satz:

Selbst wenn es Gründe dafür gäbe, die Bibelstelle wörtlich zu interpretieren, so sollte man das nicht tun, aus Furcht, unermeßliches Unglück über die Welt zu bringen.[3]

Aber das ist für Bayle nur die ultima ratio; im übrigen versucht er ständig, innerhalb des christlich-biblischen Lehrsystems zu argumentieren, so gut das eben geht. Sehen wir uns zunächst an, wie Bayle die Argumentation für Intoleranz abzuwehren versucht; danach sollen einige direkte Argumente für Toleranz betrachtet werden.

Gegen das Gefährdungsargument (1)[4]

Der Häretiker ist nach Einschätzung des Orthodoxen schrecklich gefährlich für das Seelenheil der Mitmenschen, was seine Sonderbehandlung rechtfertigt. Aber nicht nur der Häretiker ist gefährlich, wirft der Kritiker ein, sondern viele andere Menschen ebenfalls. Sollen also alle verbrannt werden, die andere zur Sünde und zur ewigen Verdammnis leiten könnten? Wäre das nicht konsequent? Also etwa Unbarmherzige, Selbstgerechte, Geizige, Huren und Weinhändler? Gegen Calvin, der sich gerne auf das Alte Testament beruft, schlägt Castellion vor:

Wenn wir die Alten nachahmen wollen, tun wir also desgleichen! Geben wir das Neue Testament auf, kehren wir zum Alten zurück, bringen wir alle um, die umzubringen Gott darin befohlen hat, nämlich: Ehebrecher, Kinder, die sich ihren Eltern widersetzen, alle Unbeschnittenen, ferner Jene, die das Passahfest nicht halten, und dergleichen mehr.[5]

Es ist ein geschicktes Universalisierungsargument, denn natürlich wollte auch Calvin nie das gesamte Alte Testament ohne Einschränkung in die Praxis umsetzen – warum aber gerade diese Selektivität? Darauf kann der Fanatiker antworten, daß der Abweichler ein besonderer Fall, nämlich eine bewußte Beleidigung Gottes sei.

Gegen das Hirtenargument (2)

Bayle bringt ein Differenzierungsargument vor: Der Vergleich des Häretikers mit dem Geistesgestörten sei nicht zulässig. Denn in Sachen der ewigen Seligkeit komme es auf die innere Haltung des Menschen an, während durch Zwang erreichte äußere Handlungen wertlos seien:

Einem Häretiker, der seine Zustimmung nicht gibt, kann man nicht zu seinem Heil helfen. Man kann ihn mit Gewalt in die Kirche und zur Kommunion treiben, man kann ihn durch Drohungen veranlassen, in Wort und Schrift seinen Irrtümern abzuschwören und den wahren Glauben anzunehmen [...] Aber wenn es nicht aus dem Herzen und aus voller Überzeugung kommt, dient es zu gar nichts, und auch Gott kann niemanden mit Gewalt erlösen ...[6]

Um einen Geistesgestörten vor dem Selbstmord zu bewahren, sagt Bayle, brauche man ihn nur zu fesseln – es komme nicht auf seine Zustimmung an. Wüßte man dagegen, daß man ihm nur dann nützen kann, wenn er seine Zustimmung gibt, dann wäre jeder Zwang nur eine Grausamkeit. Genau dieser Fall liege aber in religiösen Streitfragen vor.[7] Kinder, um das andere so oft bemühte Beispiel zu erwähnen, haben noch kein vernünftiges Urteil, sie folgen nicht der Vernunft; aber Häretiker sind erwachsene, ihrer Vernunft mächtige Menschen;[8] folglich ist das Hirtenargument falsch.

Gegen die Differenzierung des Terrors (4)

Bayle gibt zu bedenken:

Unter Freunden sind Ermahnungen erlaubt, und man kann sich ihrer bedienen, wenn man die Gelegenheit dazu für richtig hält. Aber Diebstahl und Tätlichkeiten sind etwas anderes. Man darf sie weder gegen Freunde noch gegen Feinde gebrauchen.[9]

Daraufhin könnte Augustinus sich auf das edle Ziel und die faktische Wirksamkeit des christlichen Terrors berufen: Ganze Städte haben sich aufgrund der Zwangsmaßnahmen zur katholischen Kirche bekehrt. Für die Gegenseite ist das klarerweise kein überzeugendes Argument. Es sind schon oft Völker durch Zwang zu irgendeiner Religion bekehrt worden.[10] Mit Zwang läßt sich alles erreichen – was hat das noch mit Wahrheit zu tun? Ist es nicht absurd, die Wahrheit zu suchen, wenn alle Emotionen am stärksten erregt sind?

Nichts ist falscher, widersinniger, nichts einer normalen Intelligenz unwürdiger, als wenn man folgendes als legitimes Verfahren bei der Auffindung der Wahrheit etablierte: Sie ist genau dann zu untersuchen, wenn alle Leidenschaften erregt sind, und wenn man weiß: Findet man die eine Seite richtig, so zieht man sich Schande und Elend zu; findet man die andere Seite richtig, so erntet man Ehre und viele Vorteile.[11]

Die religiösen Fanatiker entgegnen darauf ihrerseits, daß man von Zwang und Verfolgung überhaupt nur reden dürfe, wenn derlei den Rechtgläubigen widerfährt. Was man Häretikern antue, sei dagegen bloß ein Akt der Gerechtigkeit, Liebe und Vernunft. Gegen diese Differenzierung des Terrors stellt Bayle ein anderes Prinzip:

Ich sage, daß man nicht darauf zu achten hat, wozu in der Religion Zwang ausgeübt wird, sondern ob Zwang ausgeübt wird. Und daß von da an, wo Zwang angewendet wird, man eine sehr böse Tat begeht, die dem Geist jeder Religion widerspricht, besonders dem Evangelium.[12]

Hier steht eine Position gegen die andere, Fanatiker und Aufklärer können einander logisch nicht niederzwingen: *Contra negantem principia non est disputandum*. Der Versuch einer konklusiven Argumentation ist zu Ende; aber der Aufklärer braucht deshalb nicht schon in Sprachlosigkeit zu verfallen. Was kann also noch vorgebracht werden? Bayle tut das Beste, was man hier machen kann, er präpariert das Argument seines Gegners schonungslos heraus und formuliert ein neues Moralprinzip:

Kommen wir also überein, daß eine Handlung, die ungerecht wäre, wenn sie nicht zu Gunsten der wahren Religion geschieht, gerecht wird, sobald sie für die wahre Religion getan wird.

Diese Maxime ist überdeutlich in den Worten „Nötige sie einzutreten" enthalten, vorausgesetzt, Christus hat sie wörtlich gemeint. Denn sie sagen: Schlagt, peitscht, werft in den Kerker, plündert und tötet jene, die starrsinnig sind, nehmt ihnen ihre Frauen und Kinder weg. Das alles ist gut, wenn es für meine Sache geschieht; unter anderen Umständen wären es enorme Verbrechen, aber der Nutzen, der meiner Kirche daraus erwächst, reinigt und säubert solche Handlungen vollkommen.[13]

Wenn man Terror überhaupt zuläßt, dann werden die Mittel des Terrors nur noch durch den Effekt bestimmt. Je schrecklicher der Terror, desto sicherer der Effekt. Am sichersten wirkt die Todesstrafe. Aus lauter Liebe müßte man sie ständig anwenden. Was für eine perverse Argumentation![14] Bayle hält eine Unterscheidung zwischen

Terror aus Liebe und Terror ohne Liebe für völlig unannehmbar. Denn

mit dieser Unterscheidung könnte man in aller Unschuld alle Städte einäschern und einen Teil des Korns zugrunde gehen lassen, indem man sagt, man müsse die Menschen demütigen, die nämlich im Überfluß nicht genug an Gott denken.[15]

Die Unterscheidung des heiligen Augustinus wirft die gesamte Moral um und macht die Zehn Gebote zum Spielball unserer Unterscheidungen und Launen.[16]

Ich will Augustinus nicht vorwerfen, daß er diese Konsequenzen ins Augen gefaßt hat; aber was er gesagt hat, schließt sie mit ein.[17]

Das Sichtbarmachen der Konsequenzen ist ein wichtiges aufklärerisches Instrument. Bayle benützt es mehrfach; etwa wenn er sagt:

Wenn der König von Frankreich sich den gesamten Besitz der Kirche aneignen würde, wie würde man sich über uns mokieren, wenn wir dazu sagen würden, das sei ein Zeichen seiner Zuneigung zum Klerus, und er strafe solcherart bloß, um den Klerus zu einem christlichen Leben zu veranlassen.[18]

Nochmals gegen die Differenzierung (4) – das Moloch-Argument

„Moloch" bezeichnete ursprünglich eine alt-kananäische Gottheit; zu ihren Ehren wurden – gelegentlich wohl auch bei den Israeliten – Kinder als Brandopfer dargebracht. Im Alten Testament ist davon mehrfach die Rede. Für das Christentum ist der Moloch ein Inbegriff aller unmenschlichen, heidnischen Grausamkeit und somit der äußerste Gegensatz zur christlichen Nächstenliebe. Castellion fragt also aus gegebenem Anlaß, was wohl die Heiden vom Christentum denken sollen, wenn sie sehen, wie sich die Christen gegenseitig umbringen:

Denn wenn sie sehen, wie wir uns gleich wilden Bestien aufeinanderstürzen, wie die Schwachen von den Starken unterdrückt werden, werden sie das Evangelium verabscheuen, als habe es die Menschen dazu angeleitet. Sie werden Christum verachten, als habe er solche Dinge befohlen, durch die wir weit eher zu Türken oder Juden werden, als diese zu Christen.

Wer möchte Christ werden, wenn er sieht, wie Christen Christen mit Feuer, Wasser und Schwert ohne jede Barmherzigkeit ermorden […] Wer würde Christus nicht für einen Moloch oder einen ähnlichen

Götzen halten, der verlangt, Menschen lebendig zu opfern und zu verbrennen![19]

Castellion ruft schließlich Christus an:

Oh Christus [...], siehst du dies alles? [...] Wirst du dich bei dieser grauenhaften Schlächterei einfinden, wenn man dich dazu einlädt? Ißt du Menschenfleisch? Wenn du, oh Christus, solche Dinge tust, oder befiehlst, sie zu tun – was hast du dann noch für den Teufel zu tun übriggelassen? Tust du dasselbe wie der Satan?[20]

Dies ist das Moloch-Argument. Es besagt, daß der Fanatismus die heilige Doktrin in ihr Gegenteil pervertiert hat. Aus der Religion der Liebe ist eine des Grauens geworden. Es ist das Phänomen, daß Fanatiker das genaue Gegenteil dessen tun, was sie selbst in ihrer Ideologie verkündeten und weiterhin verkünden. Die Anklage von Castellion gewinnt ihre Schärfe nicht einfach aus der Tat Calvins; erst die von der heiligen Schrift der Christen selbst gelieferte Terminologie, die Benützung des gerade in der Christenheit etablierten Vokabulars des Grauens macht die Anklage für Christen so peinlich. Wer mit dem Moloch und dem Satan vertraut ist, muß erstarren, wenn man ihm vorhält, exakt dasselbe zu tun, wie die Priester dieser Schreckensmächte.

Aber den Fanatiker trifft man damit nicht. Sein Terror ist heilsam, ist von Gott geboten, dient dem künftigen Glück der Menschheit oder der arbeitenden Klasse, trifft nur Verbrecher, geschieht aus heiliger Pflicht. Die sogenannte Humanität selbst wird grausam und pervers, wenn sie nicht der Orthodoxie dient. War Christus nicht, wie es heißt, voller Liebe, Güte und Wohlwollen? Bezelius wird dadurch nicht aus der Fassung gebracht:

Ich gebe es zu: Aber trotzdem ist er ein gerechter Richter [...], trotzdem hat er manchmal die Geißel ergriffen.

Wenn man gegen einen gefährlichen Häretiker die Obrigkeit zur Hilfe ruft, sagt Bezelius,

dann schreien diese Leute, daß wir aus Christus einen Moloch und Satan machen [...].

Ha, du vor Schamlosigkeit stinkendes Maul voller Lästerungen! Wenn dieser Gott, der um das Unrecht zu rächen, das man ihm in der Person des Moses getan hat, Dathan und Abirom lebendig von der Erde [...], und die Söhne Aarons lebendig vom Feuer hat verschlingen lassen[21]*,[...] wegen deiner Lästerungen vom Himmel Feuer auf dich schickt, das dich verzehrt – er wäre trotzdem kein Moloch oder Teufel [...], sondern zeigte sich als gerechter Richter über die Beleidigungen seiner Majestät.*[22]

Das Moloch-Argument könnte sich allerdings leicht gegen den, der es benützt, wenden. Der biblische Gott ist durchaus auch ein grausamer Rache-Gott und das Verbrennen von Häretikern ist nicht unbedingt eine Pervertierung der biblischen Texte. Es ist womöglich eher der Verfechter der Toleranz, der von der Heiligen Schrift abweicht.

Gegen alttestamentarische Gewalttätigkeit (5)

Augustinus zitiert aus dem Psalter, um zu zeigen, daß es durchaus gottgefällige Gewalttätigkeit geben könne: *Ich will meinen Feinden nachjagen und sie ergreifen und nicht umkehren, bis ich sie umgebracht habe.*[23]

Bayle antwortet matt, daß der Psalmist hier nur vom Krieg rede und daß eine Übertragung auf religiöse Streitereien nicht erlaubt sei.[24] Damit wendet sich Bayle hier gegen eine übertragene Deutung. Sein Verfahren ist dem seines Gegners durchaus ähnlich – beide wählen ihre Interpretationsprinzipien je nach dem eigenen Bedarf. Die Kontroverse wird diffus – ein häufiger Zug von Streitereien über heilige Texte.

Gegen das Kriminalisierungsargument (8)

Augustinus stellt die rhetorische Frage, weshalb man Ehebruch bestrafe, Sakrilegien (d.h. abweichende Meinungen) aber nicht. Die Frage unterstellt natürlich, daß es ein Verbrechen ist, eine andere als die orthodoxe Meinung zu haben.[25] Sein Kritiker Bayle wirkt ein wenig hilflos, wenn er in seiner Antwort hinweist auf

das Beispiel einer Frau, die, durch die Ähnlichkeit getäuscht, davon überzeugt ist, daß ein Betrüger, der sich als ihr Mann ausgibt, tatsächlich ihr Gatte sei. Sie empfängt ihn in ihrem Bett, ohne damit Gott im Geringsten zu beleidigen. Ein Häretiker, der Falsches für die Wahrheit hält, muß ersteres so in Ehren halten, als sei es wirklich die Wahrheit, und kann vor Gott nicht dafür verantwortlich sein, außer wegen der Nachlässigkeit oder Bösartigkeit, durch die er das eine statt des anderen angenommen hat.[26]

Dem Häretiker fehlt also die Schuldeinsicht, es fehlt ihm, so Bayle, das Wissen um die Übeltat; vielmehr hat er das allerbeste Gewissen. Bayles Beispiel ist nicht gerade das allerbeste, und man darf sicher sein, daß sein Gegner ein Differenzierungsargument gegen das Beispiel vorbringen wird, nämlich daß der Häretiker die Wahrheit (d.h.

die orthodoxe Lehre) ja vor Augen habe, sie aber trotzdem verleugne.

Gegen die „Distanzierung" (11)

Die Distanzierung von „Mißbräuchen" ist eine Heuchelei, oft auch Selbstbetrug. Das Distanzierungsargument ist schwach; es dient bloß zur Vernebelung der fundamental intoleranten Haltung. Bayle hält Augustinus entgegen:

Selbst wenn niemand diese Gesetze mißbrauchen würde, wären jene armen Leute, die die Verfolgung erleiden, tausend Ängsten ausgesetzt, Ängste, deren Verursacher von den Herren Kirchenmännern in keiner Weise mißbilligt werden. Man braucht folglich nicht viel darauf zu geben, wenn sie sagen, sie würden den Mißbrauch mißbilligen.

Darüber hinaus, sage ich, heißt das nicht sich über alle Welt lustig machen, wenn man leidenschaftlich nach Gesetzen ruft, von denen man weiß, daß ihre Anwendung unvermeidlich von tausenderlei Mißbrauch begleitet ist, und zugleich so tut, als habe man damit nichts zu tun, weil man mit Nachdruck sagt, den Mißbrauch mißbillige man. Und wenn ihr Unglücklichen ihn mißbilligt, warum ruft ihr nicht genauso energisch nach seiner Bestrafung, wie ihr nach den Gesetzen gerufen habt? Warum seid ihr die ersten, die den Mißbrauch vertuschen, leugnen und überall publik machen, es gebe ihn gar nicht. [...]

Bewundern wir die Barmherzigkeit des heiligen Augustinus. Er billigt von ganzem Herzen, daß die Gesetze einem Donatisten seine Habe rauben, und er mißbilligt das Vorgehen der Katholiken, die sich dieser Habe bemächtigen. Es ist reichlich erheiternd, wenn man den Exekutor rügt, und jenen lobt, der die Exekution befiehlt.[27]

Nach diesen der Abwehr der Intoleranz dienenden Argumenten wenden wir uns jetzt einigen Argumenten für Toleranz zu. Der Leser wird nicht mehr erstaunt sein, wenn ihm dazu gleich wieder Gegenargumente vorgestellt werden.

Wieder ein Bibelzitat

Im Brief des Apostels Paulus an Titus heißt es:

Wenn du einen Sektierer einmal und ein zweites Mal ermahnt hast, so meide ihn. Du weißt, ein solcher Mensch ist auf dem verkehrten Weg; er sündigt und spricht sich selbst das Urteil.[28]

Dieses eine Wort allein schon scheint das Verbot sämtlicher Gewaltmaßnahmen gegen Ungläubige und Häretiker jeder Art zu enthalten. Man soll sie meiden, nicht aber bedrängen oder umbringen. Der Hinweis auf diese Bibelstelle fehlt in keiner Toleranzschrift. Selbstverständlich kennen auch intolerante Theologen diese Stelle, aber mit etwas Hermeneutik ist die Sache rasch bereinigt. Gegen die naive Ansicht, aus dieser Bibelstelle folge ein allgemeines Toleranzgebot, differenziert Bezelius:

Es gibt doch niemanden, der nicht klar sieht, daß es dumm wäre, eine solche Folgerung zu ziehen, denn hier ist von den Aufgaben der Kirche die Rede, und nicht von den Pflichten der Obrigkeit.[29]

Man könnte einwenden, Jesus habe auch gesagt, sein Reich sei nicht von dieser Welt. Gewiß, er hat das gesagt, aber, erläutert der Theologe:

Was für Folgerungen sind daraus für unser Problem zu ziehen? [...] Es folgt überhaupt nicht, daß, wenn Gott der Kirche gnädig eine gläubige, christliche Obrigkeit schenkt, letztere nicht die Mittel und die Aufgabe hätte, den Dienst am Wort gegen widersetzliche Häretiker zu unterstützen. So sehr das Reich Christi nicht auf menschlicher Hilfe beruht, es folgt daraus [...] nicht, daß man diese unterschiedslos zurückweisen dürfe, wenn der Herr sie darbietet.[30]

Relativierung

Bayle wendet ein, es sei überhaupt nicht klar, wann ein solches „Verbrechen" der Häresie vorliege:

Aber, wird man sagen, jene Sekte begeht tagtäglich Unfrommes und Sakrilegien! Jawohl, antworte ich, soferne man die Dinge so definiert, wie ihr es tut. Aber nicht, wenn man sie so definiert, wie jene Sekte. Denn letztere behauptet, daß ihr es seid, die Unfrommes und Sakrilegien begehen, und daß ihr Gottesdienst der einzig gute und wahre sei.[31]

Selbstverständlich wird der Rechtgläubige darauf erwidern, daß er, und nur er, die wahre Lehre und daher auch die einzig richtige Definition von Abweichung, Sakrileg etc. besitze. Dagegen kann ein Kritiker nur relativ schwache Argumente vorbringen, wenn er nicht bestreiten will, daß es genau eine solche Wahrheit gibt.

Das skeptische Argument

Jedem Fanatismus liegt das Prinzip zugrunde, daß die Wahrheit durchgesetzt werden dürfe und müsse – wenn nötig mit Gewalt – und daß die eigenen Parteigänger im Besitz der Wahrheit seien. Wer die richtigen Dogmen (zeitweilig eher: die richtige Parteilinie) habe, werde selig, wer nicht, verdammt. Daraus folgt: Wer von der – so definierten – Wahrheit abweicht, darf und soll bekehrt oder liquidiert werden.

Aber woher nimmt der Orthodoxe die Sicherheit, daß er, und nur er, die Wahrheit besitzt, während der Abweichler, der sich immerhin auf dieselben heiligen Texte beruft, irrt? Aufklärer haben oft versucht, unter Berufung auf die Dunkelheit der Fragen und die Beschränktheit unseres Verstandes für mehr Toleranz zu argumentieren. Castellion schreibt (ausgerechnet im Vorwort seiner Bibelübersetzung) über die Religion und die Heilige Schrift:

Weil die in ihnen enthaltenen Dinge uns nur dunkel und oft wie Rätsel gegeben sind und weil es sich um dunkle Fragen handelt, die seit mehr als einem Jahrtausend diskutiert werden, ohne daß es zu einer Übereinstimmung gekommen wäre oder inzwischen kommen könnte, so ist die Erde voll vom Blut Unschuldiger, wenn nicht die Nächstenliebe, die allen Streit zerbricht und befriedet, unsere Ignoranz vertreibt.[32]

Calvin verstand sofort, welche Konsequenzen eine solche Position nach sich ziehen müßte. Wenn ein dogmatisches Lehrgebäude nicht klar gegen andere Meinungen (d. h. Häresien) abgrenzbar ist, werden seine Ansprüche und seine Unduldsamkeit unverständlich. Also entgegnet er:

Es gibt da noch einen Phantasten [...], der sagt, man dürfe Häretiker nicht bestrafen, weil ein jeder die Schrift nach seinem eigenen Urteil auslege und die Wahrheit wie in dichten Wolken verborgen sei. Damit löscht dieser famose Theologe lieber den Glauben in den Herzen der Menschen aus, als zu dulden, daß man die, welche ihn umstürzen, bestrafe.

Denn welche Religion bleibt da noch auf der Welt übrig? Durch welches Kennzeichen läßt sich die wahre Kirche noch unterscheiden? Kurz: Welches ist die Kirche Gottes und Jesu Christi, wenn die Lehre unsicher und wie in der Schwebe ist?[33]

Calvin hat unstreitig Recht, daß mit einer Argumentation wie der von Castellion die Abgrenzung der orthodoxen Doktrin gegen davon abweichende, häretische verschwimmt und daß dann eine Konfession so viel bzw. so wenig wert ist, wie jede andere. Ein Glauben der keine klaren Dogmen hat, ist ein Unding. Deshalb gehört zur Zurückweisung des skeptischen Arguments notwendig auch der Anspruch der Orthodoxie, die klare Wahrheit zu besitzen; diesen Anspruch hat natürlich auch die reformierte Orthodoxie von Genf erhoben.[34]

Bezelius trägt das skeptische Argument gleich in einer leicht persiflierenden Fassung vor, die ihre eigene Widerlegung enthalten soll:

Weil kein Mensch die Wahrheit kennt und weil die Schriften so dunkel sind, daß es unmöglich ist, mit ihrer Hilfe die Streitfragen zu entscheiden, welche die Kirche schon so lange quälen, so kommt es überhaupt nicht darauf an, jemanden als Häretiker zu verdammen. Sondern wir müssen auf irgendeine neue himmlische Offenbarung warten oder vielleicht eine neue Darlegung der Schriften, die so klar und einleuchtend ist, daß niemand mehr zweifeln kann: währenddessen aber stehe es jedermann frei, in Fragen der Religion zu glauben und zu lehren, was er möchte.[35]

Keine Orthodoxie der Welt aber wartet auf neue Offenbarungen, und keine ist bereit, die Entscheidung über den wahren Glauben ins Belieben des einzelnen zu stellen. Vom Standpunkt der Orthodoxie wäre das auch absurd.

Ein Verallgemeinerungsargument

Wie sähe die Welt aus, fragt der Aufklärer den Fanatiker, wenn alle Welt sich so benehmen würde, wie du? Du sagst, du hast die Wahrheit, und deshalb mußt du Andersdenkende umbringen. Du benützt also das Axiom: Wer die Wahrheit hat, muß sie durchsetzen, auch mit Gewalt. Was wird geschehen, wenn die anderen dieses Axiom von dir übernehmen?

Wenn Gott wirklich den Anhängern der Wahrheit befohlen haben sollte, die Anhänger des Irrtums zu verfolgen, so werden letztere, sobald sie dieses Gebot aufgenommen haben, sich ihrerseits verpflichtet fühlen, die Anhänger der Wahrheit zu verfolgen, ja sie würden sich verfehlen, wenn sie es nicht täten,[36]

wendet etwa Bayle ein, und weiter:

Wenn jene, die die Wahrheit auf ihrer Seite haben, zu Recht gegen die anderen Religionen Gewalt einsetzen dürften, dann hat man hier ein Recht vorliegen, auf das sich jede Sekte berufen könnte, und dessen sich jede [...] wie jede andere bedienen würde.[37]

Zwar erreicht man den Fanatiker damit nicht, denn er hat die Wahrheit, und die anderen haben sie nicht. Daß Leute von einem wahren Grundsatz falschen Gebrauch machen, hat nichts zu bedeuten. Und daß dabei Chaos und Mord entstehen, ist nicht verwunderlich. Trotzdem ist Bayles Einwand dem Fanatiker sicher nicht besonders angenehm und wird von ihm zumindest als gefährlich eingeschätzt.

Der Kritiker braucht gar nicht zu bestreiten, daß es vielleicht wirklich eine wahre Religion gibt, der dann selbstverständlich ein Sonderstatus zukäme. Er argumentiert nur mit der faktischen Unentscheidbarkeit der Frage, wer diese wahre Religion besitzt, und weist darauf hin, daß sich faktisch einfach die Macht durchsetzen wird. Nach Maßgabe der Machtverhältnisse würde jede Sekte jede andere verfolgen, wobei jede das göttliche Gebot auf ihrer Seite zu finden meint:

Man sieht, daß dies bloß eine verschämtere Version ist zu sagen: Die Gründe des Stärksten sind immer die besten; ich habe Recht, denn ich bin der Löwe. Dies heißt, die Menschen auf eine lächerliche Kontroverse zu beschränken, in der sie sich gegenseitig sagen: Du bist starrsinnig, denn ich besitze die Wahrheit.[38]

Daß damit die tatsächlichen Verhältnisse richtig wiedergegeben werden, wird der Fanatiker aber nicht bestreiten. Trotzdem gibt es nur eine Wahrheit, und er hat sie.

Das Hauptsache-Argument

Das skeptische Argument wird gerne noch in einer anderen Variante vorgetragen, als Aufforderung, sich auf das Wesentliche, auf die Hauptsache, zu konzentrieren und Haarspaltereien beiseite zu lassen. Es ist ein Argument *ad nauseam*. Warum Menschen, die sich um ein anständiges Leben bemühen, nur deshalb verfolgen, weil sie abweichende theologische Ansichten haben? Ist nicht die Nächstenliebe und überhaupt das Bemühen um ein anständiges Leben das Wichtigste an der christlichen Religion? Aber kein Dogmatiker kann ein solches Argument akzeptieren, und Bezelius beispielsweise antwortet auf Vorhaltungen Castellions:

Für euch besteht also die christliche Religion in einem unschuldigen Leben [...], in einer Verpflichtung der Menschen gegeneinander [...] Das erste und Wichtigste, nämlich den Dienst Gottes, erwähnt ihr manchmal überhaupt nicht [...], und manchmal laßt ihr ihn in einer Erkenntnis von Gott bestehen, wie sie sogar die Teufel haben [...]

Ihr wollt, daß jeder, der mit den Juden oder Türken sagen kann, er glaube an Gott […], und sein Leben entsprechend ordnet […], mit diesem Unschuldsmantel jeden Irrtum zudecken dürfe und sei es der seltsamste und monströseste. Was aber die anderen Dinge betrifft, d. h. die ganze Doktrin des Evangeliums, dürfe er es damit halten und darüber schreiben und lehren, wie es ihm seine Phantasie eingibt […]

Ihr sagt selbst, daß ein Verständnis der Trinität unnütz sei: Das läuft doch darauf hinaus, daß von der ganzen christlichen Religion überhaupt nichts übrigbleibt.[39]

6. Interne Kritik

Interne Kritik – Allgemeines

Ein schlichtes Negieren der Prinzipien des Gegners ist keine Argumentation. Was kann man aber gegen die Argumente für Intoleranz und Unmenschlichkeit anführen, ohne das zugrundeliegende Prinzip anzutasten, also etwa: Man muß Gott mehr gehorchen als den Menschen?

Wenn das, was in der Heiligen Schrift steht, den Gläubigen verpflichtet und wenn in der Schrift steht, daß man Ungläubige und Lästerer umbringen soll, dann ist der Gläubige dazu verpflichtet. Das ist eine korrekte Argumentation. Mancher Ketzerbrenner war persönlich vielleicht ein empfindsamer, milder Mensch, er hätte niemandem etwas zuleide getan, wenn ihn die geheiligte Lehre nicht unbarmherzig zur Unmenschlichkeit aufgefordert hätte. Logisch läßt sich dagegen nichts einwenden. Dem Kritiker bleibt aber die Möglichkeit, dieselbe Bibel anders zu lesen, zu deuten. Das ist nie völlig aussichtslos, aber auch nie besonders aussichtsreich, weil es keinen allgemein anerkannten Maßstab gibt, mit dem die „Richtigkeit" einer Schriftdeutung gemessen werden könnte. Was Nietzsche über die Bibelinterpretation bemerkte, gilt mutatis mutandis auch für andere heilige Texte: *Die Art, wie ein Theolog, gleichgültig ob in Berlin oder Rom, ein „Schriftwort" auslegt [...] ist immer dergestalt kühn, daß ein Philolog dabei an allen Wänden emporläuft.*[1]

Bei einer „internen" Kritik stellt sich der Kritiker mit seinem Gegner auf denselben Boden, d. h. er akzeptiert, soweit das nur irgend geht, dieselben Prinzipien, insbesondere dieselben heiligen Texte. (Die Frage, wie weit das im konkreten Fall möglich ist, wollen wir lieber verdrängen.) Er bestreitet nur, daß gewisse spezielle Dogmen oder Gebote tatsächlich aus den heiligen Texten folgen. Der von Calvin auf den Scheiterhaufen beförderte Servet war ein typischer interner Kritiker; ausgehend von der Bibel, wollte er zeigen, daß das Trinitätsdogma unhaltbar sei.

Der interne Kritiker versucht in aller Unschuld, einen vernünftigen Dialog zu eröffnen. Er benützt dieselbe Bibel, er beruft sich auf dieselbe Religion wie sein Gegner. Mit einem solchen Gegner kann man noch diskutieren, ihn zu überzeugen versuchen. Man kann versuchen, ihn auf einen *kleinen Fehler* in seiner Argumentation hinzuweisen. (Die interne Kritik kann zum Ausgangspunkt für die Bildung einer neuen Sekte werden; daran hat der Aufklärer freilich kein besonderes Interesse.)

Interne Kritik hat in Kampfzeiten erhebliche Vorteile. Der Aufklärer braucht nicht die gesamte Dogmatik des Fanatikers zu attackieren, sondern nur einige „Fehler" in der Deutung der heiligen Schriften. In Castellions Toleranzschrift z. B. wird nicht mehr bestritten, als unbedingt nötig erscheint, während ansonsten die Position Calvins nicht angetastet wird. Später einmal wird jeder vernünftige Mensch sagen: Wenn eine Lehre inhumane Praktiken nach sich zieht, dann muß man sie frontal angreifen – Kompromisse können hier nur schaden. Aber das Vorgehen des internen Kritikers kann zu seiner Zeit das einzig mögliche und auch durchaus ehrlich gemeint sein. Eine skeptische oder gar areligiöse Attacke wäre seinerzeit wirkungslos geblieben, weil zu schrecklich, zu schockierend. Sie hätte nur den Verfasser ebenfalls auf den Scheiterhaufen gebracht.

Spätere Generationen stellen rückblickend verwundert fest, wie wenig aufgeklärt und halbherzig die Kampfschriften der Aufklärer manchmal wirken. Darin liegt nicht nur Taktik; der beste interne Kritiker ist immer einer, der selbst ein engagierter Anhänger der betreffenden Lehre ist. Er kennt sich in den Verästelungen der Dogmatik am besten aus. Allerdings wirkt die interne Kritik, je kenntnisreicher sie ist, nach außen umso abstruser, weil sie sich leicht in wenig bekannten Details der Doktrin verirrt. So bestehen für die interne Kritik zwei große Gefahren: Erstens läßt sich über Schriftdeutungen immer trefflich streiten, und zweitens führt die interne Kritik fast unvermeidlich auf Subtilitäten, die von einem breiteren Publikum nicht verstanden werden.

Die interne Kritik ist manchmal strategisch notwendig, aber ihre Wirksamkeit wird leicht überschätzt. Sie setzt gebildete, in der betreffenden Dogmatik geschulte Leser voraus, und sie führt eventuell in entlegene Auslegungsstreitereien, die weder objektiv entscheidbar noch für ein breiteres Publikum interessant sind. Selbst wenn sie erfolgreich ist, bietet die interne Kritik keine Garantie für die Zukunft: Wenn Hexenverbrennungen nur deshalb aufhören, weil eine subtile Bibelanalyse zeigt, daß der Teufel keine Verträge schließen kann, so könnte man die Scheiterhaufen wieder anzünden, sobald ein anderer Schriftgelehrter eine andere Bibelanalyse vorträgt. Deshalb sollte die interne Kritik höchstens ein Zwischenstadium sein. Logisch gesehen wird das Endziel immer die vollständige Negation der in Frage stehenden Ideologie sein: Es gibt keine Hexen. Dies aber ist eine externe Kritik, in der die Grundvoraussetzungen des Gegners bestritten werden.

Die Kritik am Hexenwahn

In Europa wurden mehrere Jahrhunderte lang Frauen als Hexen denunziert, von ihnen Geständnisse erfoltert, wonach sie feierlich und öffentlich verbrannt wurden. Das geschah nicht im Mittelalter, sondern in der Neuzeit. Die Hexenjagd war kein finsteres, heimliches Unternehmen, sondern ein öffentliches – und ein vieldiskutiertes. In einer größeren Anzahl von gelehrten Schriften wurden sowohl Argumente für die Hexenjagd als auch dagegen vorgetragen.[2]

Denen, die zur Zeit der Hexenjagden gegen diesen Wahnsinn geschrieben haben, ist eines gemeinsam: Keiner von ihnen bestreitet die Existenz des Teufels, keiner die Möglichkeit von Hexen. Uns Heutigen erscheint das seltsam, die Aufklärer wirken selbst noch reichlich unaufgeklärt. Keine einzige der Schriften gegen Hexenjagd und Hexenprozeß tastet die Bibel oder die Kirchen an, jede stellt den zeitgenössischen christlichen Aberglauben so wenig wie möglich in Frage und attackiert nur ein kleines Stück einer ihrer Meinung nach falschen Interpretation.

Eines der „aufklärerischen" Argumente bezieht sich zum Beispiel auf die von der Theologie behauptete Grundlage der Hexerei, nämlich das Bestehen eines Paktes oder Vertrages zwischen dem Teufel und einer Frau. Auch noch die letzte große Kampfschrift gegen die Hexenverfolgung, Christian Thomasius' Schrift *Vom Laster der Zauberei* (1704), geht äußerst behutsam vor und trägt keineswegs eine totale Negation des Hexen- und Teufelsglaubens vor. In einem Anhang verteidigt Thomasius sich ausdrücklich gegen den unerhörten Vorwurf, er wolle die Existenz des Teufels bestreiten. Thomasius bestreitet die Existenz des Teufels ausdrücklich *nicht*. Die Frage sei bloß, ob es eine „teuffelische Magie" gebe, d.h. Bündnisse zwischen Menschen und dem Teufel. Genau dieses behaupteten die Proponenten der Hexenjagd, gerade so stellt es die Fachliteratur der Hexenjäger dar. Der Jurist Thomasius bestreitet daher, daß der Teufel Verträge mit Hexen aufrichten könne. Der Teufel könne keinen Leib annehmen, es gebe überhaupt keinen *leiblichen* Teufel. Folglich seien Pakte mit dem Teufel nicht möglich.

Der heutige Leser mag den Kopf schütteln: Mit solchen abstrusen Argumenten operierten die Aufklärer? Sie operierten sicher nicht nur mit scheinbar obskuren Begründungen, aber damit eben vor allem. Natürlich begibt sich der Aufklärer auf schlüpfriges Gebiet, wenn er, ähnlich wie die Hexenjäger, mit Bibelstellen zu argumentieren beginnt. Der Aufklärer kann nur zeigen, daß die Hexenjagd nicht gerade zwingend aus der Bibel folgt. Das ist logisch keine besonders starke Position, aber sie genügte fürs erste, und stärkere Argumente schienen noch nicht möglich zu sein. Vielleicht muß, solange überhaupt gekämpft werden muß, stets maskiert gekämpft werden, halb maskiert jedenfalls. Paradox formuliert: Sobald man laut und ohne Einschränkung sagen darf, daß es weder Teufel noch Hexen gibt, braucht man es eigentlich nicht mehr zu sagen.

Es gibt in der eigentlichen Kampfzeit keinen Gegner der Hexenverfolgung, der *das* deutlich sagt, was man eigentlich sagen müßte: daß es weder Teufel noch Hexen gibt und daß die Bibel irrelevant ist, wenn es um das Verbrennen von Menschen geht. So würden wir heute argumentieren, besonders, wenn es um Hexenjagden in fremden Kulturen geht. Aber das ist externe Kritik.

Auswahlen aus heiligen Texten

Sekten, Kirchen und alle anderen Ideologien haben jede einen Kanon heiliger Texte und eine Tradition renommierter Autoren, die hohes Ansehen genießen. Gewöhnlich sind nicht alle Stücke eines solchen Kanons gleichermaßen inhuman. In diesem Fall ist es die einfachste Methode der internen Kritik, aus dem geheiligten Kanon die moderaten, toleranten Sprüche auszuwählen und zusammenzustellen. Eventuell kann man sie durch Texte derselben Tendenz von berühmten, allgemein geschätzten antiken Denkern ergänzen. Das Verfahren ist uralt. Wir sind ihm schon begegnet, als wir Castellions Schrift über die Häretiker erwähnten. Auch noch die *Encyclopédie* der französischen Aufklärer benützt dieses Verfahren. Man liest dort:

Einige Sätze aus der Bibel, aus Kirchenvätern und Konzilsbeschlüssen würden für den Nachweis genügen, daß ein Intoleranter ein schlechter Mensch, ein schlechter Christ ist.[3]

Das mag wohl stimmen, übersieht aber großzügig, daß einige andere Sätze aus der Bibel oder aus den Schriften der Kirchenväter auch genügen würden, das Gegenteil nachzuweisen. Das zeigt sich überdeutlich, wenn die *Encyclopédie* neben anderen prominenten Christen ausgerechnet Augustinus als Zeugen für Toleranz aufführt. Nicht nur war er ein vehementer Verfechter religiöser Intoleranz, er konnte sich dabei durchaus auch auf die Bibel berufen, etwa auf die Aufforderung:

Wenn dich dein Bruder [...] oder dein Freund heimlich überreden würde und sagen: Laß uns gehen und anderen Göttern dienen [...], so willige nicht darein und gehorche ihm nicht. Auch soll dein Auge seiner nicht schonen, und du sollst dich seiner nicht erbarmen noch ihn verbergen, sondern sollst ihn erwürgen [...] Man soll ihn zu Tode steinigen.[4]

Mit solchen Bibelstellen plagt sich jeder Verfechter christlicher Toleranz gewaltig[5] und gelangt doch zu keinem überzeugenden Resultat. Und doch wird das Verfahren der selektiven Bibellektüre immer wieder praktiziert, solange die Bibel als Argumentationsbasis gilt, so etwa auch in Israel, wo von einigen Parteien aus Bibelstellen massive politische Konsequenzen gezogen werden. Die (eher liberalen) Zionisten und die (stark nationalistische) Orthodoxie berufen sich beide auf die Bibel.

Der Zionismus behandelte seine orthodoxen Gegner nicht so, wie die meisten Revolutionen mit ihren Feinden umgehen. Man sagte ihnen nicht: „Nehmt doch eure heiligen Schriften und zum Teufel mit euch!"... Der Zionismus leitet mit anderen Worten seine Maximen von „ihren" Texten, „ihren" Quellen und „ihren" Weisen ab.

So berichtet Amoz Oz, und schildert mit entwaffnender Deutlichkeit, wie der liberal Gesinnte dabei vorgeht:

Er hebt einige Stellen (in der Bibel) hervor und läßt einige in den Hintergrund treten; er unterstreicht einige Verse mit einem dicken blauen Strich der Bewunderung und kreist andere mit einem starken Rot der Warnung ein. Die Bibel, sagt er, enthält nicht nur die Worte „Da werden die Wölfe bei den Lämmern wohnen", sondern auch Aussagen wie diese: „sollst du nichts leben lassen, was Odem hat"...

Diese Haltung ähnelt derjenigen eines Menschen, der über eine Wiese wandert und einige Pflanzen als eßbar und Heilpflanzen, andere als giftig ausweist. Er will die giftigen Pflanzen nicht ausreißen oder ignorieren, sondern sie erkennen, bestimmen und analysieren, ohne durch sie Schaden zu nehmen.[6]

Zeitweilig, vorübergehend und bedingt durch spezielle historische Konstellationen, mag das eine praktikable Maxime sein. Aber logisch gesehen ist die Sache klar: Entweder es geht letztlich nur um die Werte, die ich für wesentlich halte, dann brauche ich keine heiligen

Texte, aus denen ich diese Werte mühsam auslesen bzw. herauslesen muß. Oder ich unterstelle mich der Autorität der heiligen Texte, dann darf ich nicht nach eigenem Gutdünken daraus auswählen. Dann aber, und darin liegt die große Gefahr, bin ich zugleich wehrlos gegen diejenigen, die gelegentlich (nämlich an ihren Feinden) *nichts leben lassen wollen, was Odem hat.* Denn auch dies steht geschrieben. Wenn man Giftpflanzen stehen läßt, darf man sich nicht wundern, wenn sie Schaden anrichten, und es hilft nichts, darauf hinzuweisen, daß in dem heiligen Garten nicht nur Giftpflanzen gedeihen, sondern auch Heilkräuter.

Was kann also überhaupt mit einer Auswahl humanitärer Bibelzitate erreicht werden? Der im Fanatismus Aufgewachsene kann verunsichert werden. Man hat ihn gelehrt, es sei ein gottgefälliges Werk, Andersdenkende umzubringen, und er hat es hingenommen. Jetzt bemerkt er, daß die Sache nicht so klar ist. Menschen oder Bücher, deren Autorität er zu respektieren gelernt hat, haben zumindest manchmal auch ganz andere Ansichten vertreten, als man ihm weisgemacht hat. Mancher „Mitläufer“ hat bei der Teilnahme an Greueltaten ein ungutes Gefühl gehabt, sich aber auf die Heiligkeit der Doktrin verlassen. Jetzt zeigt man ihm, ohne daß man die Doktrin dabei antastet, daß sie nicht ganz so eindeutig ist.

Die Wirksamkeit einer passenden Spruchauswahl aus den geheiligten Texten beruht darauf, daß die Anhänger einer Ideologie diese Texte als Ganzes ernst nehmen. Der Außenstehende beschränkt sich auf die Feststellung, daß man vielleicht jeden humanen Spruch aus den heiligen Texten mit einem inhumanen aus denselben Texten neutralisieren kann und umgekehrt, d. h. daß die Texte in sich widersprüchlich sind. Für die Anhänger der Lehre liegt die Sache aber etwas anders, weil es zu ihren festen (wenngleich selten ausdrücklich formulierten) Prinzipien gehört, daß die Lehre nicht widersprüchlich ist, sondern daß alle Sätze der heiligen Texte gleichermaßen wahr sind. Sollte in der Bibel, bei Marx oder bei einem Großen Vorsitzenden einmal ein bestimmter Satz und ein anderes Mal dessen Gegenteil stehen, dann ist eben beides wahr, beides muß bedacht werden. Wie das gehen soll, bleibt allerdings ein logisches Geheimnis.

Konsistenz und Inkonsistenz

Der Nachweis eines inneren Widerspruches ist ein Standardinstrument der internen Kritik. Daß ein Text Widersprüche enthält, ist, logisch gesehen, der schwerste Vorwurf überhaupt. Für den Logiker (aber eben nur für ihn) ist damit der Text erledigt; aber wer einen Text für sakrosankt hält, wird durch den einen oder anderen Widerspruch noch lange nicht erschüttert.

Zunächst wird es kaum gelingen, von einem heiligen Text mit letzter Sicherheit nachzuweisen, daß er logische Widersprüche enthält. Ein solcher Nachweis setzt formalisierte Systeme voraus, und Ideologien entziehen sich der Formalisierung. Immer wird es Bedeutungsnuancen und Nebenumstände geben, durch die ein scheinbarer Widerspruch – mehr oder minder plausibel, versteht sich – eliminiert werden kann.

Aber selbst wenn die Anhänger einer Religion oder Ideologie zugestehen müssen, daß ihre heiligen Texte einen Widerspruch zu enthalten scheinen, werden sie sich nicht geschlagen geben. Widersprüche in den heiligen Texten bilden keine Widerlegung der Lehre, sondern eine Aufgabe für den Intellekt. Die Aufgabe besteht darin, die („scheinbaren") Widersprüche aufzulösen, ohne die wahre Lehre anzutasten. Das Repertoire an Lösungsmöglichkeiten dafür ist groß. Wir führen nur zwei Beispiele an. Im Pentateuch heißt es einerseits:

Moses war ein sehr demütiger Mensch, mehr als alle Menschen auf Erden.[7]

Von derselben Heiligen Schrift wird aber auch berichtet, daß Moses dreitausend Juden umbringen ließ, die das goldene Kalb angebetet hatten:

Moses sprach zu ihnen: So spricht der Herr, der Gott Israels: Ein jeder gürte sein Schwert und gehe durch das Lager hin und her und erschlage seinen Bruder, Freund und Nächsten. Die Söhne Levi taten, wie ihnen Moses gesagt hatte; und es fielen an dem Tage vom Volk dreitausend Mann.[8]

Es ist nicht leicht, ein solches Vorgehen als das eines demütigen Mannes zu deuten. Liegt hier nicht ein Widerspruch vor? Keineswegs, sagt der Theologe, derlei läßt sich mühelos auflösen. Moses war, wie gesagt, von größter Demut; er hatte nur die von Gott befohlene Strafe auszuführen.[9] Es liegt also kein Widerspruch vor.

Nicht alles, was jemand als Widerspruch empfindet, ist tatsächlich ein Widerspruch im Sinn der Logik. Nach der üblichen Darstellung war die frühe Kirche einfach, demütig und leidend. Ihre Lehre setzte sich gegen alle Verfolgung einzig kraft ihrer Wahrheit und durch das Wirken des Heiligen Geistes durch. Widerspricht das nicht jedem religiösen Zwang von seiten der Obrigkeit? Hier liegt keineswegs ein Widerspruch vor, erklärt uns Calvin, die Dinge sind durchaus verträglich miteinander:

Wenn nichts dem entgegensteht, daß die Verkündigung des Evangeliums allein durch die geheimnisvolle Kraft des Heiligen Geistes wirkt, und sie trotzdem menschliche Wissenschaften als Stützen zur Begleitung hat, dann ist es auch nicht unschicklich, daß christliche Religion und christlicher Glauben, wie sehr sie auch von der alleinigen Hand Gottes gestützt werden und unter dem Kreuz triumphieren, nichtsdestoweniger Hilfe von Menschen und Unterstützung durch die Autorität erhalten, wenn es Gott so gefällt.[10]

Obwohl viele Menschen hier ein großes Problem gesehen haben, ist ein Widerspruch im strengen Sinn der Logik nicht nachweisbar.

Logisch betrachtet, scheint die interne Kritik voraussetzungslos zu sein: Der Kritiker braucht zu dem System, das er untersucht, weder Ja noch Nein zu sagen. Er sagt bloß: „Nehmen wir an, es sei wahr, und besehen wir es uns genauer...“ Zur Auffindung eventueller Widersprüche genügt das. Aber danach muß der Kritiker Farbe bekennen. Glaubt er an das System, dann wird er einen inneren Widerspruch auf irgendeine Weise beseitigen, weginterpretieren. Die dabei benützten Hilfskonstruktionen mögen dem Außenstehenden seltsam, abwegig, unvernünftig erscheinen. Aber der Gläubige hält es seinerseits für unvernünftig, den alltäglichen Vernunftbegriff unbesehen auf nichtalltägliche Dinge zu übertragen. Womit schließlich Prinzip gegen Prinzip steht.

Die interne Kritik kommt also mit dem Vorwurf der Inkonsistenz nicht recht voran, es gibt zu viele Möglichkeiten, diesem Vorwurf die Spitze zu nehmen. Zwei weitere, häufig benützte Standardmethoden seien hier noch erwähnt, die Aufteilung der Texte in mehrere „Schichten“ und die Verwendung mehrerer, unterschiedlicher Interpretationsverfahren.

Textschichten

Man kann einen Text in mehrere Teile oder Schichten einteilen, für die unterschiedliche Deutungen anzuwenden sind. Damit bleibt der Text unangetastet, kann aber „differenziert“ gedeutet werden. Ein beliebtes

Verfahren, um aus dem Gestrüpp der Bibelsprüche herauszufinden, ist es, das Alte gegen das Neue Testament auszuspielen, und tatsächlich ist das Alte Testament erheblich brutaler. Man erinnere sich etwa an die Geschichte des Propheten Elisa:

Er ging hinauf gen Beth-El. Und als er auf dem Weg hinanging, kamen kleine Knaben zur Stadt heraus und spotteten sein und sprachen zu ihm: Kahlkopf, komm herauf! Kahlkopf, komm herauf!

Und er wandte sich um; und da er sie sah, fluchte er ihnen im Namen des Herrn. Da kamen zwei Bären aus dem Walde und zerrissen der Kinder zweiundvierzig.[11]

Das sind rüde Umgangsformen; geben wir also das Alte Testament auf! Aber die Zehn Gebote stehen im Alten, nicht im Neuen Testament; was gilt nun? Die Bevorzugung eines Teiles eines heiligen Textes gegenüber einem anderen ist problematisch; jeder Interpret nimmt die Einteilung der Texte gerade so vor, daß seine eigene Position bestätigt wird. Wozu, könnte ein Calvin einwenden, liest man das Alte Testament überhaupt, wenn es durch das Neue überholt wurde? Woher stammen die Maßstäbe?

Wörtliche oder metaphorische Deutung

Es gibt kaum einen längeren schriftlich fixierten Text, in dem man Wort für Wort, Satz für Satz wörtlich lesen darf. Ohne ein gewisses Maß an Metaphorik funktioniert die Sprache nicht. Bei alten, heiligen Texten ist das besonders wichtig. Oft finden sich in ihnen Gleichnisse, die ausdrücklich als solche eingeführt werden, etwa *Das Himmelreich gleicht einem Sauerteig*[12], aber oft läßt es der Text offen, wie er verstanden sein will, etwa wenn es heißt: *Das Salz ist gut; wenn aber das Salz nicht mehr salzt, womit wird man's würzen? Habt Salz bei euch und Frieden untereinander.*[13]

Es ist eine Methode der Verteidigung eines heiligen Textes, daß man unverständliche oder unerträgliche Stellen nicht wörtlich, sondern allegorisch liest. Aber die Sache ist nicht eindeutig, wie wir anhand der Ausdeutung des Gleichnisses vom Gastmahl bei der Stelle *zwinge sie, einzutreten* gesehen haben. Der tolerante Kritiker deutet eine solche Stelle anders als der Fanatiker. Schließlich aber wird ein in den heiligen Texten belesener Kritiker kommen und die Prinzipien, nach denen hier einmal so, einmal anders gedeutet wird, insgesamt in Frage stellen.[14] Aber wird es die Leute beeindrucken? Auf lange Sicht vielleicht doch.

Interne Toleranz und externe Intoleranz

Auch in sehr engagierten Toleranzepisteln wird manchmal eine Ausnahme gemacht: Atheisten sollten nicht geduldet werden. Als Begründung wird angeführt, man könne mit ihnen nicht zusammenleben, denn sie würden keine Eide halten. Aber das ist eine fadenscheinige Erklärung. Die Toleranzforderung bezieht sich auf jene, mit denen man noch reden kann, und hat ihre Grenzen. Sie schließt jene aus, welche die jeweilige heilige Schrift überhaupt ablehnen. Die Beschränkung der Toleranz auf Gläubige ist eine logische Konsequenz des Grundprinzips interner Kritik, daß das betreffende Lehrsystem sakrosankt ist. Es ist nur konsequent, wenn etwa John Locke einerseits am Anfang seines berühmten *Briefes über die Toleranz* schreibt, daß er *Toleranz für das hauptsächlichste Kennzeichen der wahren Kirche*[15] erachte, und am Ende desselben Werkes sagt:

Doch sind diejenigen ganz und gar nicht zu dulden, die die Existenz Gottes leugnen. Versprechen, Verträge, Eide, die das Band der menschlichen Gesellschaft sind, können keine Geltung für einen Atheisten haben. Gott auch nur im Gedanken aufzuheben, heißt alles dies auflösen. Außerdem können die, die durch ihren Atheismus alle Religion untergraben und zerstören, sich nicht auf eine Religion berufen, auf die hin sie das Vorrecht der Toleranz fordern könnten.[16]

Reimarus kritisiert biblische Wunderberichte

Nicht alles, was sich als immanente Kritik ausgibt, ist es auch; die Grenzen sind nicht immer eindeutig. Hermann Samuel Reimarus zerpflückt in seiner *Apologie* die ganze Bibel, um sie mit der kirchlichen Dogmatik zu vergleichen. Wie es für die interne Kritik typisch ist, setzt die *Apologie* bibelfeste und in der kirchlich-dogmatischen Auslegung der Bibel bewanderte Leser voraus, ist also am ehesten für theologisch vorgebildete Zweifler von Interesse.

So nimmt sich Reimarus etwa die Geschichte vom Durchzug der Juden durch das Rote Meer vor. Die Bibel berichtet von 600.000 Mann, was mit Frauen und Kindern auf etwa 3 Millionen Menschen schließen läßt. Reimarus stellt ausführliche logistische Überlegungen an, berechnet die Länge des Zuges etc. und kommt zu dem Ergebnis, daß eine solche Menge Menschen unmöglich innerhalb einer Nacht (wie es die Bibel behauptet) durch das Rote Meer ziehen konnte, auch nicht, wenn das Meer ausgetrocknet gewesen sein sollte.[17]

Reimarus' Ergebnis ist, daß die etablierte Dogmatik nichts mit den biblischen Texten zu tun habe und auf einer Verfälschung derselben beruhe. Insoweit schreibt Reimarus tatsächlich eine interne Kritik einer Religion – wie üblich mit dem unvermeidlichen häretischen Beigeschmack.

Aber Reimarus zieht noch ganz andere Saiten auf. Unter anderem befaßt er sich ausführlich mit den in der Bibel berichteten Wundern, besonders mit der Auferstehung Jesu von den Toten. Eine ausführliche Analyse aller einschlägigen Bibelstellen[18] zeigt ihm derart gravierende Unstimmigkeiten und Unwahrscheinlichkeiten, daß Reimarus schließt, alle diese Berichte seien gefälscht, frei erfunden, erlogen. Viele Seiten lang bringt er Argumente gegen die Glaubwürdigkeit der Berichte vor, wägt Schriftstellen gegeneinander ab, mißt sie mit der alltäglichen Lebenserfahrung, um sein Verdikt zu begründen. Reimarus verlangt von der Heiligen Schrift, daß sie mindestens den normalen Ansprüchen an Zeugenaussagen genügen müsse, die man an jeden anderen Text zu stellen gewohnt ist.

Wer fundamentale Teile einer heiligen Schrift als gefälscht verwirft, verläßt die interne Kritik. Denn diese Methode setzt voraus: Was in der Schrift steht, ist wahr, und jede Interpretation, die das in Frage stellt, muß falsch sein. Vielleicht kann man durch immanente Textkritik an *Hänsel und Gretel* feststellen, daß der Bericht über Hexe und Pfefferkuchenhaus derart inkonsistent ist, daß er „gefälscht" sein muß. Aber wer nicht an Märchen glaubt, braucht derlei nicht; er weiß a priori, daß Märchen falsch sind, auch dann, wenn sie konsistent sind.

Der ermüdete Leser von Reimarus' schrecklich dicker *Apologie* muß sich fragen, ob Reimarus an die Auferstehung hätte glauben wollen, wenn die biblischen Berichte darüber in sich etwas stimmiger wären. Die Anwort muß wohl negativ sein. Die große Mühe, die sich Reimarus macht, um die biblischen Wundergeschichten durch Textanalysen als Fälschungen nachzuweisen, hätte eigentlich nur Sinn gehabt, wenn er grundsätzlich die Möglichkeit von Wundern zugegeben hätte. Sein Resultat hätte dann lauten können: Es gibt sicherlich Wunder, allerdings sind die, von denen die Bibel berichtet, gefälscht. Faktisch geht aus der *Apologie* klar hervor, daß er von Wundern so oder so nichts wissen wollte. Dann freilich ist zu fragen, wozu er sich und seinen Lesern die große Mühe macht, durch Textanalysen der Bibel die biblischen Wundergeschichten als Fälschungen nachzuweisen. Welche kritische Wirkung durfte er sich von dieser sozusagen überflüssigen Aufgabe erwarten? *Wenn man sich gegen das Wunderbare auflehnt, muß man sich gegen die ganze Bibel empören,*[19] gibt Voltaire (man könnte sagen: mit undurchsichtiger Miene) zu bedenken, d. h. es macht dann keinen Sinn mehr, einzelne Teile der Schrift gegeneinander zu halten, man braucht keine interne Kritik mehr anzufertigen, man muß als externer Kritiker einfach negieren, daß dieses Buch etwas mit der Wahrheit zu tun habe. Ähnlich wie bei so manchem späteren christlichen „Dissidenten" weiß man bei Reimarus nicht, wozu er seine Detailargumente überhaupt bemüht.

Von der internen zur subversiven Kritik

Bis jetzt haben wir gezeigt, wie wenig zwingend die interne Kritik ist und wie viele Ausweichmanöver möglich sind, um ihr zu entgehen. Aber damit ist noch nicht alles gesagt. Voltaire demonstriert in einem langen Artikel „Widersprüche", wie wenig eine Religion durch Widersprüche zu erschüttern ist, indem er eine Reihe von Fällen samt deren „Auflösung" anführt.[20] Er schließt die Aufzählung ab mit den Sätzen:

Meslier ist überzeugt, daß Bücher, die einander widersprechen, nicht vom heiligen Geist inspiriert sein können. Aber es entspricht nicht dem Glauben, daß der heilige Geist jede Silbe inspiriert hat; er hat nicht jedem Kopisten die Hand geführt, er hat sekundäre Ursachen wirken lassen. Es ist doch genug, daß er geruhte, uns die grundlegenden Mysterien zu enthüllen und im Laufe der Zeit eine Kirche etablierte, um sie uns zu erklären.

Alle diese Widersprüche, die den Evangelien so oft und mit so großer Erbitterung vorgeworfen worden sind, sind von weisen Kommentatoren erhellt worden. Fern davon, einander Nahrung zu geben, erklären sie sich gegenseitig einer durch den anderen. Sie eignen sich als gegenseitige Unterstützung für die Übereinstimmung und Harmonie der vier Evangelien.

Und wenn es zahlreiche Schwierigkeiten gibt, die man nicht erklären kann, Tiefen, die man nicht begreifen kann, Ereignisse, die man nicht glauben kann, Wunder, die unserer schwachen menschlichen Vernunft zuwiderlaufen, Widersprüche, die man nicht auflösen kann, so ist das, um uns im Glauben zu üben, um unseren Verstand zu demütigen.[21]

Was Voltaire schreibt, könnte ohne Abänderung in einem theologischen Traktat stehen, ist aber von ihm durchaus nicht als Unterstützung der Theologie gemeint. Er demonstriert kommentarlos, mit welchen Methoden man innerhalb der Theologie mit Widersprüchen fertig zu werden gewohnt ist. Wer aber auch nur einigermaßen Bescheid über Voltaire weiß, muß mißtrauisch werden. Welche hinterhältige Absicht steckt dahinter, wenn ein Autor wie Voltaire das Scheitern der Vernunft an den heiligen Texten demonstriert und sich dann mit frommem Augenaufschlag der tradierten Orthodoxie demütig unterwirft? Noch mißtrauischer mußten seinerzeit die Leser werden, wenn derselbe Voltaire einen eigenen Bibelkommentar herausgab.[22] Man muß diesen Bibelkommentar als das Fazit der damals weit verbreiteten, teils sehr gutwilligen, teils sehr kritischen Bibelkommentare auffassen. Alles, was an inneren Widersprüchen der Bibel oder an moralischen Bedenken über ihre Berichte vorzubringen ist, war schon oft genug gesagt worden; und es gab dazu eine breite Palette von Erklärungen. Schon Voltaire hatte hier nichts Neues mehr zu bieten. Er schreibt seinen Kommentar aber so, daß er damit das ganze Unternehmen interner Bibelkritik ad absurdum führt – ohne das jemals auch nur anzudeuten, versteht sich. Er führt anhand des fortlaufenden Bibeltextes alle die bekannten Inkonsistenzen, Unverständlichkeiten und Probleme mit knappen Sätzen vor, mitsamt allen möglichen (von berühmten Kommentatoren vorgeschlagenen) Lösungsversuchen, denen ihre Unglaubwürdigkeit und Beliebigkeit gemeinsam ist. Provokant stereotyp beendet Voltaire jede einzelne Anmerkung mit einer vollmundigen Unterwerfung unter die Kirche, einer Anbetung, einer Demutsäußerung, etwa:

Man muß die Heilige Schrift nicht mit den Augen der Vernunft, sondern des Glaubens lesen.[23]

Es handelt sich hier nicht um Vernunft, Einsicht, Wahrscheinlichkeit und physische Möglichkeit. In diesem Buch ist alles göttlich, alles Wunder [...] Was in einer gewöhnlichen Geschichte ungereimt scheinen würde, ist in der jüdischen Geschichte bewundernswürdig.[24]

Man müßte Bände schreiben, um alle Einwände (gegen das Alte Testament) aufzulösen; einige haben es versucht, aber jedem mißlang der Versuch. Der Heilige Geist, der allein dieses Buch dem heiligen Verfasser diktiert hat, kann es auch nur allein verteidigen.[25]

Indem Voltaire in Stil und Argumentationsfiguren der internen Bibelkritik schlüpft, entsteht fast eine Satire. Aber es ist keine billige Satire, sondern eine Demonstration der Absurditäten, zu denen der interne Kritiker gezwungen ist, wenn er wirklich ein *interner* Kritiker bleiben will. Voltaire kritisiert gar nichts, er zeichnet die Verfahrensweisen bloß deutlich nach, indem er sie besonders treuherzig, mit entwaffnender Naivität vorträgt. Er wolle, sagt er einmal besonders provozierend, *die vornehmsten Stellen der heiligen Bücher mit Ehrfurcht kommentieren, ohne ihren Sinn ergründen zu wollen.*[26]

Diese Formulierung klingt billiger als sie ist; denn wenn ein Text widersprüchlich ist, der Interpret aber von diesem Text sich kein Jota rauben lassen darf, kommt man sehr schnell an die Grenze des Verstehbaren. Nachdrücklich empört sich Voltaire gegen eine allzu metaphorische Bibelinterpretation – nein, man muß den heiligen Text ernst nehmen. Anläßlich eines der vielen Blutbäder, die von den heiligen Männern des Alten Testaments angerichtet wurden, kommentiert Voltaire:

Die Gelehrten leugnen gänzlich die ganze Begebenheit (des Blutbades zu Sichem). Aber wie kann man das leugnen, was der Heilige Geist eingeflößt hat? Kann man einen Teil des Alten Testaments annehmen, und den anderen verwerfen? [...] Man muß entweder diese Geschichte glauben, oder die ganze Bibel verwerfen![27]

Mit festem Bibelglauben verwahrt Voltaire sich gegen die Ansicht (durchaus gläubiger) Bibelinterpreten, in den Bibeltext seien spätere Zusätze hineingeraten, die der Erklärung dunkler Stellen dienen sollten:

Kann man annehmen, daß Gott ein Buch zum Unterricht für das menschliche Geschlecht diktiert hat, und daß dieses Buch Zusätze und Verbesserungen nötig hat? Man kann sich aus diesem Irrgarten nur herauswinden, wenn man seine Zuflucht zur Kirche nimmt, welche allein durch ihre unfehlbaren Entscheidungen alle unsere Zweifel verfliegen lassen kann.[28]

Im nächsten Moment aber benützt Voltaire scheinbar ganz unbefangen allegorisierende Deutungen von größter Beliebigkeit. Gott der Herr persönlich bringt in Ägypten alle Erstgeburten um, bei Mensch wie Vieh, berichtet die Bibel.[29] Wie ist eine derart blutrünstige Geschichte zu lesen?

Die Kritiker sind bei diesem Teil der heiligen Geschichte vermessener als bei allen anderen [...] Sie können es nicht dulden, daß Gott nach dem Buchstaben des Textes, mit eigener Hand alle Erstgeborenen der Menschen und Tiere erwürgt [...] Wozu, sagen sie, diese abscheuliche Metzelei von der Hand des Gottes der Himmel und der Erden? [...] Wir gestehen, daß die schwache menschliche Vernunft über dieser Geschichte schaudern könnte, wenn man sie dem Buchstaben nach nehmen müßte. Aber alle Väter kommen überein, daß es ein Bild der Kirche Jesu Christi sei.[30]

Dabei ist die ganze Geschichte von Moses und Aaron derart plastisch und ausführlich geschildert, daß es völlig abwegig ist, diesen Teil der Bibel anders als wörtlich zu lesen. Und genau dieses Argument bemüht Voltaire an einer anderen Stelle, um wieder für wörtliche und gegen beliebige metaphorische Deutung einzutreten. Die Geschichte der Sintflut beginnt bekanntlich so:

Als aber der Herr sah, daß der Menschen Bosheit groß war auf Erden und alles Dichten und Trachten ihres Herzens böse war immerdar, da reute es ihn, daß er die Menschen gemacht hatte, und es bekümmerte ihn in seinem Herzen, und er sprach: Ich will die Menschen, die ich geschaffen habe, vertilgen, vom Menschen an bis hin zum Vieh und bis zum Gewürm und bis zu den Vögeln, denn es reut mich, daß ich sie gemacht habe.[31]

Es ist schon seltsam, wenn ein allwissender Gott seine eigenen Schöpfungsakte bereut – er hatte schließlich vorher gewußt, was er produziert. Und was hatten eigentlich die Würmer und Vögel angestellt, daß auch sie vertilgt wurden? Voltaire aber meint:

Die Kritiker finden es übel, daß Gott Reue fühlte; aber der Text unterstützt mit so viel Kraft diese Reue Gottes und den Schmerz seines Herzens, daß es allzu kühn wäre, diese Ausdrücke nicht nach dem Buchstaben zu nehmen.[32]

Nimmt man den Text nur als erbauliches Märchen, so nimmt man ihm auch seine heilige Aura. Gibt man ihm eine andere, als die wörtliche Deutung, so ist diese beliebig, und das wissen die Leser bzw. Zuhörer auch. Nimmt man den Text aber wörtlich, so entsteht eine Gefahr, die, wie die Geschichte lehrt, sehr ernst zu nehmen ist:

Fanatiker, die die Schrift lesen, sagen sich: Gott hat ermordet, also muß ich morden; Abraham hat gelogen, Jakob betrogen, Rahel gestohlen; also muß ich stehlen, lügen und betrügen. Aber, Unglücklicher! Du bist weder Rahel noch Jakob noch Abraham noch Gott: Du bist ein Rasender, und die Päpste, welche verboten haben, die Bibel zu lesen, waren sehr weise.[33]

Voltaire erspart sich mit Absicht subtile theoretische Ausführungen. Was will er eigentlich erreichen? Etwa gar eine „Widerlegung" der Heiligen Schrift? Nein, er zeigt seinen Lesern nur, was in dieser Schrift steht, er lehrt sie, nachdenklich zu lesen. Die Wirkung eines solchen Werkes ist am besten mit einem Wort zu bezeichnen, das von jetzt an immer häufiger auftauchen wird: Sie ist *subversiv.*

Falsche Propheten und die Frage nach dem *Criterium Veritatis*

Nach welchem Kriterium läßt sich die eine, wahre, Religion oder Ideologie von den vielen falschen unterscheiden? Die Standardantwort des Anhängers lautet: Meine Ideologie, meine Religion ist die wahre, alle anderen sind falsch. Aber das ist argumentativ sehr unbefriedigend. Gerade weil soviel von der Entscheidung für den einen, wahren Glauben abhängt, ist die Frage zu stellen, woran man erkennen kann, welche Prinzipien die richtigen sind, welcher Gott der wahre ist und welcher Prophet ein falscher. Mitunter wird das Problem innerhalb einer Religion oder Ideologie selbst aufgeworfen, und man braucht nur genau zuzuhören. Der anschaulichste Fall ist der der falschen Propheten.

Beruft ein Mensch sich auf eine Offenbarung oder Inspiration, so stellt sich die Frage, wie sich echte von unechter, wahre von falscher Offenbarung unterscheiden läßt. Es ist klar, daß man nicht gut auf eine zweite Offenbarung warten kann, die bestätigt, daß die erste echt (und nicht etwa Halluzination oder Teufelswerk) war. Andererseits ist es eine Tatsache, daß in religiösen Ländern und Zeiten nicht bloß „echte" Offenbarungen und Inspirationen, sondern auch „falsche" vorkommen. Auch in der Bibel wird mehrfach das Problem der falschen Propheten thematisiert.

Das Alte Testament berichtet, daß einmal volle 400 Propheten beisammen waren, und davon 399 falsche. Vor ihnen, den falschen Propheten, warnt die Bibel nachdrücklich. Ein falscher Prophet ist einer, dessen Prophezeiungen und Wunder nicht von Gott stammen, nicht autorisiert sind, obwohl der Prophet dies behauptet. Woran kann man erkennen, ob man es mit einem wahren oder einem falschen Propheten zu tun hat? Hobbes, der sich ausgiebig mit diesem Problem befaßt, fragt:

Wie kann unsereiner wissen, wann er dem Wort zu gehorchen hat oder nicht zu gehorchen hat, das von Einem geäußert wird, der sich als Prophet ausgibt? [...] Von 400 Propheten, die der König von Israel wegen des Krieges [...] befragte, war nur Micha ein wahrer.[34]

Die Bibel berichtet nämlich, daß der König Ahab von Israel, als er einen Eroberungskrieg plante, 400 Propheten zusammenkommen ließ, um sich von ihnen den Erfolg prophezeien zu lassen, was diese auch bereitwillig taten. Nur der Prophet Micha prophezeite das Gegenteil, d.h. ein Desaster. Außerdem gab Micha dem König eine Erklärung für die abweichenden Prophezeiungen seiner Konkurrenten, nämlich: *Der Herr hat einen falschen Geist gegeben in aller dieser deiner Propheten Mund.*[35]

Diese Erklärung hatte allerdings für den König keinen Wert, weil sie die Frage nur verschob. Aber der wahre Prophet Micha behielt Recht, der Feldzug mißlang, und der König starb an den Folgen einer Verwundung in der Schlacht.

Damit scheint ein Abgrenzungskriterium gefunden: das Eintreffen von Prognosen. Derlei kam jedenfalls manchmal vor. So kann man von einem Streit zweier Propheten lesen. Der Prophet Hananja prophezeite einmal ein Ende der damaligen Babylonischen Gefangenschaft innerhalb von 2 Jahren, während der Prophet Jeremia das entschieden bestritt, seinem Konkurrenten die göttliche Inspiration absprach, ihn einen Lügner nannte und ihm gleich noch den Tod für das laufende Jahr vorhersagte. Nachdem Jeremia ein wahrer, der andere aber ein falscher Prophet war, war der Ausgang klar: Der falsche Prophet starb noch im gleichen Jahr.[36]

Das sind Fälle, an denen ein Popper-Schüler seine Freude haben könnte, zwei echte, konkurrierende Prognosen, von denen eine falsifiziert, die andere verifiziert wird. Aber so einfach liegen die Verhältnisse selten. Propheten geben meist keine falsifizierbaren Prophezeiungen von sich, sondern bevorzugen Befehle, Dogmen und Ähnliches. Und bei diesem Geschäft stehen sie in Konkurrenz. Deshalb warnt Jeremia: *Laßt euch durch die Propheten, die bei euch sind, und die Wahrsager nicht betrügen. Zwar meint ihr, der Herr habe euch zu Babel Propheten erweckt. Aber ...*[37] (und es folgt eine schreckliche Drohung gegen falsche Propheten).

Es nützt unsereinem aber nichts, daß jemand seine Inspiration von Gott hat oder zu haben behauptet.

Denn gibt jemand mir gegenüber vor, Gott habe auf übernatürliche Weise zu ihm gesprochen, und ich bezweifle dies, so kann ich mir schwerlich vorstellen, welche Argumente er vorbringen kann, um mich zu verpflichten, daran zu glauben.[38]

Ein Abgrenzungskriterium kann selbst nicht wieder auf eine Vision rekurrieren, es muß vielmehr auch von jenen angewendet werden können, die keine Visionen haben. Es muß ein intersubjektives, gewöhnliches Kriterium sein, etwas Vernünftiges – nichts Übervernünftiges.

Die Propheten des Alten Testaments verlangten manchmal sogar ein zusätzliches Wunder als Echtheitsgarantie ihrer Inspiration.[39] Aber kann das Wunder schon als Kriterium genügen? Sicher, *nemo propheta sine miraculo (kein Prophet ohne Wunder)*, aber Jesus selbst sagt einmal: *Es werden falsche Christusse und falsche Propheten aufstehen und große Zeichen und Wunder tun.*[40] Hobbes hat daher der Bibel noch ein zweites Abgrenzungskriterium entnommen, denn es steht geschrieben:

Wenn ein Prophet oder Träumer unter euch wird aufstehen und gibt dir Zeichen oder Wunder, und das Zeichen oder Wunder kommt, davon er dir gesagt hat, und er spricht: Laß uns andern Göttern folgen, die ihr nicht kennt, und ihnen dienen: So sollst du nicht gehorchen [...] Der Prophet aber oder der Träumer soll sterben.[41]

Zusammengefaßt lehrt die Schrift also (nach Hobbes Meinung),

daß es zwei Kennzeichen gibt, an denen zusammen, nicht einzeln, ein wahrer Prophet erkannt werden kann. Das eine ist das Vollbringen von Wundern, und das zweite ist, keine andere Religion als die bereits eingeführte zu lehren. Eines allein reicht meiner Meinung nach nicht aus.[42]

Es klingt zynisch, entspricht aber den Tatsachen, daß eine herrschende Orthodoxie, gerade wenn sie sich selbst auf Visionen oder sonstige Offenbarungen beruft, von anderen, die dasselbe tun, vor allem die Unterwerfung unter die orthodoxe Doktrin verlangt. Wem Unorthodoxes geoffenbart wird, der ist ein Ketzer. So geht jede Orthodoxie vor. Sie beansprucht für sich selbst das wahre Prophetentum und verbrennt Abweichler als falsche.

Die Tatsache, daß es falsche Propheten gibt, ist kein Beweis gegen die Existenz oder wenigstens die Möglichkeit von wahren. Was man aber demonstrieren kann, ist die Hilflosigkeit einer Religion oder Ideologie, wenn es darum geht, die eigene, wahre, von fremder, falscher Prophetie abzugrenzen. Denn das von Hobbes bemühte Bibelzitat läuft auf die schlichte Behauptung hinaus: Meine Offenbarung ist die einzige richtige, mein Gott der einzige wirkliche, meine Ideologie die einzige wahre. Das aber sagt jeder der Konkurrenten.

Es gab Zeiten, in denen Religonsgründer oder Häresiarchen in großer Zahl auftraten. Zum Beispiel in der ersten Zeit nach der Etablierung religiöser Toleranz in den Niederlanden und in England. Man mußte angesichts solcher Entwicklungen nicht unbedingt ein intoleranter Orthodoxer (oder gar ein Skeptiker) sein, wenn man fragte, wodurch sich Glaube von „Aberglauben“ oder, in einer etwas friedfertigeren Formulierung, Frömmigkeit von „Schwärmerei“ unterscheiden. Schwärmerei (*enthusiasm*) liegt vor, sagt John Locke um 1700, wenn jemand sich unkontrolliert darauf beruft, göttliche Inspiration erfahren zu haben. Bei der Frage nach dem Grund ihrer Sicherheit drehen sich die Schwärmer aber im Kreis: *Es ist eine Offenbarung, weil sie es fest glauben; sie glauben so fest daran, weil es eine Offenbarung ist.*[43]

Locke stellt nicht in Abrede, daß es solche Inspiration geben könne und daß man ihr gehorchen müsse. Aber er verlangt ein Kriterium, mit dessen Hilfe man zwischen wirklicher und bloß eingebildeter Offenbarung unterscheiden kann, und dieses Kriterium muß auch vom nichtinspirierten Menschen anwendbar sein. Locke meint, daß unsere (gewöhnliche) Vernunft feststellen müsse, was Offenbarung sei und was nicht:

Jeder Einfall, der unsere Phantasie stark erhitzt, muß ja als Inspiration gelten, wenn es nichts anderes als die Stärke unserer Überzeugung gibt, um über unsere Überzeugungen zu urteilen. Wenn die Vernunft die Wahrheit nicht nach irgend etwas prüfen darf, das außerhalb der Überzeugung selbst liegt, dann wird es für Inspiration und Illusion, für Wahrheit und Unwahrheit nur ein- und dasselbe Maß geben, so daß man sie unmöglich unterscheiden kann.[44]

Aber der Rekurs auf die Vernunft hilft in Wirklichkeit nicht weiter; wie könnte denn die Vernunft zwischen „echter“ und „unechter“ Offenbarung unterscheiden? Und so ist man wieder zurückgeworfen auf die Praxis: Wahr sind die von der Orthodoxie kanonisierten Offenbarungen, schwärmerisch bzw. falsch alle anderen. Die Vernunft rät, auf Offenbarungen überhaupt nicht zu hören. Sie hören dann übrigens auch auf. Aber das ist externe Kritik, eine Negation der Prinzipien.

Die Auseinandersetzung scheint damit logisch in beiderseitige Hilflosigkeit auszulaufen. In Wirklichkeit aber ist die Vernunft noch lange nicht am Ende. Davon soll in den nächsten Kapiteln die Rede sein.

7. Subversives Argumentieren

Das Grundproblem (nochmals *contra principia negantem ...)*

Mehrfach schon haben wir bei der Frage haltmachen müssen, wie eine Argumentation über die Grundprinzipien einer Ideologie oder Religion, oder gar eine Kritik daran, überhaupt möglich ist. Jedem solchen Versuch steht ja die Einsicht entgegen: *contra principia negantem non est disputandum.* Das scheint zu bedeuten: *Lasciate ogni speranza, gebt alle Hoffnung auf*, wenn ihr über Glaubenssätze jeder Art argumentieren wollt. Und doch hat es derartige Versuche allenthalben und zu allen Zeiten gegeben. Missionare predigten, andere Missionare predigten etwas anderes, Kritiker bestritten die Predigt, und Aufklärer schrieben ihre Aufrufe gegen Obskurantismus und Fanatismus. So war es, und so wird es bleiben. Das ist ein merkwürdiges Phänomen. Was sagen die Leute eigentlich, wie argumentieren sie?

Nehmen wir an, ein Gedankensystem sei einigermaßen konsistent und gegen empirische Widerlegungen immun, mit einem Wort: eine Ideologie. Wie kann man ein solches System attackieren, ohne logische Fehler zu machen und ohne sich mit externer Kritik, mit der bloßen Negation der Prinzipien des Systems zufriedenzugeben? Unsere bisherigen Überlegungen haben oft genug gezeigt, daß zwischen dem Gläubigen und seinem Kritiker logisch mehr oder weniger Waffengleichheit besteht. Der Atheist wirkt in der Kontroverse ähnlich hilflos wie der Theist – eine Feststellung, die man allerdings auch umkehren darf.

Der Aufklärer ist logisch andererseits keineswegs hilfloser als sein Gegner. Die Schuld an den Schwierigkeiten des Angreifers fällt ja auf seinen Gegner zurück. Es macht das Wesen und die angebliche Verdienstlichkeit des Glaubens aus, daß er nicht auf Argumenten beruht; was ohne Argumente geglaubt wird, kann auch niemand mit Argumenten schlüssig widerlegen. Aber man kann es erschüttern, unterminieren, untergraben. Das ist der subversive Gebrauch der Vernunft, von dem im folgenden die Rede ist.

Über die Etablierung der Prinzipien

Wie geht ein Sendbote einer Ideologie, ein Missionar, vor? Er erzählt tausend Dinge, die entweder den Glauben schon voraussetzen oder die wie Argumentationen auftreten, es aber in Wirklichkeit nicht sind. Hat er das getan, so kann er nur noch auf die Geheimnisse der Gnade oder der menschlichen Psyche hoffen. Bekehrungen sind logisch nicht rekonstruierbar, kommen allerdings auch nur selten vor. Im allgemeinen sind Missionen, hinter denen keine irdische Macht steht, erfolglos.

Außer dem Ideologen und dem „reinen" Logiker hat niemand mit dieser altbekannten Tatsache Schwierigkeiten. Der Logiker kann nicht erklären, wie sich der Mensch für fundamentale Werte und Prinzipien entscheidet, über die keine weitere Argumentation mehr möglich ist. Und der Ideologe kann nicht begreifen, warum sich die Wahrheit, *seine Wahrheit*, nicht von selbst durchsetzt.

Ansonsten aber kennen wir alle die Antwort. Wie einer Katholik, Quäker, Hinduist, Muslim, Sozialist, Antisemit und so fort wird, ist ein offenes Geheimnis: Das übernimmt der Mensch in der Regel von seinen Eltern, lange bevor er in der Lage ist, profund darüber nachzudenken, Alternativen kennenzulernen, die Dogmatik und Praxis der betreffenden Lehre zu studieren. Später wird daran nicht mehr viel verändert. Konversionen und Bekehrungen aller Art sind bei Erwachsenen immer eine Ausnahme gewesen. Eher schon kommen bei Erwachsenen Aversionen, Abwendungen von der Religion oder Ideologie vor, die man als Kind eingetrichtert bekommen hat. Aber derlei geschieht gewöhnlich ohne großes Aufsehen.

Im großen ganzen allerdings pflegt der Mensch seine Überzeugungen im reiferen Leben, d. h. jenseits etwa des 25. Lebensjahres, nicht mehr zu ändern. Nur extreme Erschütterungen oder späte Altersweisheit führen manchmal zu Revisionen. Das menschliche Herz ist schwer zu bewegen. Also muß man auf die Menschen einwirken, solange sie im bildungsfähigen Alter sind. Deshalb legen die Kirchen auf den Religionsunterricht gerade der unverständigen Kindlein solches Gewicht.

„Prüfet alles, das Gute aber behaltet“

Die Philosophen stellen sich den Menschen als sehr rationales Wesen vor. Sie erklären seine Entscheidungen, auch jene für die Grundprinzipien seines Denkens und Handelns, wie den Einkauf einer erfahrenen Hausfrau auf dem Gemüsemarkt. Sie geht von einem Verkäufer zum anderen, besieht sich dessen Waren, vergleicht und prüft, um sich schließlich für das beste Angebot zu entscheiden. Ungefähr so schildert die Moraltheorie seit jeher das Zustandekommen von Entscheidungen. Es gibt vielerlei „Motive“ für und gegen eine Handlung, und aus dem rationalen Abwägen der Motive, aus dem „Kampf der Motive“ geht schließlich die Entscheidung für eine bestimmte Handlung, und damit gegen alle anderen, hervor.

Es ist nicht nötig, dieses sicher reichlich vereinfachte Modell restlos zu verwerfen. Es macht nichts, daß das Modell das abschließende Urteil, die Entscheidung zwischen den vielen Wahlmöglichkeiten, nicht mehr weiter erklären kann – das ist nur ehrlich. Was der Aufklärer, der Kritiker von Ideologien aller Art, an dem Modell auszusetzen hat, ist dessen Wirklichkeitsferne. Der Käufer hat den Markt gar nicht richtig betreten, der Markt war erbärmlich bestückt, und vor allem: Der Käufer war jung und unerfahren, was vom Verkäufer ausgenutzt wurde. Der Käufer wußte gar nicht, welche Ware man ihm angedreht hat.

Subversives Argumentieren

Hier liegt der Ansatzpunkt für einen anderen Typus argumentativer Auseinandersetzung, wir wollen ihn das *subversive Argumentieren* nennen. Der Aufklärer kann nachholen, was in der Kindheit und Jugendzeit versäumt oder verhindert wurde: eine breitere, genauere Information über die landesübliche Ideologie, eine umfassendere Darstellung ihrer Probleme, Seltsamkeiten, Abstrusitäten und der Alternativen zu ihr, das Aufzeigen anderer Denkmöglichkeiten. Der Aufklärer verbindet damit die Frage: Wenn du das alles in vollem Umfang gewußt und gesehen hättest, hättest du dich dann genauso entschieden? Nicht die (immer angreifbaren) Resultate der internen Kritik, nicht das nichts beweisende Predigen einer Gegenideologie bilden die wirksamen Waffen der Aufklärung, sondern das Vorbringen von unangreifbaren, weil wahren, Sätzen über die attackierte Ideologie. Der Aufklärer braucht über seinen Gegner keine böswilligen Erfindungen auszustreuen, und er darf das auch nicht. Der Aufklärer darf auch nicht mit logischen Tricks arbeiten und so tun, als könne er die gegnerische Ideologie „widerlegen". Ideologien lassen sich nicht widerlegen. Der Aufklärer hat sich an die Wahrheit, an die Tatsachen zu halten, vor allem an jene, die seinem Gegner peinlich sind. Dies (neben seiner stilistischen Brillanz) war z. B. das Geheimnis der Wirksamkeit Voltaires: Er berichtet stets genau und korrekt – gerade deshalb wirken seine oft so abstrusen, lächerlichen, entsetzlichen, beschämenden Geschichten so subversiv: Sie sind böswillig, aber nicht erfunden, nicht verfälscht. Er unterschiebt seinen Gegnern nichts, zerrt aber vieles ans Tageslicht. Er ist immer genau informiert, wenn er angreift. Die grandiose Vielfalt seiner Stilmittel allein, insbesondere seine beißende Ironie, würden nicht erklären, warum er für seine Gegner so gefährlich war. Er greift an, indem er Tatsachen referiert; er überläßt es dem Leser, daraus die Konsequenzen zu ziehen.

Der Aufklärer behauptet in der subversiven Argumentation nicht, irgend etwas zu beweisen oder zu widerlegen. Ganz bescheiden will er nur informieren, *ad oculos* demonstrieren, andere Denkmöglichkeiten vorführen. Er will nur zeigen, was die betreffende Ideologie alles beinhaltet. Darin liegt ein erheblicher Vorteil. Bei der internen Kritik muß die zur Kritik stehende Ideologie zunächst lauthals akzeptiert werden; bei externer Kritik wird die gegnerische Ideologie von vorneherein negiert; während für das subversive Vorgehen kein vorangehendes Glaubens- oder Unglaubensbekenntnis notwendig ist.

Beim subversiven Argumentieren gegen ein Gedankensystem werden Argumente vorgetragen, die für die individuelle Hinwendung oder Abwendung zu bzw. von diesem System wirksam sein können, die aber im Sinne der Logik nicht konklusiv, logisch zwingend sind. Konklusive Argumente gibt es an dieser Stelle nicht. Es wird vom subversiven Kritiker nie behauptet, daß er das gegnerische Gedankengebäude widerlegt hat oder widerlegen kann.

Das subversive Vorgehen lockert psychische Verspannungen und Fixierungen. Es legt nahe, daß die Dinge vielleicht auch anders sein oder anders gesehen werden können, es hebt die Verengung des Blikkes auf. Es schärft den Blick für die Folgen einer Ideologie, es lehrt, Ideologien von außen zu betrachten, es zeigt, wie man oft einfache Erklärungen an die Stelle von Wundern und Mythen setzen kann, und vor allem, es nennt Unmenschlichkeiten beim Namen, statt sie mit einem religiösen oder ideologischen Schleier zu überdecken. Aber es erhebt nicht den Anspruch, eine Ideologie oder Religion zu widerlegen. Die subversive Argumentation hat nicht die Form einer externen

Kritik der Art *Was du glaubst, ist falsch*; sie lautet: *Ich zeige dir, an was du eigentlich glaubst.*[1]

Mit der subversiven Argumentation trifft man scheinbar den „Kern der Sache" gar nicht, sondern demonstriert Dinge, die der Gläubige und vor allem der Fanatiker zugeben, aber für nicht entscheidend halten. Und damit haben sie logisch meist auch Recht. Man demonstriert dem Gläubigen etwa, wieviel Schwindel, Lüge und unkritische Gutgläubigkeit bei Wunderberichten im Spiel sind. Dies *läßt* sich zeigen, und der Gläubige wird nur matt widersprechen. Aber zugleich wird das nichts an seiner Grundposition ändern, daß Wunder jederzeit möglich und oft genug auch wirklich vorgekommen sind. Trotzdem ist der Hinweis auf die vielen Betrügereien, mit denen man es hier zu tun hat, auf längere Sicht nicht wirkungslos. Es ist kein konklusives, aber ein subversives Argument, der Wunderglauben wird dadurch zwar nicht widerlegt, aber eines Tages obsolet.

Das subversive Verfahren hat seine Grenzen an der Festigkeit der gegnerischen Überzeugung. Wenn wir zeigen können, daß eine bestimmte Maßnahme zum Untergang der Menschheit führen kann, so wird irgend jemand vielleicht sagen: Das macht nichts, umso besser; oder: Das muß man eben riskieren. Dagegen läßt sich nichts mehr sinnvoll entgegnen. Aber für gewöhnlich ist die Einsicht, daß eine Maßnahme den Untergang der Menschheit nach sich ziehen kann, ein Faktor, der die Entscheidungen der Leute beeinflußt. Deshalb hat es Sinn, in der Diskussion auf ihn hinzuweisen.

Daß freilich der echte Fanatiker durch Argumente welcher Art auch immer nicht zu beeindrucken ist, gehört zu seinen Wesensmerkmalen. Den Fanatiker muß man eigentlich sich selbst überlassen, aber man wird versuchen, die Gefahr, die von ihm ausgeht, zu verringern. Wer gegen einen Fanatismus argumentiert, scheint sich zwar an die Fanatiker zu wenden, um sie von den Vorzügen der besseren, menschlicheren Sache zu überzeugen. In Wirklichkeit richtet er sich aber an die noch nicht oder nicht stark vom Fanatismus Befallenen. Das Ziel des Aufklärers sollte nicht eine „Widerlegung" des Fanatikers sein, sondern, daß die glühenden Ergüsse des Fanatikers nicht mehr auf Interesse stoßen, weil das Publikum dagegen immun geworden ist. Der Weg dahin ist leider lang.

Logisch gesehen ist eine Ideologie, deren Grundprinzipien der außenstehende Kritiker nicht akzeptieren kann, von diesem auch nicht angreifbar. Nur darf man daraus keine voreiligen Prognosen über die historische Wirklichkeit ableiten. Ideologien sind keineswegs besonders stabil, bloß weil man sie im strengen Sinn nicht widerlegen kann. Ideologien aller Art, auch Religionen, werden nicht besiegt, nicht widerlegt, nicht überwunden. Und trotzdem sind sie etwa so fest wie die Mauern von Jericho, die schon wegen ein paar Posaunen eingestürzt sind. Ideologien werden nicht widerlegt oder besiegt, sondern sie werden obsolet, ignoriert, langweilig, vergessen.

Niemand kann die individuellen Entscheidungen der Menschen mit Sicherheit determinieren; man kann aber dafür sorgen, daß diese Entscheidungen nicht wegen mangelnder Kenntnisse zufällig erfolgen. Was man unbesehen von der heimischen Tradition übernimmt, ist zufällig. Deshalb wendet sich auch der Aufklärer (wie der Ideologe) sinnvollerweise vor allem an die jüngere Generation, die noch zu Entscheidungen fähig ist. Eines hat der Aufklärer dem Ideologen dabei voraus: Der Aufklärer braucht spätere subversive Angriffe gegen seine Prinzipien nicht zu fürchten.

Im folgenden sollen einige häufig benützte subversive Argumentationsverfahren geschildert werden. Es geschieht anhand von Beispielen, die gegenwärtig nicht aktuell sind (möge es immer so bleiben!); gerade deshalb läßt sich daraus etwas für die Zukunft lernen. Den Beispielen liegt keine distinkte und vollständige Klassifizierung zugrunde. Ähnlich wie bei den Figuren des normalen Argumentierens läßt sich auch für das subversive keine überzeugende Systematik angeben, keine klare und erschöpfende Einteilung der möglichen Verfahren. Das ist nicht weiter verwunderlich. Die nachfolgende Darstellung subversiver Argumentationsmethoden ist nach einem ziemlich vagen Gesichtspunkt angeordnet, den man nicht überbetonen sollte. Sie beginnt mit Verfahren, bei denen der Kritiker seinen Gegner bitter ernst, todernst nimmt, und sie endet mit Verfahren, in denen der Kritiker seinen Gegner nicht mehr ernst nimmt, sondern auslacht. Dem entspricht in etwa die Macht und Gefährlichkeit des Gegners. Solange dieser die Macht hat, Scheiterhaufen zu entzünden, kann man ihn nicht einfach auslachen; andererseits wird man sich mit einer zahnlos gewordenen Ideologie, die keine reale Macht mehr hat, nicht auf besonders intensive Auseinandersetzungen etwa über dogmatische Subtilitäten einlassen.

8. Den Gegner ernst nehmen

Das Limonaden-Syndrom

Wenn in einer Kultur ein bestimmtes Buch als heilige Schrift gilt, darf man sich nicht wundern, wenn es ernst genommen wird. Wenn z. B. in einem Kulturkreis die Bibel als Heilige Schrift gilt und der Psalter als Gebetbuch dient, darf man sich nicht wundern, wenn auch die Verse ernst genommen werden:

Ich will meinen Feinden nachjagen und sie ergreifen / und nicht umkehren, bis ich sie umgebracht habe.

Ich will sie zerstoßen zu Staub vor dem Winde / ich werfe sie weg wie Unrat auf die Gassen.

Der Herr lebt! Gelobt sei mein Fels! / Der Gott meines Heils sei hoch erhoben, der Gott, der mir Vergeltung schafft / und zwingt die Völker unter mich.[1]

Dort, wo die Bibel offiziell eine heilige Schrift ist, muß man damit rechnen, daß Menschen diese Schrift Buchstaben für Buchstaben zu erfüllen suchen. Gegen solche Konsequenz des Denkens und Handelns gibt es keine Argumente, kein Aufklärer kann hier etwas widerlegen.

Man muß indirekt und umsichtig vorgehen, wenn man gegen Ideologien etwas ausrichten will. Man muß dem Publikum den Inhalt der Ideologie ausführlich und deutlich vor Augen führen, damit es die Gefährlichkeit erkennt, solange es noch Zeit ist. Das ist das ganze Geheimnis der Subversivität der Vernunft: Sie beruht einfach auf einer Darstellung der zu unterminierenden Doktrin, damit letztere sich selbst zerstören kann. Die Subversivität der Vernunft beruht darauf, daß man den Gegner ernst nimmt, bitter ernst, ernster als die Masse der Mitläufer und gutgläubigen Anhänger. Den Gegner ernst nehmen, heißt vor allem, seine intolerantesten, bösartigsten, extremsten Sentenzen und Programme ernst nehmen und niemals zu sagen, daß es „schon nicht so schlimm kommen wird". Es hat sich sehr gerächt, daß man seinerzeit Hitlers *Mein Kampf* nicht genau genug gelesen hat.

An dieser Stelle wird man einwenden, daß der Aufklärer dazu neige, Gespenster zu sehen und brave, harmlose Leute als potentielle Bösewichte zu betrachten. Was die heiligen Schriften betreffe, so heißt es, komme alles auf die richtige Interpretation an. Man müsse solche Schriften mit dem richtigen Geist lesen, wobei sie sich als die reinsten Toleranz- und Friedensschriften erweisen würden. Aber wir haben schon gesehen, wie wenig schlüssig die interne, textimmanente Kontroverse über einen heiligen Text ist, wenn es hart auf hart geht. Hier wird friedfertig interpretiert und dort blutrünstig, je nach Bedarf.

Neben den Kunststücken der Textinterpretation gibt es noch einen anderen Umstand, der die Bemühungen des Aufklärers zeitweilig wie einen Windmühlenkampf erscheinen läßt. Wenn sich eine ursprünglich radikale, revolutionäre Ideologie nach einiger Zeit mit der sie umgebenden Welt arrangiert hat, konstatiert der Betrachter oft eine eigenartige Kombination von verbalem Radikalismus mit einer „pragmatischen“, friedfertigen Praxis. Die Ideologie scheint jetzt merkwürdig diffus, so daß der Kritiker nicht mehr recht weiß, wogegen er seine Kritik richten soll.

Zur Beschreibung derartiger Verhältnisse soll uns die Bezeichnung *Limonaden-Syndrom* dienen, die sich wie folgt erklärt. Eine Annonce von 1886 für eine damals noch wenig bekannte Limonade lautete:

COCA-COLA: Delicious. Refreshing. Exhilarating. Invigorating. The new and popular soda fountain drink, containing the properties of the wonderful Coca plant and the famous Cola nuts.[2]

Die Werbung war korrekt, das Getränk enthielt seinerzeit tatsächlich Extrakte der Coca-Pflanze. Später wurden diese Extrakte mit ihren wunderbaren Eigenschaften als Suchtgift erkannt und besagte Limonade enthält längst keine Coca-Extrakte mehr; aber der Name ist geblieben. Die heimliche Entleerung der Dogmatik ist ein Charakteristikum von Religionen und Ideologien, die sich lange in der Welt behaupten konnten. Von gewissen Dogmen redet man am liebsten überhaupt nicht mehr; allenfalls werden sie allegorisch umgedeutet, verharmlost, vernebelt.

Dieses Phänomen war auch am Marxismus zu beobachten. Jahrzehntelang bot die europäische Sozialdemokratie ein seltsames Bild: In der offiziellen Ideologie vertrat man den orthodoxen Marxismus mit seiner Lehre von der gewaltsamen Veränderung der Verhältnisse durch eine Weltrevolution mit nachfolgender Diktatur des Proletariats. Zugleich bemühte man sich auf nicht-revolutionärem, demokratischem Weg um Wählerstimmen und hielt sich an die Spielregeln des Parlamentarismus. Wer den Marxisten mit ihrer Theorie der Weltrevolution kam, den konnte man als Anachronisten auslachen, als jemanden, der die Schriften falsch („undialektisch“) gelesen hatte und der den Marxisten eine Gewalttätigkeit unterschob, die sie doch offenkundig nicht besaßen. Mit anderen Worten: Der Kritiker erschien lächerlich, paranoid, böswillig. Indessen, in den heiligen Schriften von Marx und Engels stand geschrieben ...

Daß eine Weltanschauung irgendeinen heiligen Krieg gegen den Rest der Menschheit auf ihren Fahnen stehen hat, während sie in Wirklichkeit friedlich mit diesem Rest koexistiert, ist durchaus keine Seltenheit. Dieser Umstand läßt aber noch lange nicht mit Sicherheit darauf schließen, die betreffende Weltanschauung sei nunmehr harmlos und ungefährlich geworden. Das Phänomen des Fundamentalismus belehrt uns eines Besseren.

Während man sich mit der Tatsache völlig zufriedengeben darf, daß eine Limonade (sie mag welchen Namen auch immer tragen) keine Suchtmittel mehr enthält, sind die Verhältnisse im ideologisch-religiösen Bereich nicht so harmlos. Zweifellos ist eine Kirche, die sich „modern", d. h. harmlos, gibt, weniger unangenehm als eine, die gerade die Inquisition praktiziert; aber wenn sich die Dogmatik, mit der sich die Inquisition rechtfertigen ließ, nicht radikal geändert hat, muß man auf der Hut bleiben. Die Limonade wird zur Zeit nach einem moderneren Rezept gebraut, aber auch das alte steht noch im Rezeptbuch. Der Aufklärer kann und soll dieses Buch wieder aufschlagen und daraus vorlesen.

Obwohl die Triebfeder des Aufklärers eine moralische ist, sollte er sich vor Moralpredigten hüten (wenn er darin nicht ein absoluter Meister ist) und sich auf die eindrucksvolle Darstellung konzentrieren. Im folgenden werden wir zu zeigen versuchen, worauf der Aufklärer das Augenmerk des Publikums richten könnte, auch und gerade wenn eine ideologische Institution sich im Augenblick friedfertig und harmlos gibt.

Extra ecclesiam nulla salus

Außerhalb der Kirche gibt es kein Heil, besagt ein altes Prinzip der katholischen Kirche,[3] in veränderter Interpretation auch eines der reformierten. Es bedeutet, wer der Kirche (im ursprünglichen Sinn: der katholischen) nicht angehört, wird nicht selig, sondern verdammt.

Auf dem florentinischen Konzil von 1441 wurde von Papst Eugen IV. das Dekret erlassen: „Die hochheilige römische Kirche glaubt fest, bekennt und predigt, daß keiner von denen, welche sich nicht innerhalb der katholischen Kirche befinden, des ewigen Lebens teilhaftig werden könne."[4]

Man kann es drehen, wie man will – es ist ein Prinzip der Intoleranz. Und das kann auch gar nicht anders sein, denn

ist eben die Kirche die einzige, von Gott bestellte, unfehlbare Trägerin und Vermittlerin des Heils, so ergibt sich von selbst die absolute Verwerfung des religiösen Indifferentismus oder der sogenannten religiösen Toleranz [...] Die dogmatische Intoleranz ist mit der Überzeugung, im Vollbesitz der Wahrheit zu sein, [...] unzertrennlich verbunden.[5]

Indessen weiß man kirchlicherseits genau, daß allzu radikale Formulierungen nach außen keinen guten Eindruck machen. Also ist es üblich geworden, ihnen abschwächende, konziliante Erläuterungen hinzuzufügen, insbesondere wenn es um das Seelenheil bzw. die Verdammnis der Mächtigen geht. So war seinerzeit in einem theologischen Lexikon zu lesen:

Wenn in konfessionellen Reden gesagt wurde, daß nach katholischer Lehre der deutsche Kaiser mit seiner Familie als Protestanten „in die Hölle kämen", so ist das ein Unsinn. Eine derartige Individualbestimmung maßt sich der Katholizismus nicht an. Die Möglichkeit eines Seligwerdens von Nichtkatholiken gibt er durchaus zu...[6]

Der Anspruch, das Heil gepachtet zu haben, verträgt sich kaum mit dem praktischen Leben. Süffisant schreibt deshalb bereits Voltaire:

In Europa wohnen 40 Millionen Menschen, die nicht zur römischen Kirche gehören. Sollen wir zu jedem derselben sagen: „Mein Herr, da Sie unausbleiblich verdammt sind, will ich mit Ihnen weder essen, noch trinken, noch mit Ihnen verkehren, noch mit Ihnen sprechen!"

Mit wem könnte man noch Handel treiben, welche Pflicht des öffentlichen Lebens könnte man erfüllen, wenn man fortwährend von dem Gedanken geplagt würde, daß man mit einem Ausgestoßenen, Verworfenen verkehrt habe?[7]

Es wäre einfacher, die Formel *extra ecclesiam nulla salus* aufzugeben; aber damit gäbe jede Kirche sich selbst auf. So beginnt man, zwischen Theorie und Praxis zu unterscheiden. Ein theologisches Standardwerk sagt folgerichtig:

Die theoretisch-dogmatische Duldung ist gleichbedeutend mit dem Verzicht auf die Alleinberechtigung der eigenen religiösen Überzeugung und mit [...] Indifferentismus in religiösen Dingen. Deshalb ist die theoretische Intoleranz Kennzeichen jeder dogmatischen Religion...[8]

Aber man kann nicht „theoretisch" in die Hölle kommen – entweder man muß braten, oder man wird selig. So entsteht eine Mischung aus dogmatischem Verbalradikalismus und besänftigendem Kommentar. In der Praxis bedeutet es etwa, daß die strengen Dogmatiker die Messer wetzen, während sich der Klerus friedfertig, versöhnlich, duldsam, verständnisvoll gibt, jedenfalls dort, wo die Machtverhältnisse nicht viel anderes erlauben. Die lehramtlichen Dokumente wenden sich nunmehr gegen „rigoristische" (d. h. historisch und systematisch korrekte) Interpretationen des Prinzips *extra ecclesiam nulla salus*, betonen zugleich aber die Heilsnotwendigkeit der Kirche, ohne die auch die ganze Missionstätigkeit sinnlos wäre.[9] Diese „konsequente Inkonsequenz" ist theoretisch nicht leicht zu erfassen. Denkt man völlig konsequent, so begreift man Rousseaus Ansicht:

Wer bürgerliche und theologische Toleranz voneinander unterscheidet, der betrügt sich meiner Meinung nach selbst. Diese beiden sind nicht voneinander zu trennen. Es ist unmöglich, mit Menschen, die man für verdammt hält, in Frieden zu leben; sie lieben, hieße, Gott hassen, der sie bestraft. Man muß sie unbedingt bekehren oder quälen [...] Wer zu sagen wagt, „außerhalb der Kirche gibt es kein Heil", muß aus dem Staat verjagt werden.[10]

Eine konziliante Praxis ist für die Menschheit bestimmt angenehmer als eine „rigoristische", aber keine besonders sichere Zukunftsbasis, solange die intolerante Dogmatik im Hintergrund weiterexistiert. Auf diese muß der Aufklärer immer wieder hinweisen, muß sie immer wieder dem staunenden Publikum demonstrieren, so drastisch wie nur möglich. Denn die Kirche, jede Kirche, erzieht ihre Mitglieder schließlich dazu, die Dogmatik zu übernehmen, hinzunehmen, ernst zu nehmen. Und in jeder Generation wird es Gläubige geben, die dazu bereit sind.

Wenn es deshalb mehr von der Besonnenheit der wohletablierten Hierarchie abhängt als von der Doktrin als solcher, ob Scheiterhaufen rauchen oder nicht, dann sollte sich der Aufklärer nicht zur Ruhe setzen. Bei einer Veränderung der Machtverhältnisse könnten die Scheiterhaufen schnell wieder angezündet werden, ohne daß an der Doktrin etwas geändert werden müßte. Das theoretische Arsenal der Intoleranz steht ja nach wie vor bereit.

Deshalb muß der Aufklärer die Intoleranz angreifen, entlarven, unterminieren, solange dazu Zeit ist. Die Methode ist einfach, die betreffende Doktrin ganz ernst zu nehmen und sich nicht durch pragmatische Limonaden-Verdünnungen irritieren zu lassen. Es wäre falsch, wenn man die Anhänger einer theoretisch unduldsamen, in Wirklichkeit aber recht umgänglichen Lehre allesamt als Heuchler und Betrüger ansehen wollte. Ihre Friedfertigkeit beruht aber darauf, daß sie die Sache mit der Limonadenverdünnung nicht durchschauen. Der Kritiker dagegen muß das Schild auf den dogmatischen Flaschen genauer studieren. Er wirkt dabei vorübergehend wie ein Don Quixote, aber niemand kann wissen, wie schnell der nächste Fundamentalismus kommt. Ist er einmal da, dann ist es für Argumentationen jeder Art zu spät.

Hölle und Verdammnis

Die Frage nach der ewigen Verdammnis der Nicht-Christen oder Nicht-Katholiken schließt sich direkt an das soeben Behandelte an. Heute bringt man jeden christlichen Theologen mit der Frage in Verlegenheit, was wohl mit den Seelen der Ungläubigen geschehen mag, die nicht selig werden, d. h. mit beinahe allen Seelen überhaupt. Wenn es nur einen Weg zur ewigen Seligkeit gibt, nämlich über die eine, wahre Kirche, dann können Heiden, Muslime oder Atheisten nicht selig werden. Was werden sie also dann? Heute meiden Theologen diese Frage wie der Teufel das Weihwasser. Früher war man weniger zurückhaltend. Voltaire fragt einen Theologen:

Glaubst du, daß die Seelen von Pythagoras, Konfuzius, Sokrates, Cicero, Epiktet, Marc Aurel am Spieß stecken und in Ewigkeit von den Teufeln gebraten werden?

Historisch und dogmatisch korrekt läßt Voltaire den Theologen antworten:

Sie werden auf immer gebraten werden... Nichts ist so klar, nichts ist so gerecht.[11]

Es ist klar, daß man damit den wirklich Frommen nicht erschüttert. Aber viele Menschen, die in ihrer Religion unsicher geworden sind, wären höchst unangenehm berührt, wenn man ihnen derlei unverbrämt vor Augen führt. Noch ein christlicher Startheologe des 20. Jahrhunderts spricht voll Bewunderung über den Mut früherer Theologen, alle Nicht-Orthodoxen zur Hölle fahren zu lassen:

Noch ein Franz Xaver hat den Japanern, die er bekehren wollte, gesagt, daß selbstverständlich alle ihre Vorfahren zur Hölle verdammt sind. Und auch ein Augustinus hätte nach seiner Theologie so antworten müssen, und diese Haltung gehörte doch bis fast auf unsere Tage zum Grundpathos der christlichen Missionsarbeit unter den Heiden.[12]

Man hört deutlich das Bedauern heraus, daß heute dieser Mut, diese ehrliche Konsequenz nicht mehr möglich ist. Der Theologe von heute geniert sich, seine Mitbürger so ohne weiteres zum Teufel zu schicken – aber hatten nun die früheren Theologen mit ihrem „Grundpathos" Recht oder Unrecht?

Fundamentalismus

Das zur Zeit leider so oft benötigte Wort „Fundamentalismus" ist ein sehr passender Terminus. Fundamentalismus darf nicht als Pervertierung oder Verfälschung einer an sich lammfrommen, absolut gütigen Ideologie oder Religion abgetan werden. Der Fundamentalist ist bloß konsequenter als andere, zu Amt und Pfründen gekommene Anhänger derselben Doktrin. Man geht wieder auf die Fundamente der Ideologie zurück, auf die ursprünglichen, heiligen Texte. Was ist Fundamentalismus anderes, als daß man den Verbalradikalismus der Dogmatik wieder ernst nimmt. Das Gift wird wieder in die Flaschen zurückgefüllt; und das ist in gewissem Sinne sogar ehrlicher: Der Inhalt der Flaschen stimmt wieder mit dem alten Etikett überein. (Die fundamentalistische Konsequenz ist in Wirklichkeit immer auch nur sehr partiell, aber das interessiert uns hier nicht.)

Eigentlich müßte aus jeder intoleranten Dogmatik ständig Streit, Aggression und Krieg hervorgehen – und Dogmatik ist notwendig intolerant. Keiner Ideologie, ob christlich, jüdisch, islamisch, marxistisch, atheistisch, rassistisch, nationalistisch oder was sonst, so friedlich sie sich auch zeitweilig verhält, darf man trauen, wenn sie intolerante oder inhumane Elemente auch nur in der verstecktesten theoretischen Nische verborgen duldet. Man muß dann immer mit dem Ausbruch eines Fundamentalismus rechnen. Der Fundamentalismus ist das schlechte Gewissen der pragmatisch milde gewordenen Orthodoxie. Eine intolerante Ideologie kann durch laxe, inkonsequente Anwendung in der Praxis erträglicher werden, aber im Fall des Falles kann sie ihren Fundamentalisten nichts entgegensetzen. Steht denn nicht in den heiligen Büchern so manches geschrieben...?

„Das Ideal zeichnen"

Wenn eine Ideologie (wieder einmal) fundamentalistisch, radikal, fanatisch geworden ist und dazu noch die Macht im Staat an sich reißen konnte, dann werden auch die naivsten Menschen deutlich sehen, worauf sie sich eingelassen haben. Der Aufklärer hätte dann keine

Schwierigkeiten, seinen Mitmenschen Nachteile und Schrecken der betreffenden Ideologie zu demonstrieren – nur hat er dann keine Gelegenheit mehr, seine Stimme zu erheben. Man muß dem Fundamentalismus zuvorkommen. Obwohl das letzten Endes nur durch Unterminierung der gesamten Doktrin möglich ist, ohne sich durch Limonadeneffekte beeindrucken zu lassen, ist der vordringlichste Schritt immer, sich auf mögliche Schrecken, auf möglichen Terror zu konzentrieren, das heißt den Fundamentalismus in der Phantasie vorwegzunehmen, ohne sich gleich mit der gesamten Ideologie anzulegen. Allerdings sollte man auch das nicht völlig ausschließen. Es ist nicht zu fürchten, daß man dabei phantastische Schreckgespenster erfindet: Die menschliche Bosheit und Gemeinheit hat noch jede Phantasie übertroffen.

Das hier zu benützende methodische Prinzip des Aufklärers lautet, in einer Formulierung Nietzsches: *Man kritisiert einen Menschen, ein Buch am schärfsten, wenn man das Ideal desselben hinzeichnet.*[13]

Das Ideal zeichnen, heißt, eine Doktrin beim Wort nehmen, auf jedem Wort, jedem Satz, jedem Dogma herumreiten, Absurditäten oder Brutalitäten der Dogmen ans grelle Licht zerren und schonungslos die allerletzten Konsequenzen aufzeigen. Man zwingt die Chefideologen, vor allem aber ihre ahnungslosen Anhänger, einmal klar auch zu den Teilen ihrer Dogmatik Stellung zu nehmen, die sie sonst verschämt hinter ihrem Rücken verbergen. Die Gegner des Marxismus hatten Recht, als sie immer wieder auf der Frage nach Weltrevolution und Diktatur des Proletariats herumritten. Sie wußten natürlich genau, daß die Realpolitiker des Ostblocks längst bürgerlich geworden waren. Aber die Gegner ließen sich nicht beirren: Wer konnte sicher sein, daß nicht eines Tages ein Fundamentalmarxismus an die Macht gekommen wäre?

Manchmal genügt es, laut und deutlich vorzulesen, was in den heiligen Texten einer Ideologie oder Religion steht, aber gerne übergangen wird. Nehmen wir etwa folgendes Gebot aus der Heiligen Schrift:

Wer seine Hand wider seinen Vater erhebt, soll des Todes sterben. Wer seinen Vater oder seine Mutter verflucht, wird mit dem Tod bestraft.[14]

Wer nimmt das ernst? Wie verträgt sich das mit moderner, verstehender, „repressionsfreier" Erziehung? Welches Kind hat nicht hin und wieder seine Eltern verflucht? Wieviele Kinder müßte man nicht aufgrund des biblischen Gebotes totschlagen? Natürlich wird sich der Bibelgläubige hinter den üblichen Antworten verschanzen: Das zitierte Gebot sei aus dem Zusammenhang gerissen und sinnentstellt, es stehe bloß im Alten Testament, nicht im Neuen, es dürfe nicht wörtlich-juristisch im Sinne des Strafgesetzbuches gelesen werden, in Wirklichkeit sei noch nie ein Kind aus den erwähnten Gründen umgebracht worden. Überhaupt suche der Aufklärer feindselig nach den wenigen, vielleicht dunklen, jedenfalls historisch zu erklärenden Stellen, die er aus dem Zusammenhang reiße, die Liebesbotschaft aber ignoriere er böswillig. Er wolle einfach nicht hören.

Aber der Aufklärer fragt die frommen Seelen unbeirrt: Wollt ihr wirklich, daß die Gebote eurer Heiligen Schrift in die Praxis umgesetzt werden? Ein Kind, das seine Eltern verflucht, kann man zurechtweisen, man kann es mit einer Ohrfeige bestrafen, man kann es aber auch dem Henker übergeben. Letztlich kann man von keiner dieser Reaktionen „beweisen", daß sie richtig ist – es ist eine Frage der Prinzipien. Doch erspart es vielleicht viel Leid, wenn man die Gebote der Bibel nicht erst dann kritisch betrachtet, wenn ein Fundamentalismus sie ernst nimmt.

In subversiver Absicht „das Ideal zeichnen", heißt, die Prinzipien des Gegners schonungslos und konsequent auszusprechen. Man bringt die Einstellung des Gegners auf den Punkt, man macht explizit, welchen Grundsätzen er folgt. Ein Musterbeispiel dieser Methode findet sich in einem Interview, das der israelische Schriftsteller Amos Oz mit einem Verfechter einer harten israelischen Gewaltpolitik gegen die arabischen Mitbewohner und Nachbarn Israels geführt und publiziert hat. Dabei ist wichtig, daß der Publizist nichts erfindet, nichts mutwillig verdreht, sondern sich darauf beschränkt, die zur Diskussion stehende Position plastisch herauszuarbeiten. Der Hardliner gibt unter anderem folgendes von sich:

„Von mir aus kannst du mich nennen, wie du willst. Nenn' mich ein Monstrum. Nenn' mich einen Mörder ...

Von jetzt an hört vielleicht das Gerede von der Ausschließlichkeit der jüdischen Moral ein für allemal auf. Von der moralischen Lehre aus Holocaust und Verfolgungen, von den Juden, die rein und geläutert aus den Gaskammern herauskommen sollten. Schluß. Wir sind jetzt fertig mit diesem Müll. Die kleine Verwüstung in Tyros und Sidon, die Zerstörung von Ein-Hilwe, die ordentlichen Bombardierungen von Beirut, und das klitzekleine Massaker – fünfhundert Araber, auch ein Massaker! – in jenen Lagern – alle diese guten Taten machten endgültig Schluß mit dem Geschwätz über das „auserwählte Volk" und über „Licht der Völker". Gelobt sei Gott, der uns hiervon befreit hat ...

Jedem Nachbarn, der Hand an uns legt, muß man eine Hälfte seines Bodens mit Gewalt für immer nehmen und die andere verbrennen. Auch das Öl. Auch mit Atomwaffen ... Weißt du, was am Ende dieses Prozesses herauskommen wird? ... Ein echter Frieden, stabil und lebensfähig.

Gleich nach Verwirklichung dieses Kapitels der Aggressivität, bitte, dann seid ihr dran, euren Text vorzutragen. Schafft uns hier Kultur und moralische Werte und Humanismus. Schafft Völkerverständigung. Licht den Völkern. Schafft einen humanistischen Staat, daß die ganze Welt frohlockt, und ihr selbst könnt dann vor Selbstzufriedenheit und Wonne vergehen ... Dann kommt vielleicht die Zeit des Propheten Jesaja mit dem Wolf und dem Lamm und dem Leopard und dem Zicklein und diesem ganzen schönen Zoo. Unter einer Bedingung: daß auch am Ende der Zeit wir der Wolf und alle Gojim hier in der Nachbarschaft das Lämmchen sind.

Ich bin bereit, freiwillig die schmutzige Arbeit für das Volk Israel zu erledigen, Araber zu töten nach Bedarf, sie zu verbannen, zu verjagen, zu verbrennen, uns verhaßt zu machen ... Heute könnten wir schon alles hinter uns haben, ein normales Volk sein mit vegetarischen Werten ... und mit einer leicht kriminellen Vergangenheit: wie alle. Wie die Engländer und die Franzosen und die Deutschen und die Amerikaner, die schon vergessen haben, was sie den Indianern getan haben, und die Australier, die fast alle Aborigenes vernichtet haben, und wer nicht? Was ist schlecht daran, ein zivilisiertes, respektables Volk mit einer leicht kriminellen Vergangenheit zu sein? Das kommt in den besten Familien vor.“[15]

Man kann nicht garantieren, daß die Scharfzeichnung des Ideals eine Ideologie tatsächlich unterhöhlt. Die Scharfzeichnung ist aber in jedem Fall eine aufklärerische Leistung, weil durch sie eine nüchterne, sachliche Erörterung der wirklichen Probleme erzwungen wird. Es ist unvermeidlich, daß eine solche Scharfzeichnung gelegentlich zynisch oder auch wie eine Parodie wirkt. Das trifft z. B. auf Machiavellis berüchtigtes Buch *Der Fürst* zu, in dem in aller Offenheit und ohne moralische Beschönigung die wirksamen Methoden politischer Machtsicherung geschildert werden. Ein anderes Buch von ähnlich üblem Renommee ist Mandevilles *Bienenfabel*, eine Scharfzeichnung des kapitalistisch-liberalen Wirtschaftssystems.

Vom König David oder die doppelte moralische Buchführung

Wir geben noch ein scheinbar sehr entlegenes, scheinbar mit Gewalt hervorgezerrtes Beispiel. Der jüdische König David regierte etwa um 1010 v. u. Z. Nach der ausführlichen und lebendigen Darstellung der Bibel war er ein energischer und erfolgreicher Truppenführer und Machtpolitiker, und, wie üblich, zugleich ein brutaler Gewalttäter. *Saul hat tausend erschlagen, aber David zehntausend,*[16] sangen die Frauen. Als Brautwerbe-Geschenk brachte David seinem künftigen Schwiegervater Saul zweihundert Vorhäute von Philistern, die er eigens zu diesem Zweck erschlagen hatte.[17] Er unternahm wiederholt Raubzüge zu benachbarten Völkern, *und sooft David in das Land einfiel, ließ er weder Mann noch Frau leben und nahm mit Schafe, Rinder, Esel, Kamele und Kleider.*[18]

Als er die Ammoniter-Stadt Rabba eroberte, ließ er das Volk darin zersägen und in Ziegelöfen verbrennen,[19] berichtet die Bibel, und führte eine selektive Liquidation durch:

Er schlug auch die Moabiter und ließ sie sich auf den Boden legen und maß sie mit der Meßschnur ab; und er maß zwei Schnurlängen ab, so viele tötete er, und eine volle Schnurlänge, so viele ließ er am Leben. So wurden die Moabiter David untertan, daß sie ihm Abgaben bringen mußten.

So gibt es eine lange Reihe von rühmenden Schilderungen grausamer Heldentaten, die noch ergänzt werden durch allerhand sozusagen private Verbrechen und Schändlichkeiten.

Rückblickend dichtet David ein großes Danklied an den Herrn, in dem es heißt:

Meinen Feinden jage ich nach und vertilge sie, und ich kehre nicht um, bis ich sie umgebracht habe.

Ich brachte sie um und habe sie zerschmettert, daß sie nicht mehr aufstehen können; sie sind unter meine Füße gefallen.

Du hast mich gerüstet mit Stärke zum Streit; du kannst mir unterwerfen, die sich gegen mich erheben.

Du hast meine Feinde zur Flucht gewandt, daß ich vernichte, die mich hassen.

Sie sehen sich um – aber da ist kein Helfer – nach dem Herrn, aber er antwortet ihnen nicht.

Ich will sie zerstoßen zu Staub der Erde, wie Dreck auf der Gasse will ich sie zerstäuben und zertreten.[20]

Vom Standpunkt des jüdischen Nationalismus war David ein strahlender Held; der Standpunkt der Philister oder Ammoniter wird in der Bibel nicht berücksichtigt. Ein Volk freut sich über seine Siege und dankt dafür seinem Nationalgott. Daß jeder Sieg zugleich ein Abschlachten der Gegner ist, stört niemanden. Insofern ragt die David-Geschichte nicht über das Niveau der übrigen Nationalepen der Weltliteratur heraus.

Aber der König David ist der Held eines heiligen Buches der Christenheit. Und er wurde und wird von den christlichen Theologen häufig in den höchsten Tönen gepriesen. Genaueren Bibellesern hat die David-Erzählung allerdings immer Schwierigkeiten bereitet. Und jedesmal ging ein Aufschrei durch die fromme Welt, wenn es jemand wagte, den großen Helden zu kritisieren. Meistens hat man sich an den privaten Verfehlungen Davids gestoßen, doch werden diese zum Teil auch in der Bibel gerügt. Dagegen stand früher die Absurdität kaum zur Diskussion, daß der gewöhnliche Kampf eines Volkes, sei es ums Überleben, sei es aus Aggressivität, sei es aus inneren Streitereien, eine religiöse Weihe erhält und als Kampf des einen, guten Volkes Gottes gegen den bösen Rest der Welt gelesen wird. Diese Frage würde ein Bibelkritiker vermutlich heute dem Kirchenvolk vorlegen. Früher waren es fast immer die Charakterzüge Davids und seine privaten Verbrechen, an denen man sich gestoßen hat. Das Blutvergießen im Großen war einfach Heldentum für das Volk Gottes. Ein theologisches Standardwerk schildert das so:

Der Charakter Davids ist sehr verschieden beurteilt worden. Während seinem Volke [...] das Bild sich von seinen Flecken befreit darstellte, und in den Augen der christlichen Kirche Davids leibliche und typische Verwandtschaft mit dem größeren Davidssohn[21] *ihm einen einzigartigen Nimbus verlieh, haben in neuerer Zeit einzelne sich darin gefallen, durch einseitige Hervorhebung seiner Schwächen und Sünden ohne Rücksicht darauf, wie sie der Zeit selbst zur Last fallen, ein Zerrbild von ihm zu zeichnen, so Bayle, Voltaire, Tindal, Reimarus.*[22]

Das Argument mit den Zeitläuften, die an allem die Schuld tragen, begegnet einem immer, wenn eine Ideologie sich von Schandtaten reinzuwaschen versucht. Nach einer längeren, durchweg positiven Bewertung Davids heißt es folgerichtig in demselben Werk:

Die Grausamkeit in der Behandlung der Feinde freilich, welche man ihm zum Vorwurfe gemacht hat, ist nach damaligem harten Brauch und Kriegsrecht zu beurteilen.[23]

Zugleich wird vom Verfasser ausdrücklich jede generalisierende historische Betrachtung zurückgewiesen. David war nicht einfach ein orientalischer Erfolgspolitiker wie viele andere auch, sondern ein Mann „nach dem Herzen Gottes“[24]:

Es ist völlig verkehrt, wenn man aus einzelnen schweren Fehltritten [...] einen Hauptzug seines Charakters macht und ihn so mit gewalttätigen, wollüstigen[25] *Despoten des Orients, bei denen solche Vorgänge an der Tagesordnung sind, in eine Reihe stellt, etwa gar daran erinnernd, daß auch bei solchen eine gewisse Bigotterie nicht selten sich finde ...*[26]

Während es die Leser früherer Zeiten schockieren mußte, daß ein biblischer Erzheld dubiose Charakterzüge hatte, wird sich der heutige Bibelleser und Christ vorwiegend an der Grundlinie der Heldendarstellung stoßen. Die David-Geschichte ist eine traditionelle Geschichte brutaler Machtkämpfe. Man wird sagen: eine alte Geschichte, wie hundert andere auch. Was geht es den Christen an, wer vor dreitausend Jahren im Vorderen Orient wen massakriert hat? Die Antwort ist klar: Es waren Massaker im Namen Gottes (des Gottes, den Juden und Christen noch immer verehren) und zugunsten des Volkes Gottes. Wer den König David lobt, unterschreibt nolens volens das Prinzip, daß jeder Raub, Mord, Völkermord lobenswert ist, wenn er im Namen Gottes und zugunsten des Volkes Gottes geschieht. Wie soll ein moralisch empfindender Mensch damit zurechtkommen? Wer kann es hinnehmen, daß man das Töten von Menschen heiligt?[27]

Das berühmteste Beispiel einer kritischen Betrachtung der David-Geschichte findet sich in Bayles Wörterbuch von 1697. Sein Artikel „David“ ist umständlich, langatmig, vorsichtig, aber die Zeitgenossen verstanden ihn. Ist der von allen Predigern so hochgelobte König David der Bibel zur Nachahmung zu empfehlen? Bayle weist dies entsetzt zurück und sagt,

daß man den ewigen Gesetzen und daher auch der wahren Religion sehr Unrecht täte, würde man dem Einwand gegen uns stattgeben, daß, sobald ein Mensch göttlicher Inspiration teilhaftig geworden sei, wir seine Handlungen als moralisches Vorbild anzusehen hätten, derart, daß wir es nicht wagen dürften, Handlungen zu verdammen, die der moralischen Billigkeit extrem entgegen sind, wenn sie von ihm begangen werden. Es gibt da kein Drittes: Entweder sind solche Handlungen nichtswürdig, oder aber Handlungen, die jenen ähnlich sind, sind ebenfalls nicht schlecht.[28]

Der biblische Held David hat sehr viel Blut an den Händen. Aber darf man ihn mit gewöhnlichen moralischen Maßstäben messen, da er doch eine biblische Gestalt, ein Mann „nach dem Herzen Gottes" ist? Bayle, der versucht, sich mit interner Kritik zu begnügen, findet ein Schlupfloch. Er meint,

daß es kleinen Privatleuten wie mir absolut erlaubt ist, die in der Schrift enthaltenen Tatsachen zu beurteilen, soferne diese nicht ausdrücklich durch den Heiligen Geist bewertet sind. Wenn die Schrift eine Handlung, von der sie berichtet, tadelt oder lobt, so ist es niemandem erlaubt, gegen dieses Urteil zu berufen [...] Die Tatsachen, bezüglich deren ich meine bescheidene Meinung ausgesprochen habe, werden in der heiligen Geschichte ohne Bezug zum Heiligen Geist, ohne jede Form der Billigung, berichtet.[29]

Das Argument ist so schwach, daß es, gewollt oder ungewollt, subversiv wirkt; David war „ein Mann nach Gottes Herzen", so daß es sich für den Verfasser des biblischen Berichtes erübrigte, alle Taten seines Helden jeweils extra zu loben. Hatte der Held etwas Gott nicht Wohlgefälliges getan, so trat sogleich ein Prophet auf und ermahnte David. Beim Ausrotten ganzer Städte erfolgte keine solche Zurechtweisung.

Bayles allgemeine Argumentation ist jedoch ebenso glaubensstark wie (vermutlich mit voller Absicht) absurd: Unser moralisches Empfinden hat abzudanken, wenn in der Schrift ein dezidiertes moralisches Urteil steht, ganz gleich, wie sehr es uns gegen das eigene Gewissen geht. Dies aber ist immer ein Prinzip der christlichen Bibeldeutung gewesen, und es ist natürlich unerträglich. Deshalb ist es subversiv, darauf herumzureiten.

Wer kann sich über einen islamischen „heiligen Krieg" empören und zugleich den König David loben? Man muß der David-Geschichte (und letztlich der ganzen Bibel) entweder ihren sakrosankten Charakter nehmen und sie als gewöhnlichen, alten Text lesen – oder man muß damit rechnen, daß irgendein Fundamentalist sie eines Tages ernst nimmt und wieder einmal zu Mord und Totschlag im Namen Gottes aufruft. Fundamentalismus ist überall möglich, wo es heilige Texte gibt. Man stelle sich zur Abwechslung vor, daß ultra-„orthodoxe" Juden aus der David-Geschichte Maximen für den Umgang Israels mit seinen Nachbarn entnehmen. Sie könnten sich durchaus auf die Bibel berufen, und ist die Bibel nicht ein heiliges Buch? Man kann heilige Bücher gar nicht subversiv genug behandeln, kann nie zu viel Mißtrauen gegen sie säen.

Vergangenheitsbewältigung I.

Fanatismus ist kein „blindes Wüten". Er bereitet sich dogmatisch vor und verkündet seine Ideen offen. Später, falls eine hellhörig gewordene Öffentlichkeit sich an den Untaten des Fanatismus zu stoßen beginnt (und keine Minute früher), „bewältigt" die zugehörige Ideologie solche Taten im nachhinein mit beeindruckenden Argumenten. Es ist lehrreich, solche Rechtfertigungen etwas genauer zu studieren.

In dem 1986 erschienenen Lexikon *Deutschland in Geschichte und Gegenwart* ist unter dem Stichwort „Rassenfrage" folgendes zu lesen:

Die Judenvernichtung ist jene Einrichtung des 3. Reiches, die am meisten zur Kritik herausgefordert hat [...]

Von nationalsozialistischer Seite verwies man dagegen auf den schweren Existenzkampf des deutschen Volkes gegen die Juden, und den allgemein verbreiteten Antisemitismus des 19. Jahrhunderts. Doch gehen sowohl die Angriffe als auch z.T. die Verteidigung am Kern der Sache vorbei. Die Kritik macht es sich einfach, wenn sie sich unhistorisch auf den Boden des liberalen Staatsdenkens stellt. Das deutsche Volk dachte anders. Es nahm vor allem die Einheit von Volk und Rasse als vorgegeben hin. Der Staat verfolgte deshalb natürlicherweise Rassenverfall genauso wie andere Delikte; stellte doch ein Angriff auf die Reinheit der Rasse zugleich einen Angriff auf den Staat dar. Man verfolgte natürlicherweise mindere Rassen genauso wie andere Verbrecher. Die Verfolgung des Juden war dem deutschen Volk also eine Selbstverständlichkeit.

Es ist weiter natürlich, daß die Judenverfolgung sich der zeitgenössischen Mittel der Strafverfolgung bediente, und es muß auch darauf hingewiesen werden, daß ihr genau überliefertes Verfahren mit großer rassenbiologischer Gewissenhaftigkeit durchgeführt wurde.

Nicht die Judenverfolgung als solche, sondern die Auswüchse, zu denen sie unter den verschiedensten politischen und soziologischen Einflüssen führte, könnten vom historischen Standpunkt aus kritisiert werden [...] Es geht um die Frage, ob die höherstehende Rasse das Recht oder sogar die Pflicht hat, Juden aus der staatlichen und menschlichen Gemeinschaft auszustoßen. So gesehen ist der Antisemitismus eine dauernd aktuelle Frage.

Sehen wir uns diese ungeheuerliche Argumentation genauer an, in der aus dem Morden ein Vorgang wird, für den man Verständnis aufbringen kann. Die Kritik mache es sich zu leicht, heißt es, man müsse nämlich viele Umstände berücksichtigen. Nicht der Nationalsozialismus sei schuld, sondern die Zeitläufe, die Umstände, man habe eben anders gedacht, damals. Daran stimmt nicht einmal die Zeitangabe, denn der Holocaust fand im 20. und nicht im 19. Jahrhundert statt. Der Antisemitismus sei doch schon dagewesen, die Nationalsozialisten hätten gar nicht anders gekonnt, als dem Volksempfinden nachzugeben, heißt es weiter. Die Täter stellen sich damit als Vollstrecker des Zeitgeistes oder gar als dessen Opfer dar. Es wird verschwiegen, daß gerade die Nationalsozialisten den Antisemitismus systematisch predigten, daß der Holocaust von ihnen, und nur von ihnen, organisiert wurde und daß sie durch die „Arisierung" des jüdischen Besitzes auch die materiellen Nutznießer des Mordens waren. Weiter lesen wir, es sei ja niemand fälschlich als Jude vernichtet worden, es habe doch den Ariernachweis gegeben, bei dessen Erstellung mit großer Gewissenhaftigkeit vorgegangen worden sei. Möglicherweise habe es hin und wieder Auswüchse gegeben – wo gibt es sie nicht! Der Leser soll also womöglich denken, daß auch Auschwitz an sich noch kein Auswuchs gewesen sei, sondern nur einiges, was dort manchmal geschah.

Und bestehe hier nicht ein echtes, zeitloses Problem: Was müsse, solle, dürfe man zur Reinhaltung der Rasse unternehmen? Hier suggeriert der Rechtfertigungstext eine große historische Perspektive. Er zeigt ein Bild der menschlichen Geschichte aus einer hohen Warte, so daß wir das Phänomen der Rassenstreitigkeiten in seiner ganzen Universalität sehen – was hat es auf diesem Feld nicht schon alles für Anschauungen und Handlungen gegeben. Daraus scheint zu folgen, daß der Holocaust nicht leichtfertig und ahistorisch verurteilt werden dürfe.

Der schaurige Text ist allerdings fingiert, das als Quelle angegebene Lexikon gibt es gar nicht. *Der Text ist aber nicht frei erfunden*, sondern aus einem Text gewonnen, den es wirklich gibt, indem darin einige Schlüsselwörter durch andere ersetzt (substituiert) wurden. Hier ist der Originaltext:

Die Inquisition ist eine Einrichtung der katholischen Kirche, die am meisten zur Kritik herausgefordert hat und die das beliebteste Beispiel ist, wenn die katholische Kirche des Mittelalters gebrandmarkt werden soll.

Von katholischer Seite verweist man dagegen auf den schweren Existenzkampf der Kirche gegen die Ketzer, auf die allgemeine Grausam-

keit der damaligen Justiz und die psychopathischen Erscheinungen des Mittelalters. Doch gehen sowohl die Angriffe als auch z.T. die Verteidigung am Kern der Sache vorbei. Die Kritik macht es sich einfach, wenn sie sich unhistorisch auf den Boden des liberalen Staatsdenkens stellt. Das Mittelalter dachte anders; es nahm vor allem die Einheit von Staat und Kirche als vorgegeben hin. Die Staatskirche verfolgte deshalb natürlicherweise die kirchlichen Delikte genauso wie die weltlichen; stellte doch ein Angriff auf die Religion zugleich einen Angriff auf den Staat dar. Die Verfolgung des Religionsdeliktes war dem Mittelalter also eine Selbstverständlichkeit.

Es ist weiter natürlich, daß die Inquisition sich der zeitgenössischen Mittel der Strafverfolgung bediente, und es muß auch darauf hingewiesen werden, daß ihr genau überliefertes Verfahren z.T. mit großem Ernst und juristischer Gewissenhaftigkeit durchgeführt wurde (so z. B. das gegen Hus).

Nicht die Inquisition als solche, sondern die Auswüchse, zu denen diese Institution unter den verschiedensten politischen und soziologischen Einflüssen führte, könnten vom historischen Standpunkt aus kritisiert werden [...] Eine echte Beurteilung und vielleicht Verurteilung der Inquisition kann nicht auf historischer, sondern allein auf religionsphilosophischer Ebene erfolgen. Es geht um die Frage, ob die Kirche das Recht oder sogar die Pflicht hat, den irrenden Bruder um seiner Seligkeit und des Bestandes der hl. Kirche willen notfalls mit Gewalt zu überzeugen. Kann der „Rechtgläubige" weiter so viel göttliche Erkenntnis und Erleuchtung beanspruchen, daß er die Autorität erhält, den „hartnäckigen Ketzer" aus der kirchlichen und menschlichen Gemeinschaft auszustoßen? Fordert die Liebe zu dem irrenden Mitchristen Tolerierung oder Züchtigung? – So gesehen ist die Frage der Inquisition eine dauernd aktuelle Frage.[30]

Dieser, echte, Text ist 1959 erschienen und 1986 nochmals gedruckt worden. Er stammt von einem deutschen Professor.

Der Zweck unserer Substitution ist klar. Die Substitution soll das Grauen wieder lebendig machen, das sich mit der Tätigkeit der Inquisition verband, sie soll dem verständisvollen, ausgewogenen, kirchengeschichtlichen Artikel die Maske herunterreißen und seine ganze Infamie zeigen, gemäß der ewigen Aufgabe der Aufklärung: *écrasez l'infâme!*

Liefert eine solche Substitution wirklich ein Argument? Natürlich geht dabei der historische Kontext verloren, aber gerade dadurch tritt die wesentliche Frage deutlicher hervor: Wie steht es um Menschlichkeit oder Unmenschlichkeit? Verfolgung, Folter und Mord waren *immer* unmenschlich, Humanität und Inhumanität sind zeitlose Kategorien. Das Foltern und Umbringen von Menschen war auch im Mittelalter etwas Schauriges, sollte schaurig wirken und wurde auch so empfunden. Die Humanität oder Inhumanität der ursprünglichen Argumentation bleibt bei der Substitution erhalten, es ist eine Substitution „salva inhumanitate".[31]

Um die ganze Perfidie der verharmlosenden Darstellung zu verdeutlichen, hätte man übrigens auch eine andere Substitution vornehmen und „Christen" anstelle von „Ketzern" einsetzen und den Zeitbezug ein wenig ändern können. Durch diese kleine Veränderung erhielte man eine maßvolle, ausgewogene Betrachtung über das Vor-die-Löwen-Werfen der frühen Christen. Einige Andeutungen werden genügen, um das deutlich zu machen:

Die Christenverfolgungen des Römischen Reiches haben am meisten zur Kritik herausgefordert und sind das beliebteste Beispiel, wenn das heidnische Imperium Romanum gebrandmarkt werden soll ...

Doch gehen sowohl die Angriffe als auch z.T. die Verteidigung am Kern der Sache vorbei. Die Kritik macht es sich einfach, wenn sie sich unhistorisch auf den Boden des liberalen Staatsdenkens stellt. Im Imperium Romanum dachte man anders ...

Die Verfolgung des Religionsdeliktes war dem Imperium Romanum also eine Selbstverständlichkeit... Es ist weiter natürlich, daß die Christenverfolgung sich der zeitgenössischen Mittel der Strafverfolgung bediente ...

Die übliche, christliche Behandlung der Christenverfolgungen und der ganze Märtyrerkult, so muß man jetzt sagen, „gehen am Kern der Sache vorbei", und Löwen waren ein „zeitgenössisches Mittel der Strafverfolgung". Ob die Theologen mit einer solchen Darstellung einverstanden wären?

Die Substitution von „Juden" für „Ketzer" erscheint aber zweckmäßiger, denn sie lenkt den Blick auf ein Massenmorden, das uns viel genauer bekannt ist, als die wirklichen oder erfundenen Schauergeschichten aus dem alten Rom. Außerdem stimmt die Parallele besser. Die Tätigkeit der Inquisition beschränkte sich ja nicht bloß auf „Ketzer", sondern ging nahtlos über in die Hexenjagd. Und wer der Hexerei einmal verdächtigt wurde, für den gab es niemals einen Ausweg, er bzw. sie landete regelmäßig auf dem Scheiterhaufen. Analog gab es für einen Juden keinen Ausweg, keine Entschuldigung, keine Möglichkeit, sein Judentum abzulegen. Der Zeitbezug stimmt übrigens auch nicht: Das Wirken der Inquisition fällt vorwiegend nicht ins Mittelalter, sondern in die Neuzeit. Auch der ganze Hexen- und Teufelswahn war von der Kirche selbst verursacht worden. Ein Wort des Papstes hätte genügt, um dem Spuk ein Ende zu machen; ein solches Wort gab es jedoch nicht, vielmehr die berühmte Hexenbulle des Papstes Innozenz VIII. vom 5. 12. 1484, mit der das Morden erst richtig eingeleitet wurde. Die Kirchen (katholische wie bald auch reformierte) waren nicht Gefangene eines mittelalterlichen Aberglaubens, sondern dessen eifrigste Produzenten. Das Erpressen von absurden Geständnissen auf der Folter war keineswegs ein normales „zeitgenössisches Mittel der Strafverfolgung", sondern eine Idee der Inquisition und juristisch immer umstritten. Die „große juristische Gewissenhaftigkeit" der Ketzer- und Hexenverfahren ist von allen zeitgenössischen Kritikern (die es schon sehr früh gab!) als Pervertierung des Rechtsdenkens dargestellt worden. Und wie euphemistisch sind doch die Formulierungen „notfalls mit Gewalt überzeugen" und „aus der kirchlichen und *menschlichen* (!) Gemeinschaft ausstoßen".

Die Technik des Substituierens wird in der Logik oft verwendet. Sie dient dazu, die Struktur von Argumentationen deutlich zu machen. Die Substitution darf natürlich nicht beliebig und regellos geschehen, die Struktur des Arguments muß erhalten bleiben. Nur die speziellen Personen oder Eigenschaften, die in einer Argumentation vorkommen, dürfen verändert werden.

Man könnte einwenden, daß die Substitution „Judenverfolgung" für das ursprüngliche „Inquisition" nicht erlaubt sei, denn dadurch werde die Argumentation verfälscht bzw. zerstört. Eine solche Erwiderung ist entlarvend und insoferne für den Aufklärer höchst wünschenswert. Sie besagt, daß ein- und dieselbe Handlung entweder ein Mord ist, oder eine verständliche, entschuldbare, letztlich unumgängliche Tat, je nachdem, ob die Nazis die Täter sind oder die Kirche.

Vergangenheitsbewältigung II.

In Zeiten der Toleranz wird eine Ideologie nicht gerne an früheres, intolerantes Verhalten erinnert. Es gibt einige Techniken zur Bewältigung der Vergangenheit, die immer wieder benützt werden. Die simpelste ist das Verschweigen, etwas raffinierter ist die historisch-verstehende Verharmlosung, um nur zwei Möglichkeiten zu nennen. Der Aufklärer kann hier als Störenfried auftreten. Anstatt die alten Verbrechen ruhen zu lassen, macht er sie immer wieder bewußt. Voltaire war darin ein Meister, das schlechte Gewissen seiner Gesellschaft nicht einschlafen zu lassen und die Schrecken der Vergangenheit (einer gar nicht so entfernten Vergangenheit) nicht vergessen zu lassen. So berichtet er in seinem *Philosophischen Wörterbuch* über Justizirrtümer und Justizmorde, erinnert an den religiös-fanatisierten Königsmörder Ravaillac und an die Inquisition, wobei er beeindruckende Stellen aus den Büchern von Großinquisitoren zitiert.[32] Und wenn er zitiert, zitiert er korrekt, das ist Teil des Geheimnisses seiner Wirksamkeit.

Eine andere Art, mit der unangenehmen Vergangenheit umzugehen, ist das Prinzip, daß man die Dinge „historisch sehen muß". Gerade der Aufklärer, der sich das Augenmaß bewahren will, fällt leicht auf diesen Trick herein. Das dabei benützte methodische Prinzip ist simpel. Es besagt etwa: Handlungen, die seinerzeit häufiger vorkamen, dürfen nicht den handelnden Personen zugerechnet werden, sondern den Zeitumständen. Insbesondere ist dann eine moralische Entrüstung oder Verurteilung nicht mehr erlaubt. Das Prinzip hat gelegentlich eine gewisse Plausibilität. Wenn man ein Ereignis verstehen will, wenn man begreifen will, „wie es dazu kommen konnte", muß man berücksichtigen, unter welchen historischen Bedingungen es stattfand, in welcher Epoche, Kultur, welche speziellen Randbedingungen gegeben waren. Gelingt eine solche Betrachtung, dann lassen sich vielleicht auch Dinge erklären, vor denen man zunächst geradezu fassungslos steht. Aber man darf dieses Verstehen nicht zu einer Entschuldigung oder Billigung der Greuel umdeuten, wobei die Täter nur noch als Opfer der Zeitumstände auftreten.

Tatsächlich haben sich in der Geschichte des Abendlandes die Maßstäbe für Inhumanität auch nicht so schnell und nicht so radikal verändert. Mord, Folter und Quälerei waren auch in der Antike verabscheuungswürdig. Menschen vor die Löwen zu werfen, war auch seinerzeit nicht für jedermann ein harmloser Spaß. Die europäische Aufklärung hat es nicht mit den Menschenopfern der Azteken zu tun, die man – vielleicht – „historisch sehen" muß, um sie zu begreifen. Man sollte auch wissen, wie entsetzt Konfuzius um 500 vor unserer Ära und in einer ganz anderen Kultur über den Brauch war, den Mächtigen auch nur Tonfiguren in *Menschengestalt* ins Grab als Beigabe mitzugeben[33]:

Konfuzius sagte: „Derjenige, der tönerne Figuren als Grabbeigaben einführte, sollte ohne Nachkommen bleiben!" Er sagte das, weil jener die Menschengestalt dafür benützte.[34]

Muß man das Entsetzen des Konfuzius wirklich „historisch sehen"? Aber geben wir ein neuzeitliches, europäisches Beispiel ideologischer Vergangenheitsbewältigung.

Es gibt heute in Genf eine kleine Rue M. Servet; das Straßenschild nennt unter dem Namen Servets seine Lebensdaten (1511-1553) und gibt den Hinweis „Spanischer Arzt". Das ist alles; aber der Leser kennt die Geschichte Servets ja. Am Anfang einer Querstraße mit dem schönen Namen „Avenue de Beau Séjour", ungefähr dort, wo seinerzeit der Scheiterhaufen brannte, steht ein ziemlich unauffälliger Steinblock mit der Inschrift:

Achtungsvolle und dankbare Söhne
von Calvin,
unserem großen Reformator,
die aber einen Fehler verurteilen,
welcher der seines Jahrhunderts war,
und fest verbunden der Freiheit des Gewissens
in Übereinstimmung mit den wahren Grundsätzen
der Reformation und des Evangeliums
haben wir dieses Sühnemal errichtet.
Am 27. Oktober 1903

Nichts läßt vermuten, daß die Rückseite des Steines, die man erst nach Übersteigen eines Straßengeländers sehen kann, eine von Sträuchern verdeckte zweite Inschrift trägt:

Am 27. Oktober 1553
starb auf dem Scheiterhaufen
in Champel
Michel Servet
aus Villeneuve d'Aragon
geboren am 29. September 1511 [35]

Was war das für ein Irrtum, welche Beziehung bestand zwischen dem Mann von der Vorderseite, Calvin, und dem versteckten Mann auf der Rückseite des Steins? Darüber schweigt das „Sühnemal". Ist es möglich, fragt man sich, daß ein derartiger Zynismus in Erz gegossen wird und daß ein Sühnemal den Täter rühmt, die Tat als „Irrtum" verharmlost und das Opfer nur auf der Rückseite erwähnt?

Und doch ist das keine einzigartige Entgleisung, sondern bloß ein besonders deutliches Beispiel dafür, wie Ideologien mit ihrer peinlichen Vergangenheit umgehen. In gewählter Sprache drückt man seine „Betroffenheit" über das vergangene „dunkle" Geschehen aus, um dann sogleich die Ideologie reinzuwaschen und um Verständnis zu werben für das, was geschehen ist und möglichst nicht mehr in die Erinnerung zurückgerufen werden soll.

Was hat der Aufklärer hier viel zu tun? Er muß die Geschichte lebendig erhalten, auf die Vertuschungsrituale immer wieder den Finger legen. Das ist den Gegnern unangenehm oder „langweilig", aber es wird auf die nächste Generation wirken.

Die historisierende Verharmlosung der Genfer Inschrift ist allerdings nicht einmal besonders geschickt. Außerdem ist es falsch, daß „das Jahrhundert" das Umbringen Andersdenkender schlechthin für richtig hielt – die Kontroverse, die sofort nach der Genfer Schauertat einsetzte, beweist es. Die Ermordung Servets war von Anfang an Gegenstand heftiger Auseinandersetzungen, der Leser wird sich erinnern. Was mag in den Köpfen von Menschen vorgehen, die nach 350 Jahren ein „Sühnemal" aufrichten, das eine Verherrlichung des Mörders und eine unauffällige Entschuldigung trägt? Calvin „irrte" sich einmal, aber dafür muß man Verständnis haben. Er vollzog aber keineswegs ein Gebot „des Jahrhunderts". In diesem Jahrhundert gab es auch ganz andere Ansichten. Calvin war nicht ein Opfer des Jahrhunderts, sondern einer seiner Mitgestalter. Niemand soll sich darauf ausreden, daß dieses Schandmal vor sehr langer Zeit aufgestellt worden sei. Es steht schließlich immer noch dort.

Vom Nutzen der Historie für das Leben

Ist eine Attacke des Fanatismus vorbei und es herrscht Frieden, so erliegt der Aufklärer gerne der Versuchung, alles zu verstehen, zu vergeben und nicht mehr darüber zu sprechen. Wozu auch? Welchen Sinn hat das Beschwören vergangener Greuel? Und waren die Dinge wirklich so schrecklich?[36] Es ist müßig, darüber zu philosophieren, was die Menschen aus der Geschichte lernen könnten oder gelernt haben; der Aufklärer sollte auf jeden Fall gegen die Tendenz ankämpfen, die peinlichen Teile der Geschichte einfach zu vergessen. Das Vergessen, Verschweigen, Totschweigen ist die simpelste Methode der Vergangenheitsbewältigung. Man reduziert die Information über die Vergangenheit, und macht dadurch die Bemühungen der Aufklärer von früher unverständlich oder lächerlich: „Was wollten sie eigentlich?" Damit die Geschichte etwas lehren kann, muß die Geschichte bekannt sein. Wie konnte es dazu kommen, daß die Leute heute fröhlich lächeln, wenn von Hexen die Rede ist, daß es ein Gaudium ist, zur

Fasnacht eine Strohhexe zu verbrennen? Wer weiß noch über Hexenjagd und Inquisition Bescheid?

Man muß an die Schrecken von früher erinnern, sonst versteht bereits die nächste Generation nicht mehr, warum die Aufklärer gegen so harmlose Institutionen wie die Kirchen oder die Einheitspartei von einst kämpfen mußten. „Wem nützt es, alte Bitternis wieder lebendig zu machen?“ fragen in erster Linie jene, denen man die Bitternis zu verdanken hat. Die Antwort ist einfach: Es dient der Verhütung neuer Unmenschlichkeit, wenn wir alte Unmenschlichkeiten wieder in die Erinnerung zurückrufen und ihren Zusammenhang mit gewissen Ideologien deutlich machen, Ideologien, die keineswegs verschwunden sind. Die Menschen sollen wissen, wozu politischer oder religiöser Fanatismus fähig sind.

Die großen Fehler der Vergangenheit können in vieler Hinsicht zweckdienlich sein; man kann die Verbrechen und das Unglück nie zu oft wieder vor Augen führen. Man kann beiden zuvorkommen, was auch immer darüber gesagt werden mag [...]

Es ist notwendig, sich die Usurpationen der Päpste öfter wieder vor Augen zu führen, die skandalösen Streitereien ihrer Schismen, die Dummheit der Kontroversen, die Verfolgungen, die Kriege, die aus dieser Dummheit entsprangen, und die Schrecken, die jene hervorriefen.[37]

Voltaire, von dem diese Sätze stammen, war unermüdlich darin, seinen Zeitgenossen die Verbrechen der Vergangenheit in Erinnerung zu rufen.

Aufklärer sind von Hause aus tolerant und zu versöhnlichen Kompromissen geneigt. Kaum ist eine Attacke des Fanatismus vorbei und es herrscht Frieden, da erliegen sie der Versuchung, alles zu verstehen, alles zu vergeben, alles zu vergessen. Das Dunkel ist vorbei, wir haben begriffen, wie es dazu kam, und die Zukunft wird licht und hell. Niemand will die Schauergeschichten von gestern mehr hören, derlei wird sich nicht wiederholen. Die Institutionen, von denen der Terror ausging, sind zerstört oder bescheiden geworden – welchen Sinn macht es, sich noch an ihnen zu reiben? Welchen Sinn macht Antikommunismus nach dem Zerfall des kommunistischen Imperiums? Welchen Sinn Antiklerikalismus angesichts religiöser Toleranz und einer Kirche, die längst nicht mehr foltert und verbrennt?

Vergangene Brutalität und Dummheit müßten nicht ewig neu in die Erinnerung gezerrt werden, wenn man sicher sein dürfte, daß die Sache für immer vorbei sei. Man darf es aber nicht. Wie bald mag eine

Renaissance des Kommunismus mit seinen Arbeiter- und Bauernparadiesen samt zugehörigen Mauern, Grenzstreifen, Staatssicherheitsbüros und Archipel Gulag aufkommen oder ein neuer religiöser Fundamentalismus? Liegt dem Kommunismus nicht ein hohes humanitäres Ideal zugrunde, und ebenso der christlichen Religion? Sind es nicht attraktive Weltanschauungen?

9. Subversives Lachen

Klassische Toleranz

Toleranz[1] ist eine Tugend, die nicht auf Neigung beruht; sie ist vielmehr Bändigung einer intensiven Abneigung. Toleranz heißt jemanden dulden, aushalten, ertragen, obwohl wir ihn nicht leiden können, obwohl er uns stört, herausfordert, irritiert. Toleranz ist widernatürlich; sie verlangt Zurückhaltung, wo die natürliche Reaktion der Angriff wäre, mit dem Ziel, das Ärgernis zu beseitigen. Die klassische Toleranzidee propagiert eine friedliche Koexistenz einander widersprechender Positionen; gleichzeitig tastet sie das Grundprinzip nicht an, daß es in der strittigen Frage genau eine wahre Lehre gibt.

Wer auf der Seite der Wahrheit steht, kann davon abweichende Ansichten nicht als gleichberechtigt anerkennen, auch wenn er sie duldet. Die Wahrheit muß doch ihren Sonderstatus gegenüber falschen Meinungen behalten. Der „klassische" Verfechter religiöser Toleranz müßte also sagen: „Es gibt nur einen Weg zur Seligkeit und zwar den meinen; alle anderen führen in die Hölle. Aber man muß tolerant bleiben und die Leute zur Hölle fahren lassen, wenn sie das wünschen." Es ist eine seltsame und instabile Situation, wenn Katholiken und Calvinisten einander bürgerlich tolerieren und gleichzeitig gegenseitig für Satansbraten halten, auf die das ewige Feuer wartet.

Die klassische Toleranzforderung ist auch psychologisch widernatürlich. Man erzählt den Menschen zuerst von der Wahrheit und Vortrefflichkeit der eigenen Religion und der Verworfenheit der Gegner; das ist garantiert wirkungsvoll, weil die Menschen immer gerne hören, um wieviel besser sie sind als andere Menschen. Nachdem man die Gläubigen solcherart aufgeputscht hat, verlangt man von ihnen Friedfertigkeit gegenüber den verworfenen Andersdenkenden.

Die Forderung nach religiöser Toleranz war nie unumstritten. Die Orthodoxie einer jeden Ideologie fürchtet mit Recht, daß die Idee der Toleranz letzten Endes mehr beinhalte als die bloße Duldung falscher Ansichten. Daher besagt das Standardargument gegen die Toleranz, daß sie zum Relativismus, zur Gleichgültigkeit und zur Aufgabe der Wahrheit führe.

Die (klassische) Toleranzpredigt wirkt immer etwas gezwungen und widernatürlich, oder der Prediger heuchelt und geht in Wirklichkeit subversiv über ihr angeblich bescheidenes Ziel hinaus. Die Forderung nach Duldung anderer Ansichten geht dann über in jene nach Gleichberechtigung aller Ansichten. Letzteres ist aber noch viel unnatürlicher – es sei denn, man hat das Interesse an allen den streitenden Ansichten ohnehin verloren.

Subversive Toleranz

Bedenkt man, daß die Einwände der Toleranzgegner nicht durch eine für beide Seiten zwingende Argumentation zu widerlegen sind, so ist klar, daß nur eine subversive Argumentation möglich ist. Subversiv, weil sie das Grundprinzip der Intoleranz angreifen muß, nämlich daß es die eine, reine Wahrheit gibt, der ein Sonderstatus zukommt. Mehr als eine Wahrheit kann es freilich auch nicht geben; die Sache läuft also darauf hinaus, daß auf dem strittigen Feld überhaupt keine Wahrheiten zu holen sind, d. h. alle miteinander streitenden Positionen falsch oder gar sinnlos sind. Dieser logisch einzig möglichen Einschätzung der Situation wird sich der Aufklärer oft nicht anschließen wollen, sie geht vielleicht weit über seine persönliche Überzeugung hinaus. Aber wie sich die einzelnen Aufklärer selbst interpretierten, ist nicht wesentlich.

Der noch gutwillige, aber sozusagen postklassische Toleranzverfechter wird ungefähr sagen: „Es gibt nur einen Weg zur Seligkeit, aber es ist noch zweifelhaft, welches dieser Weg ist." Wir haben es bei Castellion deutlich sehen können. Es liegt nahe, daß das Publikum daraufhin sagt: „Wenn die Sache derart zweifelhaft ist, dann hat es wenig Sinn, sich mit ihr abzugeben." Und so entschwindet allmählich das Interesse an den religiösen Streitfragen und damit womöglich an der Religion. Darin besteht die faktische Subversivität des Argumentierens für Toleranz.

Voltaire beginnt seinen Wörterbuchartikel „Toleranz" so:

Was ist die Toleranz? Sie ist die schönste Gabe der Menschlichkeit. Wir sind alle voller Schwächen und Irrtümer; vergeben wir einander unsere Dummheiten. Das ist das erste natürliche Gesetz.[2]

Was als Lobrede auf die Tugend der Toleranz beginnt, verändert sich sofort zu einer subversiven Attacke. Wenn von Schwächen, Irrtümern, Dummheiten die Rede ist, wo bleibt die Wahrheit? Liegt der Grund der Toleranzforderung darin, daß man es in dem strittigen Bereich womöglich *nur* mit Dummheiten zu tun hat? Diese Folgerung legt der Text nahe – ohne sie zu ziehen, versteht sich. Kann der orthodoxe Gläubige mit einem solchen Text leben? Wohl kaum, denn *sein* Glauben ist ja gerade *keine* Dummheit.

Niemals sollte man dem widersprechen. Man kann aber in aller gebotenen Unschuld erzählen, wieviele *andere* Dummheiten es schon gegeben habe, gegen die man seinerzeit grob vorgegangen ist, die man aber heute nur noch belächeln würde. So verfährt Voltaire:

Es gab eine Zeit, wo man glaubte, gerichtliche Verfügungen gegen diejenigen treffen zu müssen, deren Lehre den Kategorien des Aristoteles, der Furcht vor dem Vakuum, den Quiditäten[3] *und dem Allgemeinen entgegen war. Wir haben in Europa mehr als hundert juristische Bände über die Hexerei und die Kennzeichen, woran man falsche Hexen von wahren unterscheiden soll. Die Exkommunikation der Heuschrecken und anderer Getreideschädlinge ist sehr üblich gewesen und steht noch in mehreren Ritualen. Sie ist nicht mehr üblich. Man läßt den Aristoteles zufrieden.*

Die Beispiele dieser ernstlichen, seinerzeit so wichtigen Dummheiten sind zahllos. Von Zeit zu Zeit entstehen andere; aber wenn sie ihre Wirkung getan haben und man ihrer müde ist, verschwinden sie wieder. Wenn heute jemand den Einfall hätte, ein Karpokratianer zu werden, ein Eutychianer, ein Monothelit, ein Monophysit, ein Nestorianer, ein Manichäer etc. – was würde herauskommen? Man würde ihn auslachen ...[4]

Daß dies keine schlüssige Argumentation ist, muß nicht mehr weiter betont werden. Interessanter ist, worauf die Subversivität des Arguments beruht. Voltaire führt eine Reihe von Beispielen an, die zu seiner Zeit bereits als obsolet galten, aber möglichst noch nicht völlig vergessen waren. Er präsentiert dem Leser Fälle von einstmals ernstgenommenen Streitigkeiten, die inzwischen niemanden mehr bewegten. Dann fügt er eine Liste verschwundener Sekten oder Religionen an. Das ist ein geschicktes Herantasten an die Grenze des Möglichen: Die Unterdrückung christlicher Sekten, „Häresien“, hatte gerade in Frankreich eine lange, blutige Tradition. Häretiker wurden verbrannt und nicht ausgelacht. Zwei, drei Jahrhunderte später erinnerte man sich kaum noch an die Namen, wie an Kuriositäten. Es ist anzunehmen, daß von Voltaires Lesern niemand mehr genau wußte, was die Eutychianer waren. Der Leser erfuhr, daß große, kontroverse religiöse Strömungen, über die bis aufs Blut gestritten worden war, spurlos verschwunden sind. Was wird wohl noch alles sang- und klanglos verschwinden? Lohnt sich die Erbitterung also?

Der Leser erfährt durch Voltaire beispielsweise, daß es ein Prinzip des Imperium Romanum war: *Deorum offensae dus curae*[5], d.h. um Gotteslästerungen mögen sich die Götter selbst kümmern. Für den Christen ist das nicht unbedingt beeindruckend, denn er kann erwidern: Die Heiden kannten ja den einen, wahren Gott noch nicht. Aber ein wenig nachdenklich kann es den Leser doch stimmen, wenn er von Kulturen erfährt, die in religiösen Dingen sehr viel toleranter waren als seine eigene.

Besonders scharf wird Voltaire, wenn er „das Ideal des Gegners" zeichnet. Dabei ist wesentlich, daß wirklich ein Ideal und nicht ein Zerrbild gezeichnet wird. Diesen Verdacht hat man zunächst sicher, wenn man in der *Abhandlung über die Toleranz* auf eine Stelle stößt, in der eine endgültige Lösung der Religionsstreitereien in Frankreich diskutiert wird.

In einem fingierten Brief[6] trägt hier ein Anhänger der Jesuiten, die damals in Frankreich in einem heftigen Streit mit den Jansenisten (und natürlich den Hugenotten) lagen, seine Empfehlungen zur Lösung des Streites vor. Der fromme Briefschreiber empfiehlt den Jesuiten die physische Liquidierung aller Gegner. Er tut das mit schauriger Genauigkeit. Es geht um etwa 1 Million Hugenotten und um etwa 6 Millionen Jansenisten. Detailliert berechnet der Briefschreiber, wie diese Menschen umzubringen seien, wieviel Schießpulver man dazu benötige und mit welchen Kosten zu rechnen sei.

Tatsächlich verzerrt Voltaire hier aber nichts; er schildert ernstgemeinte zeitgenössische Positionen nur besonders drastisch. Damit niemand meint, er sei ein böswilliger Verleumder, erwähnt Voltaire ausdrücklich zwei zeitgenössische Verteidigungsschriften der religiösen Intoleranz. Und man lebt schließlich im Land der Bartholomäusnacht. Alles in allem also: Der Aufklärer hebt den Leuten nur ins Bewußtsein, in welcher Zeit sie leben, welche Maßnahmen gerade diskutiert werden, womit man eventuell rechnen muß, wenn man einmal anfängt, die Toleranz herabzusetzen.

Neben solchen bitteren Geschichten erzählt Voltaire auch heitere. Eine solche Geschichte[7] spielt in China zur Zeit des großen Kaisers Kang Xi, welcher den Jesuiten gegenüber sehr tolerant war. Christliche Missionare verschiedener Kirchen geraten untereinander in eine wilde theologische Streiterei, die ein verwunderter Mandarin zu schlichten versucht, aber ohne Erfolg. Schließlich läßt er sie indigniert alle einsperren, „bis sie sich geeinigt haben". „Also lebenslänglich?" fragt ein Untermandarin. Der Mandarin gibt nach und sagt: „Bis sie einander vergeben." „Das werden sie nie", sagt der Untermandarin, worauf der weise Mandarin das Urteil nochmals abmildert: „Also gut, bis sie so tun, als würden sie einander vergeben." So wirkt die innerchristliche Intoleranz auf Außenstehende.

Was auf den heutigen Leser wie eine üble Posse wirkt, hat ein reales historisches Vorbild, den sogenannten „Ritenstreit". Wieder hat Voltaire nichts erfunden, sondern die Realität nur zugespitzt dargestellt.

Ausgesprochen subversiv ist es, wenn die Toleranzforderung mit dem Hinweis auf die geringe Wichtigkeit der Streitfrage begründet wird. Voltaire versucht es mit dem Hinweis auf die Winzigkeit unserer Erde relativ zum Kosmos:

Ich sage, man muß alle Menschen wie Brüder ansehen. – Wie, der Türke mein Bruder, der Chinese, der Jude, der Siamese? – Ja, sicher. Denn sind wir nicht alle Kinder eines Vaters? Hat uns nicht ein Gott erschaffen?

Aber diese Völker verachten uns! Sie behandeln uns wie Götzendiener! Gut, ich will ihnen [...] ungefähr folgendes sagen:

Dieser kleine Erdball, der nur ein winziger Punkt ist, rollt durch den Weltraum wie so viele andere Himmelskörper. Wir sind in dieser Unermeßlichkeit verloren. Der Mensch mit seiner Größe von etwa 5 Fuß ist für die Schöpfung bestimmt nur eine Kleinigkeit. Eines von diesen kaum bemerkbaren Wesen sagte zu irgendwelchen Nachbarn in Arabien oder im Kaffernland: Hört mir zu, denn mich hat der Schöpfer aller dieser Welten erleuchtet. Es gibt neunhundert Millionen kleiner Ameisen wie wir auf der Erde; aber Gott liebt nur meinen Ameisenhaufen; alle anderen sind ihm von Ewigkeit her ein Greuel. Meiner allein wird glücklich sein, alle anderen ewig unglücklich.

Hier wird man mich sofort unterbrechen und fragen, was für ein Narr derart unvernünftiges Zeug geredet hat. Ich muß dann antworten: Ihr selbst.[8]

Wieder liegt kein zwingendes Argument für die Toleranz vor. Erstens ist für jeden Menschen seine eigene ewige Seligkeit wichtiger als der ganze Kosmos, und zweitens ist der Mensch ohnehin die Krone der Schöpfung, so daß der Hinweis auf die Unermeßlichkeit des Kosmos die Wichtigkeit des Menschen nur noch unterstreicht. Andererseits ist eine Auffassung, die den Menschen zum Nabel des Universums macht, nicht die einzig mögliche. Voltaire führt seinen Lesern eine andere, bescheidenere Deutung der Stellung des Menschen vor Augen. Bei dieser Deutung werden die religiösen Streitereien bedeutungslos, um nicht zu sagen lächerlich.

Zwar hat der Blick zum gestirnten Himmel noch niemals einem Fanatiker seinen Fanatismus lächerlich erscheinen lassen, aber die Summe aller aufklärerischen Attacken hat zweifellos die Basis der (religiösen) Intoleranz untergraben, das große, existenzielle Interesse an der Religion. Die Menschen sind nicht edler geworden, aber derartige Probleme erregen sie nicht mehr.

Die Toleranzpredigten haben genau jenes Ergebnis erzielt, das ihre intoleranten Gegner schon immer befürchtet haben. Katholiken und Protestanten in Deutschland leben heute friedlich nebeneinander; sie sind bestimmt nicht moralischer und weiser als ihre Vorfahren zur Zeit des Dreißigjährigen Krieges. Wieso herrscht stabiler Religionsfrieden, ohne daß dazu Toleranztraktate nötig wären? Der religiöse Frieden, den wir heute genießen, ist eine Frucht der Aufklärung. Er ist stabil, weil er ein irreligiöser Frieden ist.

Dieser stabile Zustand ist nicht durch Steigerung der Tugend zustandegekommen, sondern durch Beseitigung des Konfliktstoffes. Die Menschen sind nicht toleranter geworden, sie haben bloß das Interesse an der Religion verloren. Insofern sind Religionsstreitigkeiten ein besonderer Fall. Es scheint zuerst aussichtslos, sie aufzulösen, so schwierig sind die Streitfragen und so viel hängt von ihrer Beantwortung ab – es geht gleich um die ewige Seligkeit. Sind die Menschen aber einmal skeptisch geworden, so verlieren die alten Streitfragen jede Attraktivität. Wer wollte noch darüber streiten?

Die Lehre für andere, „modernere" Bereiche der Intoleranz sollte klar sein. Toleranzappelle sind schön, aber in vielen Fällen ziemlich wirkungslos. Konflikte nämlich, die auf realen Problemen beruhen, lassen sich nur durch Lösung der realen Probleme beseitigen. Das gilt insbesondere für alle jene Fälle von nationalistischer, rassistischer oder auch religiöser Intoleranz, die aus der wirtschaftlichen, politischen oder sozialen Benachteiligung großer Bevölkerungsgruppen entstanden sind. Stabilen Frieden erreicht man nur durch Beseitigung der Konfliktstoffe. Man sollte sich keine Illusionen machen.

Subversive Relativierung

Eine These, Ideologie, Position relativieren, heißt, sie als einen Fall unter vielen anderen, gleichgelagerten darstellen. Man zeigt beispielsweise, wieviele Religionen und Götter es schon gab und gibt und wieviele sich für alleinseligmachend halten. Die Absicht einer solchen Relativierung ist immer, der betreffenden These ihre Einzigartigkeit oder Sonderstellung zu bestreiten. Die Relativierung ist keine zwingende Argumentation gegen die Richtigkeit einer These, sie kann aber erhebliche subversive Wirkung entfalten. Die Anhänger einer Ideologie sind sich gewöhnlich gar nicht bewußt, wieviele und wie vielfältige Alternativen dazu bereits existierten und existieren. Wenn um das Jahr 380 ein zeitgenössischer Autor 146 christliche Sekten zählt, so widerlegt das nicht die Existenz der einen, einzigen, alleinseligmachenden Kirche; es macht sie aber nicht gerade besonders plausibel. Die ausführliche Schilderung wirklicher und möglicher Alternativen zu einer Ideologie liefert einen Teil der Information nach, die der Mensch nicht besaß, als er sich jener Ideologie zuwandte, und die für ihn wichtig sein könnte. Es weitet die Perspektive, wenn man den geozentrischen Standpunkt verläßt und unsere Erde als Stern unter anderen Sternen sehen lernt. Man wird zurückhaltend gegenüber Predigern, die ihren eigenen kleinen Stern als Nabel der Welt ansehen.

Die Subversion, die Unterminierung einer Doktrin wird notwendig deren intolerante Ansprüche zerstören und so als erstes zu einer toleranteren Haltung führen. Unter Umständen geht die Zersetzung der relativierten Doktrin auch noch um einiges weiter.

Ein besonders anschauliches Beispiel ist der Artikel „Fanatismus" in der *Encyclopédie* von Diderot und D'Alembert. Es geht dabei um den religiösen Fanatismus. Der Artikel schildert mit großer Ausführlichkeit ein Pantheon, in dem für jede jemals existierende Religion ein Altar errichtet ist, vor dem einer ihrer Priester seine Zeremonien zelebriert:

Man stelle sich ein gewaltiges rundes Bauwerk vor, ein Pantheon mit tausend Altären, und in der Mitte einen Gläubigen von jeder erloschenen oder existierenden Sekte zu Füßen der Gottheit, die er auf seine Weise ehrt, in allen bizarren Formen, die die Vorstellungskraft hat hervorbringen können.

Rechts haben wir einen auf einer Matte ausgestreckten Kontemplativen, der, den Nabel in die Luft gereckt, darauf wartet, daß das göttliche Licht seiner Seele zuteil werde. Links haben wir einen hingeworfenen Besessenen, der mit der Stirn auf den Boden schlägt, um alles Überflüssige aus ihr auszutreiben. Hier haben wir einen Possenreißer, der auf dem Grabe dessen tanzt, den er anruft, dort einen Büßer, unbeweglich und stumm wie die Statue, vor der er in Demut verharrt. Der Eine stellt zur Schau, was die Scham sonst verbirgt, weil Gott nicht vor seinem Ebenbild errötet. Der andere ist bis auf das Gesicht verhüllt, wie wenn sein Erzeuger vor seinem Werk Abscheu empfände.

Einer wendet den Rücken nach Süden, weil da der Wind des Dämons weht, ein Anderer streckt die Arme nach Osten aus, wo Gott sein strahlendes Angesicht zeigt. Weinende junge Mädchen martern ihr noch unschuldiges Fleisch, um den Dämon der Begehrlichkeit mit Mitteln zu besänftigen, die eher geeignet sind, ihn zu erregen. Andere bemühen sich in ganz anderer Weise um das Nahen der Gottheit: Um das Instrument seiner Männlichkeit abzustumpfen, befestigt ein junger Mann so schwere eiserne Ringe daran, wie es seinen Kräften entspricht. Ein Anderer macht der Versuchung gleich an der Quelle durch eine unmenschliche Amputation ein Ende und hängt dann den geopferten Balg am Altar auf.

Seht, wie sie aus dem Tempel herauskommen und voll des Gottes sind, der sie bewegt, und wie sie Schrecken und Illusion über die Erde verbreiten. Sie teilen sich die Welt, und bald flammt an allen vier Enden Feuer auf; die Völker hören zu, und die Könige zittern [...]

Ehe wir weitergehen, wollen wir alle falschen Anwendungen, beleidigenden Anspielungen und bösartigen Schlußfolgerungen zurückweisen, denen die Gottlosigkeit Beifall spenden und die ein zu rasch alarmierter Glaubenseifer uns vielleicht in die Schuhe schieben könnte. Sollte ein Leser so böswillig sein, den Mißbrauch der wahren Religion mit den monströsen Prinzipien des Aberglaubens zu verwechseln, so lassen wir im voraus alles Schändliche seiner verderblichen Logik auf ihn zurückfallen [...]

Es ist abscheulich zu sehen, wie die Meinung, den Himmel durch Massaker zufrieden zu stellen, nachdem sie einmal Fuß gefaßt hatte, sich in fast allen Religionen ausgebreitet und wie man die Gründe für die Opferung vervielfacht hat, damit nur ja niemand dem Messer entgehen kann. Wenn man eigensinnig auf seinen Gottheiten beharrt und geschlagen ist mit eitler Furcht, die soweit geht, daß man stirbt, um ihnen zu gefallen, wird man dann ihre Feinde milde behandeln? [...]

Aber hier ist noch ein weiteres Schauspiel der Raserei. (Verzeihe, oh Heilige Religion, wenn ich hier deine Wunden wieder öffne und die Quelle deiner ewigen Tränen!) Ganz Europa durchzieht Asien auf einem Weg, der vom Blut der Juden getränkt ist, die sich mit eigener Hand umbringen, um nicht unter dem Schwert ihrer Feinde zu fallen. Diese Epidemie entvölkert die Hälfte der bewohnten Welt; Könige, Priester, Frauen, Kinder und Greise, alles gibt dem heiligen Taumel nach, der während zweier Jahrhunderte unzählige Völker auf dem Grab eines Friedensgottes dahinmorden läßt.[9]

Ein solches Pantheon legt die Vermutung nahe, daß keine der Religionen die Wahrheit für sich gepachtet hat oder daß keine einzige Religion etwas mit Wahrheit zu tun hat. Ein Beweis gegen irgendeine der vielen Religionen ist damit nicht gegeben, insbesondere auch nicht gegen das Christentum, um das es den Aufklärern natürlich ging. Der Artikel nimmt diesen logisch korrekten Einwand vorweg, indem er beteuert, daß die Sache beim Christentum total anders liege und daß etwaige Ähnlichkeiten mit gewöhnlichen, falschen Religionen der Böswilligkeit des Lesers anzulasten wären. Dieser Hinweis unterstreicht durch seine entwaffnend offenkundige Heuchelei die subversive Tendenz des Artikels. Und bereits im nächsten Absatz wird eine spezifisch christliche Absurdität erwähnt, die Kreuzzüge, die Massaker „am Grab eines Friedensgottes."

Subversive Attacken tragen keine logische Erfolgsgarantie mit sich, sie lassen sich je nach den Umständen auch ganz anders interpretieren. In unserem Beispiel könnte ein erfahrener Theologe etwa sagen: In diesem Pantheon haben wir hundert Ausdrucksformen für dasselbe Grundbedürfnis des Menschen vor uns. Was auf so viele Weisen ausgedrückt wird, muß mehr sein als eine bloße Chimäre; je mehr Religionen es gibt, desto deutlicher wird die Realität ihres gemeinsamen Grundes. Immerhin kann man noch zurückfragen, warum die heute so verständnisvollen Kirchen früher die anderen Religionen unterdrückten und ihre Anhänger zur Hölle schickten. Vor Tisch las man es anders. Man darf sicher sein, ein gewiefter Theologe weiß auch das zu erklären.

Die Subversivität des Lachens

Kehren wir nochmals in das Pantheon der *Encyclopédie* zurück, wandern wir darin herum, bleiben wir staunend vor einem uns unbekannten Kult stehen. Wird es nicht bald geschehen, daß wir den Kopf schütteln und zu lächeln beginnen. Das also soll das Höchste, Heiligste sein, was die Menschheit zustande gebracht hat? Ist dieses Pantheon nicht ein Panoptikum? Es ist eine alte Weisheit, daß der Schritt vom Erhabenen zum Lächerlichen sehr klein ist. Der Grund dafür liegt im Wesen des Erhabenen; erhaben ist das, an das man mit ganz großem Ernst glaubt, die Prinzipien und Ideen, die Ideologie. Ein solcher Ernst verbietet jeden Zweifel und jede Kritik, jede Nachdenklichkeit.

Ideologien aller Art, besonders auch Religionen, hassen das Lachen, weil sie wissen, wie gefährlich es ist. Wer über eine Sache lacht, hat keine Angst mehr vor ihr. Deshalb wird das Lachen oder selbst das Lächeln so rigoros verfolgt und bestraft. Im Heiligtum (und wenn darin ein atheistischer Diktator einbalsamiert ist) darf nicht gelacht werden, Lachen nimmt dem Heiligtum seinen Schauder. Ideologien verlangen für sich besonderen Respekt. Folglich muß, wer trotzdem den Mund verzieht, als respektloses Subjekt, als Lästerer empfunden werden. Jede Diktatur verfolgt den politischen Witz gnadenlos; und in religiösen Dikaturen ist die Verhöhnung der Religion ein kriminelles Delikt.

Der Haß der Ideologien auf das Lachen und die Angst davor sind universelle Phänomene, die sich, wie der Fanatismus, unablässig wiederholen. Das hat schon Nietzsche konstatiert:

Und immer wieder wird von Zeit zu Zeit das menschliche Geschlecht dekretieren: „Es gibt etwas, über das absolut nicht mehr gelacht werden darf.“[10]

Die Angst vor dem Lachen ist Angst vor dem Denken. Anstatt auf Befehl die Augen zu schließen und eine Doktrin gläubig hinzunehmen, wagt der Respektlose noch einen Blick mehr, eventuell einen Blick hinter die Kulissen. Er sieht wohlbekannte, gar nicht respektable Dinge, er fühlt sich an allerlei komische Dinge erinnert. Dabei sieht er die heiligen Kühe als gewöhnliches Rindvieh. Wer einmal über eine Ideologie, ein Dogma, ein scheinbar weltbewegendes Problem von Herzen gelacht hat, wird dabei nie mehr dieselben heiligen Schauer empfinden wie zuvor.

Wer am gründlichsten töten will, der lacht. Nicht durch Zorn, sondern durch Lachen tötet man.[11]

Aber es ist klar, das befreiende Lachen, diese Vorstufe zum endgültigen Desinteresse an einer Ideologie oder Religion, kann naturgemäß nur am Ende einer langen Entwicklung stehen. Einzelne Stadien oder Epochen einer solchen kritischen Entwicklung sollen im folgenden skizziert werden.

Die Karikatur

Eine gute Karikatur ist keine Verfälschung des Materials, sondern eine Akzentuierung. Sie rückt bestimmte Eigenheiten des Karikierten ins Zentrum der Aufmerksamkeit. Aber sie erfindet nichts; sie ist polemisch, aber sie lügt nicht – und darauf beruht ihre Wirksamkeit. Der Betrachter sagt: „Tatsächlich, genau so ist es“, er sagt es erstaunt, erheitert oder auch erschrocken. Das Lachen über eine Karikatur kann sehr zwiespältig sein. Die gelungene Karikatur ist ihrem Wesen nach subversiv; sie stellt nur dar, sie zeichnet ein scharfes Bild, ohne damit den Anspruch auf ein zwingendes Argument zu erheben.

So etwa zeichnet Voltaire die religiöse Intoleranz mit ihren Verfolgungen und Scheiterhaufen. (Man beachte: Er zeichnet nicht das Bild einer weit zurückliegenden Vorzeit, sondern „Sitten", die zu seiner Zeit noch nicht ausgestorben waren):

Wie kam man eigentlich dazu, sobald man der Stärkere war, jene verbrennen zu lassen, die eine andere Ansicht vertraten?

Sie waren ohne Zweifel vor Gott Kriminelle, denn sie waren verstockt: Daher mußten sie, daran ist nicht zu zweifeln, im Jenseits für alle Ewigkeit brennen. Aber warum sollte man sie im Diesseits auf kleinem Feuer verbrennen? Sie wandten ein, daß man damit in die Gerechtigkeit Gottes eingreife; daß diese Strafe von Menschen sehr hart sei; daß sie unnütz sei, weil eine Stunde Qualen, wenn man sie zur Ewigkeit hinzufügt, nichts bedeute.

Auf diese Vorwürfe antworteten die frommen Seelen, daß nichts gerechter sei, als jeden, der eine eigene Meinung vertritt, auf glühende Kohlen zu legen; daß man mit Gott konform gehe, wenn man jene verbrennen läßt, die Er selbst verbrennen müsse; und schließlich, weil ein, zwei Stunden auf dem Scheiterhaufen im Vergleich zur Ewigkeit überhaupt nichts bedeuten, mache es kaum etwas aus, fünf, sechs Provinzen wegen eigener Ansichten, wegen Häresien, zu verbrennen.

Man fragt sich heute, bei welchen Menschenfressern solche Fragen aufgeworfen und praktisch gelöst wurden. Wir sind gezwungen zuzugeben, daß dies bei uns selbst geschehen ist, in den gleichen Städten, wo man sich für nichts als Oper, Komödie, Bälle, Mode und Liebe interessiert.[12]

Die Karikatur wirkt im wesentlichen durch die pointierte Zeichnung der Tatsachen. Ein Wort kann genügen: „Menschenfresser". Ein solches Wort ist kein Argument; aber: worin besteht eigentlich der Unterschied zwischen den Scheiterhaufen der Inquisition und den Kesseln der Menschenfresser?

Subversives Lächeln oder die sanfte Methode Epikurs

Auch in der Antike gab es Aufklärer; der prominenteste unter ihnen war Epikur. In den antiken Quellen heißt es über ihn:

Epikur erklärt, Gott sei ewig und unvergänglich, walte aber nicht als Vorsehung; überhaupt gebe es keine Vorsehung und kein Schicksal, sondern alles würde von selbst entstehen. Der Sitz der Gottheit sei in den Zwischenwelten, wie er sie nennt. Denn er nimmt einen Wohnort der Götter irgendwo außerhalb des Kosmos an, eben die Zwischenwelten. Die Gottheit würde Lust empfinden und in Ruhe leben und in der höchsten Heiterkeit und weder selbst Sorgen haben, noch anderen irgendwelche bereiten.[13]

Verständlicherweise zieht sich durch die gesamte Geschichte der Philosophie der Vorwurf gegen Epikur, er sei ein versteckter Atheist. Die zitierte Stelle legt subversiv eine solche Auffassung nahe, ohne sie explizit zu machen. So besagt ein Fragment:

Wenn Epikur als das Ziel seiner Götterlehre bezeichnet, Gott nicht zu fürchten, sondern von der Beunruhigung abzulassen, so wäre dies Ziel sicherer zu erreichen, wenn man überhaupt keinen Gott annimmt.[14]

Epikur wollte die Menschen seiner Zeit von der Götterangst befreien. Aber nach allen uns bekannten Fragmenten hat Epikur keine solche „sichere" Position vertreten – wozu auch, könnte er fragen, es kommt doch nur darauf an, daß wir uns vor den Göttern nicht zu fürchten brauchen, d. h. davor, daß letztere sich um uns kümmern. Diese Frage war ihm wesentlich, und unter diesem Aspekt bringt er etwa folgendes Argument vor:

Wenn Gott die Gebete der Menschen erfüllen würde, wären schon lange alle Menschen zugrunde gegangen, da sie andauernd viel Schlimmes gegeneinander erbitten.[15]

Nietzsche hat Epikurs Methode als (subversive) Fallunterscheidung analysiert:

Epikur, der Seelen-Beschwichtiger des späteren Altertums, hatte jene wundervolle Einsicht, die heutzutage immer noch so selten zu finden ist, daß zur Beruhigung des Gemüts die Lösung der letzten und äußersten theoretischen Fragen gar nicht nötig sei.

So genügte es ihm, solchen, welche „die Götterangst" quälte, zu sagen: „Wenn es Götter gibt, so bekümmern sie sich nicht um uns" – anstatt über die letzte Frage, ob es Götter überhaupt gebe, unfruchtbar und aus der Ferne zu disputieren.

Jene Position ist viel günstiger und mächtiger: Man gibt dem andern einige Schritte vor und macht ihn so zum Hören und Beherzigen gutwilliger. Sobald er sich aber anschickt, das Gegentheil zu beweisen – daß die Götter sich um uns bekümmern –, in welche Irrsale und Dorngebüsche muß der Arme geraten, ganz von selber [...] Zuletzt kommt jener andere zum Ekel an seiner eigenen Behauptung: Er wird kalt und geht fort mit derselben Stimmung, wie sie auch der reine Atheist hat: „Was gehen mich eigentlich die Götter an! Hole sie der Teufel!" –

In anderen Fällen, namentlich wenn eine halb physische, halb moralische Hypothese das Gemüt verdüstert hatte, widerlegte er nicht diese Hypothese, sondern gestand ein, daß es wohl so sein könne: Aber es gebe noch eine zweite Hypothese, um dieselbe Erscheinung zu erklären; vielleicht könne es sich auch noch anders verhalten. Die Mehrheit der Hypothesen genügt auch in unserer Zeit noch [...][16]

Die Mehrheit der möglichen Hypothesen beweist freilich gar nichts für oder gegen die Wahrheit einer bestimmten davon, und der Gläubige geht von dem Prinzip aus, daß er die einzig richtige, die einzig wahre Hypothese hat, daß also alle anderen Erklärungsversuche falsch sind. Epikur benützt deshalb auch nicht die vollständige Methode der Fallunterscheidung, sondern nur die erste Hälfte davon. Er zählt mögliche Alternativen auf, wobei er nicht einmal die Vollständigkeit der Aufzählung behaupten muß. Er läßt sich nicht darauf ein, einzelne der Alternativen als falsch nachzuweisen, was auch viel schwerer wäre. Sein Vorgehen ist subversiv: Er demonstriert, daß die traditionell vorgegebene Sichtweise nur eine von mehreren anderen, genausogut möglichen ist. Einige darunter bemühen metaphysische oder religiöse, schwer zu durchschauende Voraussetzungen, andere kommen ohne dergleichen aus. Der Mensch kann zwischen weit mehr Positionen auswählen, als ihm zunächst bewußt war.

Wunder über Wunder

Die Geschichte des Wunderglaubens und der theologischen Haarspaltereien darüber bietet ein großartiges Beispiel für Aufstieg und Niedergang von Ideologien. Rekapitulieren wir kurz die Versuche, den Wunderglauben argumentativ zu widerlegen.

Systematisch betrachtet, wären als erstes die Einwände mehrerer kritischer Philosophen zu erwähnen, die bereits am Begriff des Wunders viel auszusetzen haben und Wunder für überflüssig halten oder geradezu der Wesenheit eines Gottes widersprechend.[17] Also könne es keine Wunder geben. Auf diese durchaus scharfsinnigen Einwände kann der Wundergläubige jedoch entgegnen, daß ein Gott sich nicht nach den Vorstellungen der Philosophen zu richten brauche und daß sein Tun den Philosophen deshalb mitunter als irrational erscheinen müsse.

Wunderberichte sind sodann stets unter Hinweis auf die Unglaubwürdigkeit der Zeugen bestritten worden. Das ist ein beliebtes, aber nicht schlüssiges Argument *ad hominem*. Der Wundergläubige muß sich damit gar nicht ernsthaft auseinandersetzen.

Schließlich gibt es die interne Kritik an Wunderberichten, wie sie etwa von Reimarus so ernsthaft durchgeführt worden ist. Abgesehen von eventuellen Widersprüchen in den Texten, die man durch eine fehlerhafte Überlieferung leicht erklären kann, setzt die Kritik hier an den „Übergangsstellen" vom wunderbaren zum normalen Naturablauf an. Das ist eine Denksportaufgabe ohne besonderen argumentativen Wert: Das Rote Meer hat sich geteilt; gut, das ist ein Wunder. Aber dann müssen die vielen Juden wahnsinnig schnell gerannt sein, um in der genannten, sehr kurzen Zeit hindurchzukommen – so schnell kann kein Mensch rennen? – Also stimmt der Wunderbericht nicht!

Diese Art der Kritik kann man an allen biblischen Wunderberichten anbringen, und man hat es auch getan. Aber was zeigt man damit? Für den Wundergläubigen nur dies, daß Wunder wunderbar sind und daß der Ablauf eines Wunders noch erheblich wunderbarer gewesen sein muß, als es ein knapper biblischer Bericht darlegt. Alles in allem: Eine wirklich zwingende, konklusive Argumentation gegen den Wunderglauben gibt es nicht; es kann sie nicht geben, weil es sich eben um einen Glauben handelt, um ein *principium*.

Unter dem Gesichtspunkt der Subversivität sieht die Sache ziemlich anders aus. Stärker als alle diese ernsthafte, schwerfällige und doch nicht zwingende Kritik wirkt die ausführliche Darlegung und Kommentierung der Wunderberichte selbst. Schließlich kann man dabei ein Lächeln kaum unterdrücken, und das ist der Anfang vom Ende. Die Wunderberichte werden nicht mehr ernst genommen, so daß es sich erübrigt, noch nach schlüssigen Widerlegungen zu suchen.

Es ist reizvoll, neben den sehr ernsthaften Kommentar, den Reimarus zu den Wunderberichten der Bibel verfaßt (und in die Schublade gelegt) hat, die parallelen Bemerkungen Voltaires zu denselben Berichten zu legen, z. B. über die Geschichte vom Durchzug der Juden durch das Rote Meer. Voltaire unterstreicht das Wunderbare der Wunderberichte dick, wodurch deren Unglaubwürdigkeit besonders deutlich hervortritt, ohne daß der Kritiker etwas dazutun müßte. Wo Reimarus grimmig vorrechnet, daß so viele Menschen unmöglich in so kurzer Zeit das Meer durchqueren konnten, selbst wenn es ausgetrocknet gewesen wäre, gibt sich Voltaire ironisch fromm. Er legt alle

Einwände gegen den biblischen Wunderbericht „ungläubigen Kritikern“ in den Mund und verwahrt sich von Zeit zu Zeit mit penetranter Gläubigkeit dagegen, etwa indem er den ungläubigen Kritikern alle Schwierigkeiten zugesteht, um dann zu deklarieren:

Hier geht es nicht um Vernunft, Klugheit, Wahrscheinlichkeit oder physische Möglichkeit. In diesem Buch geht alles über unsere Fassung, alles ist göttlich, alles ist Wunder; und weil die Juden das Volk Gottes waren, brauchte ihnen auch nichts von dem zustoßen, was den anderen Leuten gewöhnlich passiert. Was in einer gewöhnlichen Historie absurd erscheint, ist in dieser hier bewundernswert.[18]

Und genau diese Absurdität der Geschichten zeichnet der Aufklärer Voltaire immer wieder nach. Mehr kann er kaum tun, mehr ist aber auch kaum nötig.

Jedermann kennt die Geschichte von Noah, seiner Arche und der großen, 150 Tage andauernden Sintflut.[19] Noah war damals nach biblischem Bericht 150 Jahre alt. Wenn man den Bericht genauer liest, ergeben sich, wie Voltaire liebevoll darlegt, allerhand technische Fragen:

Alles an der Geschichte von der Sintflut ist wunderbar: […] Ein Wunder, daß die Wasser fünfzehn Ellen hoch über alle höchsten Berge stiegen; ein Wunder, daß Schleusen im Himmel gewesen sind wie auch Türen und Löcher; ein Wunder, daß aus jedem Teil der Welt alle Tiere sich in die Arche verfügt haben; ein Wunder, daß Noah etwas fand, um seine Tiere sechs Monate lange zu füttern; ein Wunder, daß jedes in der Arche mit seinem Vorrat ausgekommen ist; ein Wunder, daß die meisten Tiere dort nicht starben; ein Wunder, daß sie zu fressen fanden, als sie aus der Arche herauskamen […][20]

Der Wundergläubige versucht, alle diese Fragen sehr ernsthaft zu klären; der bitter ernste, verbissene Kritiker leitet aus dem Wunderbaren der Wunder eine Widerlegung der Religion her; Voltaire dagegen zeichnet den Wunderbericht nur mit großer Liebe zum Detail nach, um seine Darlegung dann mit unverschämter Scheinheiligkeit abzuschließen:

Indessen wäre es dumm, die Geschichte von der Sintflut zu erklären, zumal dies die wunderbarste Sache ist, wovon man jemals gehört hat. Sie zählt zu jenen Rätseln, die man kraft des Glaubens nicht bezweifelt; denn der Glaube macht uns glauben, was die Vernunft nicht glauben kann – welches ein weiteres Wunder ist.

So ist die Geschichte von der großen Sintflut wie jene vom Turmbau zu Babel, von Bileams Eselin, vom Fall Jerichos durch den Schall der

Trompeten, von Wasser, das zu Blut wurde, vom Zug durch das Rote Meer und von allen jenen Wundern, die Gott seinem auserwählten Volk zuliebe getan hat: Dort gibt es Tiefen, welche der menschliche Geist nicht ausloten kann.[21]

Der Kritiker Voltaire will die biblischen Wundergeschichten ins Reich der Fabel verweisen. Aber im schlimmsten Fall kann die empirische Unwahrscheinlichkeit der biblischen Erzählungen gezeigt werden; und daß ein Wunder unwahrscheinlich ist, ist kein Wunder. Folgerichtig insistiert Voltaire niemals auf einer „Widerlegung" der Wunderberichte. Wörtlich gelesen stellt er nur Wundergeschichten dar, demonstriert das Wunderbare daran, und ruft am Ende volltönend „Wunder über Wunder!". Der Wundergläubige kann daran an sich nichts aussetzen – allerdings, so dick aufgetragen, so penetrant, hätte er es lieber nicht gehört.

Daß eine Ideologie, ein Glaubensprinzip, penetrant werden kann, ist eine bekannte Tatsache. Es gibt einen Grad an ideologischer Festigkeit (bösmeinende Kritiker sagen: Borniertheit), an frommer Gläubigkeit, der auf die Mitmenschen nur noch peinlich oder erheiternd wirkt. In der Formulierung des Ideologiekritikers Nietzsche:

In jeder Partei ist einer, der durch sein gar zu gläubiges Aussprechen der Parteigrundsätze die übrigen zum Abfall reizt.[22]

Der Aufklärer Voltaire schlüpft in die Rolle dieses allzu Gläubigen und demonstriert „blinden Fideismus". Fideismus heißt, unter Verzicht auf alle Anstrengungen der Vernunft die Lehren und Dogmen einer Religion einfach zu glauben. Den Kirchen ist das nur begrenzt sympathisch, sie legen Wert darauf, daß ein Teil ihrer Doktrin auch mittels der gewöhnlichen Vernunft eingesehen werden kann, insbesondere also nicht widervernünftig ist. Nachdem dieselben Kirchen aber auch heilige Schriften verwahren und auslegen und nachdem sie sich auf Offenbarung gründen, kommen sie an sehr wesentlichen Punkten nicht ohne den Glauben aus. Genau davon macht Voltaire Gebrauch; er schildert Probleme der Wunderberichte, mit denen der Verstand allein nicht fertig wird, um sodann den „Sprung in den Glauben" vorzuführen.

Es gibt keine konklusiven Argumente gegen Wunderberichte. Man kann auch den Kreationismus, dieses neueste Geschöpf frommer Bibelgläubigkeit, nicht durch paläontologische, genetische oder astrophysikalische Einsichten endgültig widerlegen. Aber je genauer, je konsequenter man alle diese Wundergeschichten analysiert, desto eher gelangt man zu der verwunderten Frage: *Und das soll man glauben?*

Jedermann, auch der Gläubige, gibt ja zu, daß die Welt voll ist von frei erfundenen Märchengeschichten aller Art, von Wundern, die keine sind, von Obskurantismus. Je klarer einem Menschen das bewußt gemacht wird, desto schwerer wird es sein, ihn dann von der Wahrheit gewisser Wunderberichte zu überzeugen. Was, so wird er fragen, spricht denn ausgerechnet in diesem Fall für die Wahrheit der Wundergeschichte?

Nirgendwo im Verlauf der Geschichte des Wunderglaubens ist das eine, endgültige, zwingende Argument gegen das Vorkommen von Wundern zu finden. Es gibt kein solches Argument. Die eine Seite glaubte an Wunder, die andere nicht, womit das logische Ende der Diskussion erreicht war. Trotzdem ist den Leuten der Wunderglaube im Lauf der Zeit sehr gründlich abhanden gekommen. Außer ein paar Theologen, die schließlich davon leben, befaßt sich niemand mehr mit dem Wunder. Am Ende steht das Desinteresse des Publikums, so daß man inzwischen die alten Wundergeschichten nur unter großer Mühe in den Bibliotheken ausgraben kann. Die Wunder sind aus dem Denken der Menschen so verschwunden, wie die Namen der Heiligen für jeden Tag aus den Kalendern verschwunden sind – welcher Hahn sollte noch danach krähen? Die Angriffe der Aufklärer haben also doch gewirkt, wenn nicht logisch zwingend, so doch subversiv.

Der Aufklärer sollte indessen nicht zu früh aufhören, die alten Geschichten wieder aufzuwärmen. Die Menschen sollen hören, was zu ihrer Religion alles dazugehört. Aus diesem Grund hat Voltaire in sein *Philosophisches Wörterbuch* eine ganze Menge seltsamer Heiligengeschichten aufgenommen. Als Beispiel mag genügen, was Voltaire (korrekt) aus der Vita des heiligen Dionysius Areopagita berichtet:

Man sah in ihm lange Zeit den ersten Bischof von Paris. Harduinus, einer seiner Biographen, fügt hinzu, man habe ihn in Paris den Raubtieren vorgeworfen; als er aber das Zeichen des Kreuzes machte, warfen sich die Bestien ihm zu Füßen. Die heidnischen Pariser warfen ihn in einen heißen Ofen, aus dem er frisch und völlig wohlauf herauskam. Man kreuzigte ihn, und als er gekreuzigt war, begann er vom Kreuz herab zu predigen. Man warf ihn mit seinen Gefährten Rusticus und Eleutherius ins Gefängnis; dort las er die Messe. Der heilige Rusticus diente als Diakon, und Eleutherius als Subdiakon. Schließlich führte man die Drei zum Montmartre und hieb ihnen die Köpfe ab[23]*, wonach sie nicht mehr die Messe lasen.*

Nach Harduin geschah aber ein noch größeres Wunder. Der Körper des heiligen Dionysius erhob sich und nahm seinen Kopf in die Hände.

Die Engel begleiteten ihn und sangen Gloria tibi, Domine, Halleluja. Er trug seinen Kopf bis zu jenem Platz, wo man ihm eine Kirche errichtete; das ist die berühmte Kirche Saint Denis...[24]

Die ganze Dionysius-Legende galt schon zu Voltaires Zeit als gefälscht. Aber Voltaire zeigt sich davon überhaupt nicht beeindruckt, sondern gibt sich fromm:

Weit entfernt davon, der christlichen Religion zu schaden, dient diese wunderbare Anzahl von Lügen im Gegenteil nur dazu, ihre Göttlichkeit zu beweisen, die sich doch trotz jener von Tag zu Tag bestätigt.[25]

Gerade weil er sich immer wieder wundergläubiger als andere Wundergläubige gibt, kann Voltaire dann gelegentlich zu einem scharfen Hieb ausholen. So berichtet er ausführlich von zwei historisch ausgezeichnet belegten, unverschämten Betrügereien mit angeblichen Visionen; die eine war 1509 von Dominikanern veranstaltet worden, die andere 1534 von Franziskanern. Er gibt die genauen Daten und Quellen dazu an. Und er schließt:

Nach solchen Visionen ist es unnötig, von weiteren zu berichten. Sie sind alle entweder Gaunereien oder Verrücktheiten. Die Visionen der ersten Art gehören in den Bereich der Justiz, die der zweiten Art sind entweder Visionen von kranken Narren oder Visionen von Narren in bester Gesundheit. Die ersteren gehören in die Medizin, die letzteren ins Narrenhaus.[26]

Hat der Aufklärer damit etwas bewiesen? Nein, hier ist nichts zu beweisen, jede Geschichte muß für sich beurteilt werden. Tausend erlogene Wunder beweisen logisch nichts gegen die Möglichkeit echter Wunder. Aber wen interessiert das noch...?

Perspektivenwechsel und Verfremdung

Eines der subversiven Verfahren, um die in einer Ideologie fixierten Menschen aus ihrem abgeschlossenen Zirkel herauszuführen, ist die Verfremdung. Man stellt ihnen diese Ideologie in einem neuen, ungewohnten Licht dar. Die Anhänger einer Ideologie haben in der Regel ihren kritischen Verstand durchaus behalten, sie legen ihn bloß ab, sobald sie ihr heiliges Gebiet betreten. Durch die Arbeit des Aufklärers sollen sie nun ihre Ideologie von außen, mit den Augen eines Zuschauers, der nicht in ihrer Ideologie aufgewachsen ist, betrachten lernen. Das könnte bewirken, daß sie ihren gewöhnlichen, kritischen Verstand auch auf dem bisher geheiligten Gebiet wieder benützen.

Das ist ein in der Literatur gut bekanntes Verfahren. Ein berühmtes Beispiel dafür sind die *Persischen Briefe* von Montesquieu. Es ist ein Briefroman, in dem ein nach Frankreich gekommener Perser in Briefen nach Persien seine Eindrücke und Erlebnisse im zeitgenössischen Frankreich schildert. Die französische Kultur, Politik, Religion, Wissenschaft und Moralität lassen sich damit aus einer gebildeten, aber exotischen Sicht darstellen. Die *Persischen Briefe* waren seinerzeit sehr beliebt und wurden nie von der Zensur angegriffen, weil die darin versteckte Kritik insgesamt milde und die Ironie nicht zu bissig ist.

Eine verwandtes Verfahren ist die Einführung eines „Beobachters vom fremden Stern“. Dieser Fremde schildert unsere irdischen Verhältnisse korrekt, aber mit seiner eigenen, scheinbar naiven Terminologie. Er ist nicht durch unsere Traditionen und Tabus vorgeprägt, wenn er beschreibt, was er bei uns sieht. Voltaire benützt diese Methode in der Erzählung *Micromégas*.[27]

Micromégas ist ein riesiges Wesen aus der Siriuswelt, das durch das All zur Erde reist und sich hier über die winzigen, kaum wahrzunehmenden Wesen wundert. Er untersucht, ob diesen Winzlingen Verstand, Willensfreiheit und Seele zukomme. Er wundert sich, wie viel die Winzlinge über den Kosmos wissen und über Geometrie und Physik. Er meint, wer solcher Erkenntnis fähig sei, müsse sehr glücklich leben; die Menschen aber berichten ihm von ihren Kriegen. Micromégas hört sich staunend auch ihre verschiedenen Philosophien über die Seele und ähnliches an.

Die kritische Distanz zu einer Ideologie wird durch Übertragung in einen anderen Kontext erreicht; bei der Übertragung müssen die relevanten Charakteristika der betreffenden Ideologie erhalten bleiben. Der biedere Schriftsteller wird es nicht versäumen, auch explizit die Nutzanwendung, die „Moral“, einer solchen Verfremdung deutlich zu machen und damit in die logische Falle zu tappen. Die subversive Wirkung der Verfremdung beruht aber nicht zuletzt darauf, daß man auf die Darstellung der intendierten Moral verzichtet oder gar daß man diese Moral mit scheinheiligem Augenaufschlag entschieden abstreitet. Logisch gesehen ist dieses Abstreiten ja auch immer möglich, denn Analogien, Parallelen und Substitutionen beweisen per se gar nichts.

Es ist lehrreich, dieselbe Methode einmal außerhalb und dann innerhalb der geheiligten Religion oder Ideologie des eigenen Kulturkreises anzuwenden. Logisch gesehen besteht kein Unterschied, und trotzdem wird die Reaktion sehr verschieden sein.

Was würden wir zu einer Religion sagen, die als unerläßliche Bedingung von ihren Anhängerinnen verlangt, die Unterlippen gewaltsam so zu vergrößern, daß Untertassen hineinpassen? Oder von den Männern, sich das linke Ohr abzuschneiden? Oder sich dem Heiligtum nur zu nähern mit einem Holzpflock in der Nase? Man könnte vieles dazu sagen, aber man könnte solche Dinge nicht wirklich ernst nehmen. Würde es uns einfallen, in ein ernsthaftes Streitgespräch über den Zusammenhang zwischen Religion, d. h. der Beziehung des Menschen zur Gottheit, und dem linken Ohrläppchen einzutreten? – Aber stellen sich nicht christliche (aber nicht nur christliche!) Dogmen und Riten für den Außenstehenden genauso seltsam dar?

Voltaire gibt z. B. in seinem Wörterbuchartikel „Glaube" zu einer besonders frommen Definition als erstes ein paar exotische Beispiele. Er schildert ein paar fremde Glaubenssätze aus einer für den Europäer naheliegenden Außenperspektive, unter der sie nicht gerade als tiefe Weisheiten erscheinen. Weil es sich um fremde, exotische Fälle handelt, kann er sich zuletzt sogar en passant einen kleinen Seitenhieb erlauben:

Der Glaube besteht nicht darin, daß man glaubt, was dem Verstand richtig erscheint, sondern darin, daß man glaubt, was ihm falsch erscheint. Wenn die Asiaten an die Reise Mohammeds nach den sieben Planeten, an die Verkörperungen des Gottes Fo, des Wischnu, des Xaca, des Brahma, des Sammonocodom usw. glauben, dann ist das echter Glaube. Sie hören nicht auf ihren Verstand und schrecken vor jeder Kritik zurück, sie wollen nicht gepfählt oder verbrannt werden, sie sagen: Ich glaube.

Damit auch noch der langsamste Leser bei solchen Beispielen an das Christentum denkt, bestreitet Voltaire nachdrücklich jede Ähnlichkeit. Er erreicht damit das Maximum dessen, was der Kritiker auf logisch saubere Weise hier erreichen kann: Er stößt Assoziationen an, er provoziert das Denken:

Es liegt uns völlig fern, hier auf den katholischen Glauben anspielen zu wollen; denn diesen verehren wir nicht nur, sondern bekennen uns zu ihm. Wir sprechen hier nur von dem falschen Glauben der anderen Völker der Welt.

Sogleich bringt er danach wieder eine unglaubliche Geschichte über abergläubischen Betrug in Indien und fährt fort:

Bei den Christen ist die Sache anders. Ihr Glaube an Dinge, die sie nicht verstehen, beruht auf dem, was sie verstehen; sie können beurteilen, was glaubwürdig ist [. . .] So ist der christliche Glaube, vor allem der römische, d. h. der Glaube par excellence. Der Lutherische Glaube, der Calvinische, der Anglikanische sind schlechte Glauben.[28]

Das Verfahren wirkt schockierend, wenn es auf die eigene, heilige Religion angewendet wird. Manchmal genügt eine bloße Umbenennung, durch die derselbe Sachverhalt statt in sakraler Terminologie in trivialer benannt wird. Das ist der subversive Sinn etwa des Ausdrucks *ein Gott aus Teig*. Dieser eine Ausdruck wird entweder als ganz normal empfunden oder aber als Blasphemie, je nachdem, ob der Ausdruck auf irgendeinen heidnischen Urwaldkult angewendet wird oder auf das Christentum. Niemals wird Voltaire sagen, daß beide Fälle gleich liegen; solche (ohnehin nicht zwingenden) Argumente legt er allenfalls einem polemischen Gegner des Christentums in den Mund, mit dem er sich nicht identifiziert. Voltaire läßt also einen rabiaten Gegner des Christentums die folgende Rede an einen Geistlichen richten:

Getraut ihr euch, euren Götzendienst zu leugnen, ihr, die ihr in tausend Kirchen der Milch der Jungfrau, der Vorhaut und dem Nabel ihres Sohnes einen Heiligenkult darbringt ...? Ihr schließlich, die ihr in Form eines götzendienerischen Kults ein Stück Teig anbetet, das ihr aus Furcht vor den Mäusen in einer Schachtel einschließt? Eure römischen Katholiken haben ihre katholische Extravaganz so weit getrieben, daß sie sagen, sie verwandelten dieses Stück Teig in Gott ... Muß man nicht zum Tier geworden sein, um sich einzubilden, daß man Weißbrot und Rotwein in Gott verwandelt?[29]

Und der Redner zeigt sich dann noch verwundert darüber, wie der Priester, nachdem er sich nach links und rechts, vorne und hinten verneigt und verbiegt, seinen Gott aufißt und trinkt. Stünde nur der letzte Satz da, so hätte man eine simple Negation eines Wunders, also eine externe Totalkritik. Die Passage gewinnt ihre Subversivität durch die vorbereitenden Hinweise auf heidnische (und daher lächerliche) Götzendienste und auf Reliquien, die man zu Voltaires Zeiten wohl schon als recht peinlich empfand. (Er hat diese Reliquien nicht erfunden; sie sind mit Sicherheit auch heute noch in irgendwelchen Reliquienschätzen aufbewahrt.) Von außen gesehen scheint es keinen Unterschied zwischen heidnischen Fetischen und christlichen Reliquien zu geben – dies, aber auch nicht mehr, trägt Voltaire vor. Im übrigen überläßt er den Leser seinen eigenen Gedanken. Rabiate Attacken reitet er nicht selbst; allenfalls berichtet er sie als Ansichten Dritter. Das genügt jedoch, um als Denkanstoß zu wirken.

Substitutionen *salva absurditate*

Noch einmal wollen wir uns mit der Technik der Substitution befassen. Diesmal geht es um Substitutionen, durch die die attackierte Position in Parallele zu weniger erhabenen Positionen mit analoger logischer Struktur gesetzt wird. Man könnte sie Substitutionen *salva absurditate* nennen, Veränderungen, bei denen die Absurdität erhalten bleibt. Nehmen wir etwa das fromme Prinzip *credo quia absurdum est, ich glaube, weil es absurd ist.* In einem Artikel über spezifisch theologische Argumentationsfiguren schreibt Voltaire zu diesem Prinzip:

Der heilige Augustinus spricht auf sparsame Art, wenn er sagt: „Ich glaube, weil es absurd ist; ich glaube, weil es unmöglich ist." Solche Worte, die in jeder weltlichen Angelegenheit extravagant wären, sind in der Theologie überaus ehrenwert. Sie bedeuten: Was für sterbliche Augen absurd und unmöglich ist, ist es keineswegs in Gottes Augen; Gott hat mir diese angeblichen Absurditäten, diese scheinbaren Unmöglichkeiten geoffenbart, also muß ich sie glauben.

Ein Advokat dürfte vor Gericht nicht so reden. Man würde einen Zeugen ins Narrenhaus sperren, der sagen wollte: Ich bestätige, daß ein Angeklagter, während er in Martinique in der Wiege lag, in Paris einen Menschen ermordet hat; und ich bin dieses Mordes umso gewisser, je mehr er absurd ist. Aber die Offenbarung, die Wunder, der Glaube, der auf glaubwürdigen Gründen beruht, das gehört zu einer völlig anderen Seinsordnung.[30]

Voltaire attackiert den Anspruch auf Sonderstellung der frommen Argumentationen nicht, sondern illustriert ihn bloß, macht ihn bewußt, zeigt seine trivialen Parallelen quasi kommentarlos. Voltaire sagt nicht: Wie würde die Welt aussehen, wenn jedermann so argumentieren wollte, folglich darf niemand so argumentieren. Voltaire demonstriert nur ad oculos. Wer dann noch immer nicht sehen will, dem ist nicht zu helfen.

Ein Theologe wird entgegnen, daß man menschliche Maßstäbe nicht an religiöse Dinge anlegen darf. Was tut daraufhin Voltaire? Er unterstreicht genau dieses Gegenargument des Theologen, indem er gleich eine kleine Beispielsammlung dafür anlegt und mit unübersehbar scheinheiligem Augenaufschlag auf die prinzipielle Verschiedenheit irdischer und frommer Argumentation verweist,[31] so daß der Theologe sich bei seiner eigenen Argumentationsfigur ziemlich unbehaglich fühlen muß.

Menschlich-allzumenschliche Analogien zu Götterdingen

Eine besonders perfide Methode ist es, transzendente Idealvorstellungen, Dogmen und Götter in die irdische Sphäre zurückzuholen und damit zu banalisieren. Es ergibt sich dabei, daß die heiligen Geschichten absurd oder abstrus werden, wenn man sie in gewöhnliche menschliche Verhältnisse übersetzt und mit gewöhnlichen, rationalen oder moralischen Maßstäben mißt. Die Anhänger der so karikierten Doktrin werden dagegenhalten, daß man den Sinn transzendenter Lehren verfehle, wenn man sie mit irdischen Augen betrachte und irdische Maßstäbe an sie anlege. Aber trotz solcher Beteuerungen bleibt ein Stachel zurück.

Nietzsche gibt zu göttlichen Dingen mehrfach irdische Analogien. So vermenschlicht er die Lehre von der Verdienstlichkeit des Glaubens. Was kann Gott eigentlich daran liegen, daß man ihm glaubt? Warum legt er so großen Wert darauf, daß man ihm alles ohne Beweise glaubt? Darauf läßt Nietzsche einen alten Nachtwächter (der „alte Sachen aufweckt, die schon lange eingeschlafen sind") antworten:

Beweisen? Als ob der je etwas bewiesen hätte! Beweisen fällt ihm schwer; er hält große Stücke darauf, daß man ihm glaubt. Ja! Ja! Der Glaube macht ihn selig, der Glaube an ihn. Das ist so die Art alter Leute! So geht's uns auch![32]

Psychologisch geschickt ist Nietzsches neuartige Deutung der biblischen Geschichte vom Sündenfall, d. h. vom Pflücken der Frucht vom Baum der Erkenntnis. In Rückübertragung des heiligen Textes auf irdische Machtverhältnisse tritt an Stelle des biblischen Gottes ein alter, listiger Priester auf:

Hat man eigentlich die berühmte Geschichte verstanden, die am Anfang der Bibel steht – von der Höllenangst Gottes vor der Wissenschaft? ... Man hat sie nicht verstanden. Dies Priester-Buch par excellence beginnt, wie billig, mit der großen inneren Schwierigkeit des Priesters: Er hat nur Eine große Gefahr, folglich hat „Gott" nur eine große Gefahr. –

Der alte Gott, ganz „Geist", ganz Hoherpriester, ganz Vollkommenheit, lustwandelt in seinem Garten: nur daß er sich langweilt. Gegen die Langeweile kämpfen Götter selbst vergebens. Was tut er? Er erfindet den Menschen – der Mensch ist unterhaltend... Aber siehe da, auch der Mensch langweilt sich.

Das Erbarmen Gottes mit der einzigen Not, die alle Paradiese an sich haben, kennt keine Grenzen: Er schuf alsbald noch andre Tiere.

Erster Fehlgriff Gottes, der Mensch fand die Tiere nicht unterhaltend, [...] – Folglich schuf Gott das Weib. Und in der Tat, mit der Langeweile hatte es nun ein Ende, – aber auch mit anderem noch! Das Weib war der zweite Fehlgriff Gottes. – [...] „Vom Weib kommt jedes Unheil in der Welt“ – das weiß ebenfalls jeder Priester. „Folglich kommt von ihm auch die Wissenschaft“ [...]

Die Wissenschaft macht gottgleich, – es ist mit Priestern und Göttern zu Ende, wenn der Mensch wissenschaftlich wird! [...] Die Wissenschaft ist die erste Sünde, der Keim aller Sünde, die Erbsünde. Dies allein ist Moral. – „Du sollst nicht erkennen“: – der Rest folgt daraus [...]

Wie wehrt man sich gegen die Wissenschaft? [...] Antwort: fort mit dem Menschen aus dem Paradiese! Das Glück, der Müßiggang bringt auf Gedanken – alle Gedanken sind schlechte Gedanken... Der Mensch soll nicht denken. – Und der „Priester an sich“ erfindet die Not, den Tod [...] Die Not erlaubt dem Menschen nicht, zu denken... Und trotzdem! Entsetzlich! Das Werk der Erkenntnis türmt sich auf, himmelstürmend, götterandämmernd, – was tun! – Der alte Gott erfindet den Krieg, er trennt die Völker, er macht, daß die Menschen sich gegenseitig vernichten [...] –

Unglaublich! Die Erkenntnis, die Emanzipation vom Priester nimmt selbst trotz Kriegen zu. – Und ein letzter Entschluß kommt dem alten Gott: „Der Mensch ward wissenschaftlich, – es hilft nichts, man muß ihn ersäufen!“[33]

Eine andere Trivialisierung Nietzsches betrifft die sogenannte „Theologie der Züchtigung“. Hier wird das Leid als wohlgemeinte Züchtigung durch Gott gedeutet, mit der ein heilsamer, dem Menschen in seiner Beschränktheit aber nicht ganz begreiflicher, Endzweck verbunden ist. Im 12. Kapitel des Hebräerbriefes, das sich mit Züchtigung des Menschen durch die Gottheit befaßt, steht der berühmte Satz: *Denn welchen der Herr liebhat, den züchtigt er; und er stäupt einen jeglichen Sohn, den er aufnimmt.*[34]

Nun läßt sich an sich kein schlüssiges Argument dagegen vorbringen, wenn Menschen an eine liebevoll züchtigende Gottheit glauben wollen. Doch gibt dies Nietzsche Anlaß zu folgender Bemerkung:

Es ist etwas Orientalisches und etwas Weibliches im Christentum: Das verrät sich in dem Gedanken „Wen Gott liebhat, den züchtigt er“; denn die Frauen im Orient betrachten Züchtigungen [...] als ein Zeichen der Liebe ihres Mannes und beschweren sich, wenn diese Zeichen ausbleiben.[35]

Der subversive Kritiker kann und muß es dem Leser überlassen, die Konsequenzen daraus zu entwickeln, daß die irdische Züchtigungsparallele sich als anrüchig erweist. Denn rein logisch ist eine solche Parallele ohne Belang. Der Kritiker zeichnet die Parallele nur und kann dann amüsiert zusehen, wenn seine theologischen Gegner sich über ihn aufzuregen beginnen.

Ein Strukturmodell des „Freidenkers" Collins

Der englische „Freidenker" Anthony Collins fingiert 1713 ein Modell einer Dogmatik, das in Analogie zu (nicht näher spezifizierten) Glaubenssätzen konstruiert ist. Um die Absurdität einer Beschränkung des *freien Denkens* deutlich zu machen, wählt er als Parallele das *freie Sehen.* Angenommen, irgendwer meint, für den Frieden in der Gesellschaft sei es nötig, daß alle Menschen über bestimmte Gesichtswahrnehmungen denselben Glauben hätten. Dazu weist er auf die Gefahr von Sinnestäuschungen hin. Es werden also Glaubenssätze aufgestellt und Ausleger von Gesichtseindrücken institutionalisiert. Etwa mag folgendes Dogmensystem etabliert werden:

– *Eine Kugel kann durch einen Tisch dringen.*
– *Aus einer Kugel lassen sich zwei machen.*
– *Ein Stein kann unsichtbar gemacht werden.*
– *Ein Faden läßt sich zu Stücken verbrennen und aus der Asche wieder ganz machen.*
– *Ein Gesicht kann hundert oder tausend Gesichter sein.*

Und nun würde man die Menschen zur Anerkennung dieser Dogmen verpflichten; die berufsmäßigen Ausleger von Glaubenssätzen aber werden sagen, daß diese Dogmen die Gesichtswahrnehmung übersteigen, ihr aber nicht widersprechen. Skeptiker würde man dem Haß der Menge preisgeben und sagen, sie stünden mit dem Teufel im Bunde.[36]

Das mag lächerlich erscheinen. Aber Religionen sind voll von derartigen Denkfiguren. Was spricht eigentlich dagegen, daß Collins mit seinem Modell das Wesen von Dogmensystemen recht gut erfaßt hat?

Bagatellisieren

„Bagatelle" ist keine logische Kategorie und logisch nicht zu rekonstruieren; im praktischen Leben ist diese Kategorie aber sehr bedeutsam. Das Bagatellisieren einer Streitfrage ist der Versuch, das Vertrauen des Fanatikers, der sich darüber ereifert hat, zu unterminieren. Nun gibt es aber kein objektives Maß dafür, was wichtig und was eine Bagatelle ist – wie könnte man jemanden davon überzeugen, daß er über Bagatellen zu streiten im Begriffe ist? Man kann es nur subversiv. Man bringt möglichst oft und deutlich zum Ausdruck, daß andere Leute, die Mehrheit der Menschen, die Streitfrage uninteressant, nebensächlich oder lächerlich finden. Den Fanatiker wird man damit nicht überlisten, aber man kann vielleicht verhindern, daß er weiterhin Anhänger gewinnt und seine Mitwelt mit Streit überzieht.

Für den außenstehenden Betrachter bietet die frühe Kirchengeschichte ein unbegreifliches Bild. Um welche theologischen Haarspaltereien, um was für völlig unverständliche dogmatische Formulierungen wurde da mit welcher Erbitterung gekämpft, wieviele gegenseitige Verketzerungen und Verfolgungen hat es da gegeben. In dem Streit zwischen Trinitariern und Arianern ging es zum Beispiel um Fragen wie die, ob drei Götter in einem Gott vereint seien; ob Gott Sohn von Gott Vater gezeugt oder geschaffen wurde oder ob der Sohn schon immer zugleich mit dem Vater existierte. Derlei Fragen führten zu endlosem Streit und Blutvergießen. Deshalb hatte Kaiser Konstantin („der Große") anno 325 das Konzil von Nicäa einberufen. Der Einladungsbrief des Kaisers sagt, die Kontroverse sei derart unbedeutend, daß sie keine große Auseinandersetzung rechtfertige, sie sei nicht besonders wichtig, wenig nützlich, keineswegs unvermeidlich, und sie würde bloß den Verstand frommer Menschen verwirren.[37] (Man mußte damals schon ein Kaiser sein, um sich ein solches Urteil zu erlauben.)

Man könnte das Bagatellisieren als eine Variante der internen Kritik ansehen. Die Streitfrage wird nicht gleich verworfen, nicht zerpflückt, sie wird bloß beiseite geschoben. Aber in einem logisch geschlossenen System sind alle Sätze gleich wichtig, wenn einer nicht stimmt, stimmt eventuell gar nichts mehr. Der Tendenz nach ist Bagatellisierung subversiv: Wenn man erst einmal anfängt, gewisse Glaubenssätze als nicht so wichtig anzusehen, wo gibt es dann noch eine Grenze der Verbindlichkeit?

Die Kategorien „wesentlich" bzw. „nebensächlich" sind nicht logischer Art, sondern subjektive Bewertungen. Wenn wir also eine Kontroverse zur Bagatelle erklären, so bedeutet das für die Kontrahenten gar nichts. Aber die Umstehenden werden sich vielleicht sagen: Dieser subtile, erbitterte Streit scheint doch tatsächlich eine Menge von Leuten überhaupt nicht zu interessieren; warum sollte er eigentlich uns interessieren?

Etwas absichtlich mit schlechten Gründen verteidigen

Wir schließen die Darstellung subversiver Verfahren mit einer seinerzeit von Nietzsche skizzierten Methode:

Die perfideste Art, einer Sache zu schaden, ist, sie absichtlich mit fehlerhaften Gründen zu verteidigen.[38]

„Fehlerhafte Gründe" sind Argumente, die der Hörer als unzulässig oder ungehörig empfindet, womöglich geradezu als Parodie, obwohl er das Resultat der Argumentation für wahr hält. An dieser Stelle lassen wir Voltaire ein letztes Mal als Retter der Religion auftreten. Was er vorbringt, ist das altbekannte Argument, daß die Religion aus politischen Gründen unentbehrlich sei und daß irgendeine Religion immer noch besser sei als gar keine:

Die Schwachheit und Verkehrtheit der Menschen ist so groß, daß es bestimmt besser für uns ist, allen möglichen Aberglauben zu pflegen, wenn er nur nicht blutrünstig ist, als ohne Religion zu leben.[39]

Es gibt so viel Aberglauben, und die Grenze zwischen Religion und Aberglauben beginnt zu verschwimmen. Und so vieles an den Lehren der Religionen ist nicht verständlich. Macht nichts, kommentiert Voltaire, immer noch besser als gar keine Religion, *denn*... und es folgt eine ebenso vielzitierte wie armselige Begründung:

man soll eine Anschauung nicht ins Wanken bringen, die der Menschheit so dienlich ist... Ich möchte, daß mein Schneider, meine Diener, selbst meine Frau an Gott glauben; ich bilde mir ein, daß dann weniger gestohlen und weniger die Ehe gebrochen wird.[40]

Die Frage nach der Wahrheit der Religion wird durch eine solche Begründung vollständig in den Hintergrund gedrängt – wenn *alles* daran Aberglauben wäre, *diese* Begründung müßte nicht geändert werden. Das provoziert die Frage nach einer besseren Begründung. Aber womöglich findet sich keine bessere.

10. Epilog

Die Mauern von Jericho

Am Ende unserer langen Ausführungen über das Argumentieren, speziell in seiner subversiven Gestalt, läßt sich jenes merkwürdige Phänomen verstehen, für das wir zunächst keine logische Erklärung geben konnten. Wir haben es meist anhand des Paradigmas der Religion studiert, und wir wollen dieses Paradigma ein letztes Mal zusammenfassend bemühen.

Nehmen wir also nochmals alle die Angriffe auf die Religion, die sogenannte Religionskritik, und ihre Wirkungslosigkeit oder Wirksamkeit. (Ist es jetzt noch nötig, darauf hinzuweisen, daß mutatis mutandis alles, was gegen Religionen vorgebracht worden ist, sich auch gegen nicht-religiöse Ideologien vorbringen ließe und auch vorgebracht worden ist?)

Eine altgediente Religion hat im Verlauf ihrer Geschichte so viel Kritik erfahren und ertragen, daß alle überhaupt denkbaren Argumentationsfiguren mit Sicherheit schon mehrfach benützt worden sind. Das gilt besonders für das Christentum; es gibt eine reichhaltige Palette antichristlicher Argumente – für den Kenner ist hier wahrlich nichts Neues mehr zu erwarten. Und doch hat scheinbar keines davon eine nachhaltige Erschütterung dieser Religion bewirkt, keines liefert die eine, endgültige, zwingende Widerlegung, von der Atheisten oder Anhänger einer anderen Religion geträumt haben mögen.

Wie kommt es, daß eine Religion, die sich durch Jahrhunderte mit einer Fülle schwerster Kritik konfrontiert sehen mußte, nicht unter der Last der Angriffe zusammengebrochen ist? Vom logischen Gesichtspunkt aus ist die Unempfindlichkeit einer Ideologie gegen Kritik nicht erstaunlich. So, wie es keine konklusiven Argumente dafür gibt, gibt es eben auch keine dagegen. Wie die Argumente gegen die Wahrheit der Religion auch lauten mögen, ein routinierter Theologe weiß auf alles eine Antwort: Dies folgt aus der Struktur einer Religion, jeder Religion. Es gibt für das Argumentieren logisch keine Beschränkungen und Grenzen mehr, sobald Unfaßbares, Unverständliches, Widersprüchliches oder einfach der Glaube als Elemente der Argumentation zugelassen werden, wenn man sich von der Erfahrung abgekoppelt hat, wenn Texte je nach Bedarf wörtlich oder allegorisch, symbolisch oder auf welche Weise sonst noch interpretiert werden dürfen etc.

Das Ergebnis der Religionskritik

Die Zusammenstellung antichristlicher oder antireligiöser Argumente gehört längst zur Routine der „modernen" Theologen. Wir wollen nur einen kurzen Blick darauf werfen, um ein letztes Mal einzusehen, daß solche Argumente logisch nie konklusiv sein können. Sehen wir uns also einige Typen solcher Argumente an.[1]

– Kritische Analysen der Argumente („Beweise") für die Existenz Gottes bzw. der Götter sollen die Unhaltbarkeit der Religion beweisen. Solche Analysen werden in allen Fällen erfolgreich sein, d. h. die Unhaltbarkeit angeblicher Gottesbeweise nachweisen; aber das ist auch alles. Umso verdienstvoller, wird der Theologe sagen, ist der Glaube. Es muß doch, sagen die Theologen, überm Himmelszelt einen Schöpfer und Erhalter der Welten geben! Nein, sagen die Kritiker, es muß nicht. Doch, sagen die Gläubigen, etc.

– Jede Religion kann mit der Frage konfrontiert werden, woher das viele Übel in der Welt stammt und in welcher Relation es zu Allmacht, Allwissenheit und Allgüte der Gottheit steht. Die Frage ist prinzipiell nicht befriedigend zu beantworten. Es ist eine logisch peinliche Frage, aber wenn nicht anders, so kann man sich ihr mit dem Hinweis auf die Unergründbarkeit und Unfaßbarkeit der Gottheit entziehen, etc.

– Vom logischen Standpunkt aus das unangenehmste Argument gegen Religionen ist die Frage nach dem Sinn der zentralen Termini („Gott", „Teufel", „Sünde" und so fort): Versteht irgend jemand, was mit diesen Ausdrücken gemeint ist, was die Dogmen eigentlich bedeuten? Man kann doch nur an etwas glauben, dessen Sinn man versteht; man kann doch nicht an Unverständliches glauben? Darauf wird der Theologe sagen, bei göttlichen Dingen dürfe man nicht mit denselben trivialen Kriterien für Sinn oder Unsinn, Verstehbarkeit oder Unverständlichkeit daherkommen. Daß jemand die Wahrheit nicht verstehe, sei kein Argument gegen die Wahrheit, sondern beweise die Beschränktheit der Verstandeskräfte. Es sei ein Zeichen von Dummheit, das, was man nicht begreife, für falsch oder nicht-existent zu halten. Die kritischen Philosophen setzen Kriterien fest, nach denen zwischen sinnvollen und sinnlosen Sätzen unterschieden werden kann; und die Theologen sagen, daß solche Kriterien selbst nicht rational seien und willkürlich den Bereich des Religiösen ausgrenzten. Beweise mir, daß das Wort „Gott" sinnvoll ist, wendet der Kritiker ein; beweise du mir, daß es nicht sinnvoll ist, kontert der Theologe, etc.

– Historisch-genetische Überlegungen sollen die Religion widerlegen: Wie und aus welchen Bedürfnissen ist der Götterglauben entstanden, wozu diente er, wem war er von Nutzen, was erklärt er, was kaschiert er? Solche Fragen sind in der Regel nur höchst hypothetisch zu beantworten, aber selbst wenn präzise Antworten möglich wären, wären sie logisch belanglos: Die Frage nach der Wahrheit, nach der Geltung einer Religion hängt logisch nicht mit den Umständen ihrer Entstehung zusammen. Dasselbe gilt für den Fall, daß Mönche, Priester und Kirchen das Volk unterdrücken und ausbeuten, etc.

– Der Anthropomorphismus der Religionen: Ihr Gott bzw. ihre Götter sind bloß übersteigerte Menschen, mit menschlichen Regungen, Vorlieben und Schwächen, mithin lächerlich. Was ist das für ein Gott, der beim Abendwind im Garten spazierengeht,[2] rachsüchtig ist, einen Sohn hat und Verehrung verlangt. Hier wird der Theologe entgegnen, daß man solche Darstellungen nicht wörtlich lesen dürfe, sie seien der Fassungskraft der jeweiligen Leser angepaßt gewesen. Die Kritik beweise außerdem, daß der Kritiker selbst einen anderen, höheren, besseren Gottesbegriff habe. Und genau darum gehe es ja. Aber der Begriff von einem Gott garantiert doch nicht schon die Existenz dieses Gottes, wird der Kritiker sagen. Er garantiert es nicht, aber zeigt die Sehnsucht des Menschen danach, sagt der Theologe. Das tut er nicht, entgegnet der Kritiker. Das tut er doch, erwidert der Theologe, etc.

– Die historische Perspektive: Große Reiche haben ihre typische Geschichte, sie entstehen, blühen auf, zerfallen und verschwinden; dasselbe gilt erfahrungsgemäß für Religionen. Sollte es also für das Christentum (den Marxismus,...) nicht genauso gelten? Ist damit nicht bewiesen, daß es sich auch beim Christentum um eine gewöhnliche, säkulare Erscheinung handelt? Es ist nicht bewiesen. Für die Wahrheit ist es belanglos, ob und wieviele Menschen an sie glauben. Außerdem kann jeder Gläubige sagen: Alle anderen Relionen werden vergehen oder sind schon vergangen, meine aber wird bis ans Ende der Welt bestehen (wer kann das widerlegen?), etc.

– Die Religion soll durch den Nachweis ihrer unerwünschten, negativen praktischen Konsequenzen widerlegt werden: Götterfurcht, Angst vor Höllenpein, sexuelle Unterdrückung, Verteufelung der Frau, Ausbeutung der Gläubigen durch die Kirche, Verfolgung Andersdenkender und Unterstützung politischer Unterdrückung. Die Theologen werden alle diese Vorwürfe zunächst möglichst abschwächen, aber logisch kommt es darauf gar nicht an. Daß die Wahrheit uns nicht immer paßt, ändert nichts an ihrer Geltung. Eine Religion hat Wertmaßstäbe zu setzen und nicht sich an bereits bestehenden zu orientieren. Und dann gibt es noch das Mißbrauchsargument, etc.

– Man wirft der Religion vor, alles das gar nicht zu leisten, was sie zu leisten verspricht: Sie bessere die Menschen nicht, sie mindere das Leid nicht, im Gegenteil, sie bringe durch ihre Intoleranz sehr viel zusätzliches Leid über die Menschheit. Dafür gibt es die verschiedensten Abwehrstrategien. Eine solche Globalbewertung sei überhaupt nicht objektiv durchführbar, sie spiegle bloß die Vorurteile des Betrachters. Oder der Theologe erklärt, daß das Reich Gottes erst für das Ende der Zeiten verheißen sei. Oder er lehrt uns, daß man zwischen der reinen Lehre und ihrer irdischen Institution unterscheiden müsse; die Inquisition etwa sei eine vorübergehende, nicht vermeidbare irdische Organisationsform gewesen, und ihre pädagogische Härte beweise nichts gegen die eigentliche Religion. Außerdem: Um wieviel schrecklicher würde die Welt erst ohne Religion aussehen, etc.

– Der Religion wird Wissenschaftsfeindlichkeit vorgeworfen. Darauf antworten hunderterlei Abschwächungs-, Versöhnungs- und Erklärungsstrategien, bis zum Hinweis auf die Rehabilitierung Galileis. Mißverständnisse, bedauerliche, habe es gegeben, es bestehe gar keine Konkurrenz zwischen Theologie und Wissenschaft. Und können nicht auch die Wissenschaften irren, sind die Wissenschaftler nicht von einer ungeheuren Arroganz der Religion gegenüber? Zweifeln sie nicht immer wieder an ihren eigenen „strengen" Methoden? Wo es möglich ist, kann auch an metaphysisch-religiösen Vorstellungen festgehalten werden, wie es die „Kreationisten" zur Zeit versuchen (wer will sie widerlegen?), etc.

– Die Religion, sagen ihre Kritiker, ist für das Gemüt, die Moral, den Staat und die Naturerklärung völlig entbehrlich. Eine Moral ohne Religion, ein Staat, der aus lauter Atheisten besteht, eine Naturerklärung ohne Teleologie und Schöpfungsglauben, das alles sei nicht bloß möglich, sondern längst wirklich. Religion sei also überflüssig. Darauf kann der Theologe unterstreichen, wie trostlos und brutal das moderne Leben geworden sei, daß die Naturwissenschaft letztlich immer vor dem großen Rätsel stehe und daß alle die menschliche Eitelkeit sehr schnell zur Verzweiflung führen könne. Auch sei moralisches Handeln ohne Glauben an eine ausgleichende Gerechtigkeit nicht sinnvoll, etc.

– Zeitweilig gehörte die Kritik des Wunderglaubens zum Standardrepertoire der Aufklärer. Alle die zahllosen Wunder seien erschwindelt, bestenfalls Mißverständnisse, häufig aber unverschämter Betrug. Die Antwort darauf ist logisch einfach: Der Nachweis, daß gelegentliche Betrügereien vorgekommen sind (was von keinem Theologen bestritten wird), erlaube logisch noch lange keine Aussage über das Wunder schlechthin. Notfalls kann man auch sagen, das Wunder sei für die Religion eigentlich ziemlich peripher; die Wahrheiten der Religion gelten auch dann, wenn keine Wunder vorkommen, etc.

– Es gibt daneben noch zahlreiche spezielle dogmatische Subtilitäten, an denen die Kritik ansetzen könnte. Wozu das ganze kosmische Drama, daß ein Gott sich einen Sohn schafft (oder ihn hat?), auf die Erde schickt, umbringen läßt, nur damit Er, der Allmächtige, mit seiner eigenen Kreatur versöhnt ist? Wäre das nicht auch einfacher gegangen? Er, der Allgütige, hätte doch einfach versöhnlich sein können, wozu braucht es denn ein solches Blutopfer? Aber das sind eben, wird der Theologe erklären, die Mysterien der wahren Religion. Oder, falls der Theologe ein „Modernist" ist, wird er eine allegorische, symbolische Deutung des Opfertodes des Gottessohnes geben, etc.

– Wenn alle Stricke reißen, gibt es noch die Technik der Umarmung. Man erklärt die Kritiker der Religion, und gerade die rabiatesten, einfach zu Suchenden, die in Wirklichkeit von der Sehnsucht nach Gott getrieben werden. Dagegen hilft dem Kritiker dann kein wie immer gearteter Protest.

Fassen wir zusammen: Irgendwann, so scheint es, müssen beide resignieren, der Theologe und der Atheist. Beide haben erfahren, daß ihre Argumente die Gegenseite nicht überzeugen. Jeder predigt nur noch seinen Gesinnungsgenossen.

Wie wollte man beweisen, daß es den Gott Wotan gibt? Wie wollte man beweisen, daß es ihn nicht gibt? Man ist vielleicht versucht, zu sagen: Wenn alle Argumente für die Existenz Wotans sich als unhaltbar erweisen, dann ist es nicht vernünftig, an Wotan zu glauben. Aber erstens wird Wotan nicht durch Argumente in die Diskussion eingeführt, sondern als Glaubenssatz. Und zweitens ist Vernunft an dieser

Stelle gerade das Prinzip, alltäglich bewährte Kriterien auch im transzendenten Bereich anzuwenden. Dieses Prinzip verwirft der Gläubige aber.

Erwägt man das alles, so könnte man darüber erstaunen, daß die christlichen Religionen, die (wie alle Religionen) mit Argumenten nicht niederzuzwingen sind, trotzdem seit dem Aufkommen einer freien Kritik langsam, aber sicher den Boden unter den Füßen verloren haben. Man bekommt den Eindruck, daß die Mauern einer Festung, nachdem sie allen Angriffen widerstanden haben, schließlich doch einstürzen, dabei hat man nirgends die entscheidenden Posaunen erschallen gehört, wie seinerzeit beim Fall von Jericho.

Dies ist ein logisch zunächst unerklärbares Phänomen. Ideologien scheinen argumentativ unangreifbar, sie können jeden Einwand, jeden Vorwurf, jede Kritik abschmettern und sinken dann doch dahin.

Waren die Attacken, der riesige Aufwand an kritischem Geist, doch nicht so wirkungslos? Auch wenn es unmöglich ist, die Ursachen dafür im einzelnen zu benennen und zu gewichten, ist doch gewiß, daß die aufklärerische Arbeit ihre Wirkung gehabt hat, langsam, aber nachhaltig hat sie die Mauern der ideologischen Festungen untergraben. Dies ist es, was wir mit dem Begriff *Subversive Vernunft* ausdrücken wollten. Am Ende des Kampfes versteht man – zumindest in weiten Teilen der westlichen Welt – die Erbitterung nicht mehr, mit der man in den Streit zog; der große, mächtige ideologische Gegner ist – uninteressant geworden. Die Zeit der ernsthaften, bitteren Auseinandersetzung mit ihm ist passé, schon lange passé. Zuletzt tritt ein Denker wie Nietzsche auf, der die Situation klarsichtig zusammenfaßt: *Jetzt entscheidet unser Geschmack gegen das Christentum, nicht mehr unsere Gründe.*[3]

Der Gläubige wird das als schauriges Zeugnis der Arroganz deuten; für den Kritiker ist es Ausdruck der logischen Struktur ideologischer Kontroversen.

Apologie der Vernunft

Endet so alles bei Fragen des „Geschmacks"? Ist die kritische Vernunft auch nur ein Geschmack, neben vielen anderen Geschmäckern? Und lehrt nicht die Argumentationstheorie gerade dies, daß man über Geschmäcker nicht diskutieren könne?

Europäische Modeautoren tändeln gerne mit Relativierungen: Wie sehr hänge doch, was für vernünftig gehalten werde und was nicht, von der Geschichte und der jeweiligen Kultur ab. Wie lächerlich sei es doch, den abendländischen, aufgeklärten Maßstab überall anlegen zu wollen. Wie völlig anders werde die Welt und was vernünftig sei, von gewissen Urwaldstämmen, oder Magiern angesehen. Und wer könne schon beweisen, daß Mythos, Metaphysik und Religion nicht das bessere, richtigere Weltbild liefern?

Man soll sich nicht über Worte streiten, und man soll auch zugeben, daß es unmöglich ist, so etwas wie „das Wesen der Vernunft" in einer endgültigen, befriedigenden, präzisen Definition zu erfassen. Seit den Zeiten der Aufklärung werden „Vernunftlehren" geschrieben,[4] die alle nicht gerade atemberaubend sind. Der Artikel „Raison" in der alten französischen *Encyclopédie* ist vielleicht schon das non plus ultra. Hier heißt es: *Vernunft besteht darin, die Dinge zu sehen, wie sie sind. Jemand, der im Rausch die Dinge doppelt sieht, ist seiner Vernunft beraubt. Schwärmerei ist genauso wie Wein.*[5]

Das klingt naiver als es ist; niemand kann schließlich daran zweifeln, daß es einen großen Unterschied macht, ob man die Dinge im Rausch sieht oder im nüchternen Zustand. Es gibt natürlich Problemfälle. Manchmal weiß man nicht, „was das Vernünftigste wäre". Keine Vernunft schreibt einem zwingend vor, ob man einen Schnupfen mit Antibiotika, Glühwein, homöopathisch, durch den Blick eines Wunderheilers, durch ein Gebet (aber welcher Heilige wäre zuständig?) oder durch bloßes Abwarten kurieren soll. Soweit ist den Verfechtern „alternativer" Ansichten über die Vernunft sofort zuzustimmen.

Was der Aufklärer bekämpft, sind indessen keine Erscheinungen, in denen eine subtile Erörterung dessen, was vernünftig sei und was nicht, erforderlich wäre. Für den Aufklärer heißt „Vernunft" in erster Linie dies: Niemand soll, im Namen welcher Religion, Ideologie oder Ideale auch immer, bedrängt, geängstigt, verhöhnt, materiell beeinträchtigt, seiner Freiheit beraubt, gefoltert oder ermordet werden. Dieser Satz ist allen großen Kulturen der Menschheit gemeinsam, wer ihn nicht vorbehaltlos unterschreibt, mit dem zu reden verlohnt sich nicht. Daraus folgt: Ideologien, Religionen, Schwärmereien, Visionen, Dogmen, Doktrinen, Glaube und Aberglaube, Orthodoxien, Häresien und was es dergleichen noch alles geben mag, die zu Verletzungen der Menschenrechte anleiten oder dieselben verharmlosen, soll man attackieren – auch dann, wenn sie sich im Moment lammfromm geben. Denn die Erfahrung lehrt, daß man in diesen Dingen überhaupt nicht mißtrauisch genug sein kann. Deshalb soll man sich jeden Versuch, die Vernunft verächtlich zu machen, jede Relativierung der Vernunft durch verspielte Intellektuelle genauso wie durch verbohrte Fanatiker entschieden verbitten.

Die abendländische, kritische Vernunft ist kein völlig zufälliges Vorurteil. Wer im Namen irgendeiner Ideologie gequält oder verbrannt werden soll, der wird die aufklärerische europäische Vernunft allen Alternativen vorziehen. Man mag das eine Frage des Geschmacks nennen. Aber es ist ein guter Geschmack.

Anmerkungen

1. Einleitung

1 Für eine ausführliche Auflistung von fehlerhaften Argumentationen vgl. Fearnside und Holther (1959).
2 Protagoras fr. 2, 5 und 6, zitiert nach Capelle, *Vorsokratiker.*
3 Demgegenüber bringt Perelman (1980) Rhetorik und Argumentation fast zur Deckung. Ziel der Argumentation ist seiner Meinung nach nicht, aus Argumenten eine These zu beweisen, *sondern die Übereinstimmung des Publikums mit Thesen herbeizuführen* (l.c. S. 18). Für ihn besteht der Unterschied zwischen Überreden und Überzeugen nur in der Ausrichtung auf ein universelles bzw. ein partikulares Publikum. Die Theorie dazu nennt er „Neue Rhetorik". Da es aber wünschenswert ist, zwischen der Korrektheit einer Argumentation einerseits, und ihrer Wirksamkeit oder Eleganz andererseits zu unterscheiden, werden wir wie bisher zwischen Rhetorik und Argumentation unterscheiden.
4 Aristoteles, *Rhetorik*, Kap. 2.
5 Toulmin (1964), Abschn. III.
6 Hempel und Oppenheim (1948); vgl. Stegmüller (1969).
7 Vgl. Fuhrmann (1990) und Braet (1987).
8 Parallel zu den 4 *status* entwickelte man 4 Kategorien für die Auslegung der Gesetze: 1. Soll der Gesetzestext wörtlich gelesen werden oder nach seinem „Sinn"? 2. Gibt es vielleicht mehrere (einander womöglich widersprechende) Gesetze, die auf den vorliegenden Fall anwendbar sind? 3. Ist der Gesetzestext eindeutig? 4. Liegt vielleicht eine Gesetzeslücke vor? Wenn ja, soll sie *per analogiam* geschlossen werden oder nicht? (Die Parallele ist aber künstlich.) Vgl. Fuhrmann (1990).
9 Epikur, S. 136.

2. Elemente des Argumentierens

1 Voltaire, *Traité sur la tolérance* (1763), Abschn. 11.
2 ebd.
3 *Menzius* 6B1; vgl. Schleichert (1990).
4 *Leviathan*, Kap. 13, 1. Satz.
5 Wenn von n Sätzen mindestens einer wahr ist, und wenn davon n-1 Sätze nicht wahr sind, dann muß der eine, noch verbleibende Satz wahr sein.
6 Lukas 11,23.
7 So geschehen bei einem Vortrag Zimmermanns im Oktober 1994 an der Universität Konstanz.

8 Solange die Juden heimatlos waren, konnte man sie als „vaterlandslose Gesellen“ und politisch gefährlich diffamieren. Dies habe sich mit der Gründung des Staates Israel fundamental geändert.
9 *Zhuangzi*, Kap. 2; vgl. Schleichert (1990).
10 Castellion, *De haereticis*, S. 24–25.
11 *slope* = Schrägung, schiefe Bahn.
12 *Mo Di*, Kap. 17, vgl. Schleichert (1990).
13 Das Beispiel stammt von Sproule (1980), S. 160.
14 *Der Staat*, Buch VI, 488.
15 Rousseau, *Discours*, 2. Teil, S. 113/4 der dt. Ausg.
16 *Der Staat*, Buch I, 331.
17 Vgl. Schleichert (1990).
18 Konfuzius, *Lun Yu* 13.18.
19 Feuerbach (1841).
20 Hume, *Natural History* (1757).
21 *Morgenröte* 95.
22 Marx/Engels (1848).
23 Voltaire, *Christl. Dial.*(1760), 1. Dialog.
24 *Rhetorik*, Kap. 2.
25 Hume, a.a.O., Kap. „Über Wunder, Teil 1“ gegen Ende.
26 Vgl. Sproule (1980) S. 128 f.
27 Nietzsche, *Morgenröte* 66.
28 Matth. 13, 54–58.
29 *Leviathan* Kap. 13.
30 *Lun Yu* 11.11.
31 Der Vorwurf gegen Voltaire ist in der deutschen Philosophie stereotyp bis hin zur Terminologie, wonach er Leibnizens metaphysische Position *verfehle*. So (wieder einmal) im Lexikon von Schneiders (1995), S. 406.

3. Fallgruben

1 Menschliches-Allzumenschliches 229.
2 Zu Aldhelm schreibt Bayle im *Dict. Hist.*, „Franz von Assisi“, unter Anmerkung C: „Aldhelm, der gegen das Ende des 7. Jahrhunderts vom Mönch zu einem Bischof in England geworden war, hat sich mitten im Winter bis an die Schultern ins Wasser gesetzt, um den Aufstand seiner Gliedmaßen zu tilgen [...] Er hat eine Frauensperson zu sich gelegt, bis die Versuchung vorüber und die Natur wieder still war. Durch diesen großen Sieg hat er den Teufel rasend gemacht, denn dies hat ihn nicht gehindert, Psalmen zu singen, und er hat die Frau ohne den geringsten Nachteil ihrer Ehre zurückgeschickt.“
3 Bayle, *Diction.*, „Xenocrate“, hier in der Übersetzung von Feuerbach, S. 69.
4 a.a.O. S. 77 f./113 f.
5 ebd. S. 53/98.
6 ebd. S. 56/100.
7 ebd. S. 59/102.
8 ebd. S. 62–3/104.
9 Bayle, *Pensées diverses (1682)*.

10 Bayle, *Pensées Div.*, § 143.
11 Das Beispiel stammt von Toulmin et al. (1979), S. 145/6.
12 Hume, *Treatise on Human Nature* (1737; Teil III. i.1, am Ende).
13 Moore, *Principia Ethica*.

4. Ideologie, Fanatismus und Argumentation

1 In den Sprüchen des Konfuzius findet sich übrigens eine ähnliche Lehrformel. Konfuzius hat gesagt: *„Abweichende Lehren anzugreifen, ist nur schädlich."* (Lun Yu 2.16; vgl. Haenisch in *Asia major* 1, 1924 und Forke, ebd. 2, 1925).
2 Bodin, *Colloquium heptaplomers*.
3 Voltaire, *Dict.Phil.*, „Fanatisme".
4 ebd.
5 Aus dem Artikel „Fanatisme" von M. Deletre in der *Encyclopédie*. Voltaire hat große Teile dieses Artikels in sein Philosophisches Wörterbuch übernommen.
6 Voltaire, *Dict. Phil.*, „Fanatisme".
7 *Encyclopédie*, Bd. 6, 1756, „Fanatisme".
8 *An Vinc.* V.19.
9 Calvin, *Defensio* 476/46–47.
10 Die Numerierung der einzelnen Argumente dient nur dazu, den Bezug zwischen diesen und den Einwänden der Gegner zu erleichtern.
11 Rahner, *Was ist Häresie*, S. 536–538.
12 *An Vinc.* I.2.
13 ebd. V.18.
14 d. h. ihr Vermögen konfiszieren etc.
15 *An Vinc.* I.2.
16 ebd. II.4.
17 Calvin, *Defensio* 471/35.
18 *An Vinc.* I.1.
19 ebd. V.16.
20 ebd. V.19.
21 ebd. I.3.
22 Bezelius S. 168–170.
23 Bezelius S. 271–272.
24 Bezelius S. 147.
25 *An Vinc.* II.4.
26 ebd. II.6.
27 ebd. V.16.
28 ebd. II.8.
29 Matth. 5,10; *An Vinc.* II.8.
30 *An Vinc.* I.1.
31 ebd. II.5; Das Gleichnis lautet:
Es war ein Mensch, der machte ein großes Abendmahl und lud viele dazu. Und sandte seinen Knecht aus zur Stunde des Abendmahls, zu sagen den Geladenen: Kommt, denn es ist alles bereit. Und sie fingen an, alle nacheinander sich zu entschuldigen...

Und der Herr sprach zu dem Knechte: Gehe aus auf die Landstraßen und an die Zäune und nötige sie, hereinzukommen, auf daß mein Haus voll werde (Lukas 14, 21–23).

32 Augustinus, Brief Nr. 185 (früher Nr. 50), *An Bonifazius* (geschrieben 417), Abschn. 11. Die Briefstelle wird von Bayle, *Comm.* III.24 zitiert und kommentiert.

33 *Defensio* 465/21.

34 ebd. 466/23.

35 *An Vinc.* III.10.

36 ebd. III.11.

37 Apg. 5, 38–39.

38 Calvin, *Defensio* 472–473/38.

39 Augustinus, Brief 185, *An Bonifazius*, Abschn. 20.

40 Gotteslästerung war lange, auch noch in diesem Jahrhundert, ein eigener Straftatbestand im deutschen und österreichischen Strafrecht. Auch nach dem derzeit geltenden deutschen Strafrecht (166 StGB) ist die Beschimpfung des Inhalts religiöser oder weltanschaulicher Bekenntnisse strafbar, „wenn sie geeignet ist, den öffentlichen Frieden zu stören". Der Kommentar führt als wesentlichen Inhalt des christlichen Glaubens u.a. die Trinitätslehre auf. Falls also ein deutsches Gericht heute entscheiden würde, daß Servets Kritik dieser Lehre eine Beschimpfung sei und geeignet, den öffentlichen Frieden zu stören (StGB 166 (1)), könnte der spanische Gelehrte auch an der Wende zum 3. Jahrtausend „mit Freiheitsstrafe bis zu drei Jahren oder mit Geldstrafe" belegt werden. (Verbrennen ist gegenwärtig nicht vorgesehen.)
In der Praxis ist dieser seltsame Paragraph sicher sehr selten und zurückhaltend angewendet worden, auch wirkt er auf den ersten Blick eher wie ein Toleranzgebot: Der Staat hat den inneren Frieden zu sichern. Aber der Paragraph ließe in den Händen einer fundamentalistischen Strömung auch eine absolut intolerante Handhabung zu. Ein antiker Denker würde sicher kommentieren: *Deorum Offensae Diis Curae* – Sich um Gotteslästerungen zu kümmern, soll man den Göttern überlassen.

41 Calvin, *Defensio* 468/27. Vgl. ebd. 463/14ff.

42 Servet hatte sich aus dem Genfer Kerker heraus noch bei den Behörden darüber beklagt, daß Calvin eine Frage der Dogmatik zu einer Kriminalsache mache. Dies sei ein verdammenswürdiger Mißbrauch der Strafgerichtsbarkeit. Genützt hat es Servet nichts. Vgl. „Requête de Servet à la Seigneurie", 22. Sept. 1553. *Corpus Reformatorum*, Brunsvigae: Schwetschke 1870, Vol. XXXVI, S. 806.

43 Rahner, *Häresie*, S. 536.

44 *Defensio*, 499/96.

45 ebd. 643/356 („Vae autem eorum stupori ... / malheur sur leur subtilité brutalle").

46 *An Vinc.* XII.50.

47 *Defensio*, 461/10.

48 ebd. 477/49.

49 ebd. 477/49–50.

5. Die Abwehr des Fanatismus

1 Lukas 14, 16–23.
2 *Commentaire* I.1.
3 ebd. II.11.
4 Die Zahlen in Klammer beziehen sich auf die Numerierung der Argumente im vorigen Kapitel.
5 Castellion, *De haereticis*, S. 165.
6 *Commentaire* III.4.
7 ebd. III.8.
8 ebd. III.27.
9 ebd. III.7.
10 ebd. III.17.
11 ebd. II.1.
12 ebd. III.17.
13 ebd. I.4.
14 ebd. III.14.
15 ebd. III.10.
16 ebd. III.12.
17 ebd. III.12.
18 ebd. III.8.
19 Castellion, *De haereticis*, S. 30–31.
20 ebd. S. 32.
21 4.Mos.16.
22 Bezelius, *De haereticis*, S. 162–163.
23 Psalm 18, 38; Augustinus, Brief Nr. 185 (früher Nr. 50), *An Bonifazius* (geschrieben 417), Abschn. 11.
24 *Commentaire* III.24.
25 Augustinus, Brief 185, Abschn. 20.
26 *Commentaire* III.26,5.
27 ebd. III.20.
28 Titus 3, 10–11.
29 Bezelius S. 213.
30 ebd. S. 182.
31 *Commentaire* III.26.
32 *De haereticis*, S. 140. Es ist dies ein Zitat aus dem Widmungsschreiben Castellions in seiner lateinischen Bibelübersetzung von 1551.
33 Calvin, *Defensio*, 464/16–7.
34 Vgl. z. B. Bezelius S. 113.
35 Bezelius S. 97.
36 *Commentaire* II.11.
37 ebd. III.17.
38 ebd. II.1.
39 Bezelius, S. 59–60 und 76.

6. Interne Kritik

1 *Antichrist*, 52.
2 Ein Überblick findet sich bei Wollgast (1988), Kap. 8.
3 a.a.O., „Intolérance". (Der Artikel stammt von Diderot.)
4 5. Mos. 13, 7–10.
5 So auch Castellion, *De haereticis*, S. 157–172, „Widerlegung der Gründe [...], mit denen die Verfolgung verteidigt wird".
6 Oz (1986).
7 4. Mos. 12, 3.
8 2. Mos. 32, 27–28.
9 Vgl. Voltaire, *Dict.phil.* (eigentlich *Mélanges*, 3. Teil), „Contradictions".
10 Calvin, *Defensio* 469/30.
11 2. Kön. 2, 23–24.
12 Matth. 13, 33.
13 Mark. 9, 50.
14 Das tut Voltaire implizit in seinem Bibelkommentar.
15 Locke, *Letter Concerning Toleration* (1689), S. 7.
16 ebd., S. 93.
17 Reimarus, *Apologie* 1. Teil, III. Buch Kap. 2.
18 ebd. 2. Teil, III. Buch.
19 Voltaire, *La Bible enfin expliquée*, Anm. 13 zum Buch der Richter; Voltaire zitiert hier zustimmend den Bibelkommentar von Dom Calmet.
20 Die Beispiele entnimmt Voltaire dem von ihm herausgegebenen „Testament" von J. Meslier (s.d.).
21 Voltaire, „Contradictions".
22 Voltaire, *La Bible enfin expliquée*.
23 ebd., Anm. zu 1. Mos. 7 f.
24 ebd., Anm. 29 zum Buch Exodus.
25 ebd., Anm. 13 zum Buch Numeri.
26 ebd., Anm. 11 zum Buch Leviticus.
27 ebd., Anm. 131 zu 1. Mos. 34.
28 ebd., Anm. 3 zum Buch Deuteronomium.
29 2. Mos. 11–12.
30 Voltaire, *La Bible..*, Anm. 20 zum Buch Exodus.
31 1. Mos. 6, 5–7.
32 Voltaire, *La Bible..*, Anm. 39 zum Buch Genesis.
33 ebd., Anm. 9 zum Buch der Richter.
34 Hobbes, *Leviathan*, Kap. 32 „Von den Grundsätzen christlicher Politik".
35 1. Kön. 22, 23.
36 Jerem. 28, 17.
37 Jerem. 29, 8 und 15.
38 Hobbes, a.a.O.
39 1. Mos. 15, 8 und Richter 6, 17. Vgl. auch Spinoza, *Tract.Theol.Polit.*, Kap. 2 „Von den Propheten".
40 Matth. 24, 24.
41 5. Mos. 13, 1–6.
42 Hobbes, a.a.O.

43 Locke, *Essay*, IV, 19, „Über Schwärmerei", 10.
44 ebd. § 15.

7. Subversives Argumentieren

1 Vgl. etwa Buggle (1992).

8. Den Gegner ernst nehmen

1 Psalm 18, 38–39, 47–48.
2 Palazzini, *Coca-Cola*, S. 10.
3 Es kann bis auf Cyprian (gest. 258) zurückverfolgt werden.
4 RGG (1910), Bd. 2 S. 796, Stichwort „Extra ecclesiam nulla salus". In den späteren Ausgaben (1928, 1958) von RGG fehlt dieses Stichwort.
5 Lexikon TK, 2. Aufl., Bd. 1 S. 278, „Alleinseligmachend".
6 RGG (1910) Bd. 2, S. 797, „Extra ecclesiam nulla salus".
7 Voltaire, *Abhandlung über die Toleranz*, Abschnitt 22.
8 Lexikon TK, Bd. 3 (1931), S. 483 „Duldung".
9 Beinert (1987), Artikel „Heilsnotwendigkeit der Kirche" und „Nichtchristen", = S. 252 und 394. Beinert erwähnt: Ratzinger, J.: Kein Heil außerhalb der Kirche, S. 339–361 in: *Die neuen Heiden und die Kirche: Das neue Volk Gottes*, Düsseldorf *1969*.
10 Rousseau, *Du Contrat Social*, Buch 4, Kap. 8.
11 Voltaire, *Diner* (1767), 1. Unterhaltung. S. 433 der dt. Übers.
12 Rahner, *Häresie* (1961).
13 Nietzsche, *Vermischte Meinungen*, 157.
14 2. Mos. 21,15 und 17.
15 Oz (1982), *Über die Weichlichsten und sehr Verwöhnten*, S. 74–86 (mit Kürzungen).
16 1. Sam. 18, 7.
17 ebd. 27.
18 1. Sam. 27, 9.
19 2. Sam. 12,31. Neuerdings sind die Übersetzungen harmloser geworden: *Er stellte die Menschen als Fronarbeiter an die Sägen... und ließ sie an den Ziegelöfen arbeiten.* Welche Lesart philologisch letztlich korrekt ist, ist für den Gang unserer Erörterung nicht wichtig; Tatsache ist, daß der Text die allerlängste Zeit wie folgt gelesen wurde: *Aber das Volk der Städte führte David heraus und legte sie unter eiserne Sägen und Zacken und eiserne Keile und verbrannte sie in Ziegelöfen. So tat er in allen Städten der Kinder Ammon.*
20 2. Sam. 22, 38–43.
21 Gemeint ist Jesus.
22 *RPTK* Bd. 4, „David", S. 516. (Vgl. z. B. Reimarus, *Apologie*, IV.4.)
23 ebd.
24 1. Sam. 13, 14.
25 Nach dem Bericht der Bibel hatte David, wie üblich, eine große Anzahl von Frauen.

26 *RPTK* Bd. 4, „David", S. 516.

27 Vgl. Voltaire, *Dict. Phil.* „David" (nur in der Neufassung des Artikels von 1771).

28 Bayle, *Dict. Hist.*, „David", am Ende des Artikels; die Stelle findet sich nur in der 1. Auflage von 1697, weil Bayle den Artikel später notgedrungen „entschärfen" mußte.

29 Bayle, ebd.

30 RGG (1959), Bd. 3, „Inquisition".

31 In Analogie zu dem Fachausdruck „Substitution *salva veritate*" der Logiker, d.i. eine Substitution, bei der die Wahrheit eines Satzes erhalten bleibt.

32 Voltaire, *Dict. Philos.*, „Arrèts notables", „Autorité", „Inquisition", „Ravaillac".

33 Dieser Brauch scheint das Mitbegraben lebender Menschen (Diener, Sklaven) zeitweilig abgelöst zu haben. Es wird vermutet, Konfuzius habe gefürchtet, die tönernen Figuren seien bloß das Vorspiel zur Opferung wirklicher Menschen.

34 Menzius 1A4. Das Insistieren auf (einer durchaus mit modernen europäischen Idealen vergleichbaren) Humanität ist für den Konfuzianismus von Anfang an charakteristisch, mithin mindestens seit dem 5. Jahrhundert v. u. Z. in China prominent. Vgl. Roetz (1992).

35 Originaltext (vorne): Fils respectueux et reconnaissants / de Calvin / notre grand reformateur / mais condamnants une erreur / qui fut celle de son siècle / et fermement attachés à la liberté de conscience / selon les vrais principes de la réformation et de l'évangile / nous avons élevé / ce monument expiatoire / le XXVII octobre MCMIII. (Rückseite): Le XXVII octobre MDLIII / mourut sur le bûcher a Champel / Michel Servet de Villeneuve d'Aragon / né le XXIX septembre MDXI.

36 Wer Zeit, Lust und Gelegenheit hat, mag die großen theologischen Lexika zu Stichwörtern wie „Inquisition" oder „Hexenverfolgung" konsultieren oder über die gelehrten theologischen Verfechter der Hexenjagd (z. B. M. Delrio, B. Carpzov, Th. Spizelius) befragen: Er wird nur höchst verschleierte Andeutungen finden, die ganz harmlos klingen und die von Edition zu Edition harmloser werden.

Den „Hexenhammer" z. B., ein von zwei Dominikanern verfaßtes Standardwerk der Hexenjagd, findet man in solchen Nachschlagewerken teils überhaupt nicht erwähnt. Dem Stichwort „Inquisition" widmet RGG ganze 2 Spalten, eine einzige Druckseite also, um einiges weniger als etwa dem Stichwort „Handauflegung". Beinahe die Hälfte des Artikels ist der *Verteidigung* der Inquisition gewidmet.

37 Voltaire, *Dict. Phil.*, „Histoire".

9. Subversives Lachen

1 Der Deutlichkeit wegen konzentrieren wir uns wieder auf das religiöse Gebiet; auch die großen Toleranztraktate von Spinoza, Locke und Voltaire betreffen ausschließlich die Religion.

2 *Dict. Phil.*, „Tolérance".

3 Wesentliche Eigenschaften eines Gegenstandes.
4 Voltaire, *Traité sur la tolérance*, Abschn. 5.
5 ebd., Abschn. 8.
6 ebd., Abschn. 17.
7 ebd., Abschn. 19.
8 ebd., Abschn. 22.
9 Aus dem Artikel „Fanatisme" von M.Deletre in der *Encyclopédie* von Diderot und D'Alembert, Bd. 6, Paris 1756. Der Text ist von Voltaire weitgehend für den Artikel „Fanatisme" in seinen *Dict. Phil.* übernommen worden.
10 *Fröhl. Wiss.*, Nr. 1, gegen Ende. (Übrigens ein sehr nachdenklicher Aphorismus.)
11 Nietzsche, *Zarathustra*, 4. Teil, „Das Eselsfest", I.
12 Voltaire, *Dict. Philos.* (eigentlich: *Questions* 7, 1771) „Hérésie".
13 Epikur (Übers. Gigon), S. 133.
14 ebd. S. 137.
15 ebd. S. 137; vgl. Nietzsche, *Der Wanderer* 74.
16 Nietzsche, *Der Wanderer* 7; vgl. ebd. 16.
17 Z. B. Spinoza, *Tract. Theol.-Polit.*, Kap. 6 „Von den Wundern".
18 Voltaire, *La bible enfin expliquée*, Fußnote zu 2. Mos. 16.
19 1. Mos. 7–8.
20 *Dict. Phil.* „Inondation".
21 ebd.
22 *Menschliches, Allzumenschliches* 298.
23 Der heilige Dionysius Areopagita (bzw. jener von Paris, sein Fest wird zusammen mit dem des hl. Rusticus und des hl. Eleutherius am 9. Oktober begangen) wird auf kirchlichen Darstellungen abgebildet, wie er den Kopf (samt der Tiara) auf dem Arme trägt.
24 Voltaire, *Dict. Philos.*(eigentlich: *Questions* 4, 1771) „Denys L'Aréopagite".
25 ebd.
26 *Dict. Philos.* (eigentlich: *Questions* 9, 1772), „Vision".
27 Voltaire, *Micromégas*, (1738). Diese Novelle wird hier nur wegen der benützten Methode erwähnt; sie gehört ansonsten nicht zu Voltaires besten Werken.
28 *Dict. Philos.* „Foi".
29 Voltaire, *Le dîner...*, Zweite Unterhaltung.
30 *Dict. Philos.* (eigentlich *Questions* 5, 1771), „Economie des paroles".
31 ebd.
32 *Zarathustra* 3, „Von den Abtrünnigen", 2.
33 *Antichrist* 48.
34 Hebr. 12, 6.
35 *Morgenröte* 75.
36 Collins, *Discourse* (1713).
37 Eusebios, S. 114–119. Vgl. Voltaire, *Dict.Phil.*, „Arius, Arianisme".
38 *Fröhl. Wiss.* 191.
39 Voltaire, *Traité sur la tolérance*, Abschn. 20.
40 Voltaire, *A,B,C*, 17. Gespräch.

10. Epilog

1 Vgl. z. B. Weger (1991).
2 1. Mos. 3, 8.
3 *Fröhl. Wiss.* 132.
4 Aus der Fülle der Titel seien hier nur zwei genannt:
Thomasius, *Vernunftlehre* (1691); Rescher, *Rationality* (1988).
5 Voltaire, *Dict. Phil.*, „Enthousiasme". Es gibt im *Dict. Philos.* zwar ein Stichwort „Vernunft" (raison), das aber keine systematische Behandlung enthält, sondern eine von Voltaires Geschichten: Ein Mann, der überall von seiner Vernunft Gebrauch macht, hat immer nur Schaden davon und wird zuletzt gepfählt – „trotzdem hatte er immer Recht" („cependant il avait toujours raison").

Literaturverzeichnis (mit einigen biographischen Hinweisen)

Der Wortlaut von Zitaten, die im Original in anderen Sprachen stehen, wurde den jeweils angegebenen deutschen Übersetzungen entnommen; ist keine deutsche Übersetzung angegeben oder steht bei einer solchen der Vermerk „nicht benützt", so sind die Zitate direkt aus den Quellen übersetzt.

Agrippa von Nettesheim, Heinrich Cornelius (1486–1535):
– De Nobilitate et Praecellentia Foeminei Sexus; Antwerpen, 1529. Neu (lat./frz.) herausg. v. R. Antonioli, Genf 1990. (Seitenzahlen nach dieser Ausgabe.)

Aristoteles (384–322 v. u. Z.)
– Rhetorik, dt. z. B. von Sieveke, München 1995.
Aurelius Augustinus (354–430):
– Ad Vincentium = Brief Nr. 93 (nach anderer Zählung Nr. 42) aus dem Jahr 408. Dt. in *Des heiligen Kirchenvaters Aurelius Augustinus ausgewählte Briefe*, übers. v. A. Hoffmann, Bd. 1 München 1917 (= BKV 29).
– *Ad Bonifacium* = Brief 185 (früher: 50). Engl. in *Saint Augustine, Letters*, Vol. IV, transl. Wilfrid Parsons, Washington 1955.

Bayle, Pierre (1647–1706):
– (1695) *Dictionnaire historique et critique*, Rotterdam. Verb. Aufl. 1702; die vollständigste: 4 Bde. Amsterdam und Leyden 1740. – Dt. von J. C. Gottsched, 4 Bde. 1741–1744 (nicht benützt).
– (1682) *Pensées Diverses écrites á un docteur de Sorbonne á l'occasion de la comete qui parut au mois de Décembre MDCLXXX.*
– (1686) *Commentaire philosophique, sur les paroles de l'evangile selon S. Luc, chap. XIV. vers 23.* Nachdr. Hildesheim 1965 in Bd. 2 von Bayles *Œuvres Diverses*, S. 367 ff. (Seitenangaben nach dieser Ausgabe). – Dt. Übers.: *Herrn Peter Baylens weiland Professor der Weltweisheit und Geschichte zu Rotterdam Tractat von der allgemeinen Toleranz, oder philosophischer Commentar über die Worte Christi Nöthige sie herein zu kommen.* 4 Teile in 2 Bdn., Wittenberg, bey Christian Durr 1771 (nicht benützt). Engl. Übers.von Teil I und II: A.G.Tannenbaum: *Pierre Bayle's Philosophical Commentary. A Modern Translation and Critical Interpretation.* New York: P. Lang 1987.
Beinert, W. (Herausg.):
– (1987) *Lexikon der katholischen Dogmatik*, Freiburg 1987.
Bezelius (De Bèze), Théodor (1519–1605):
Mitarbeiter Calvins und dessen späterer Nachfolger in Genf. Seine Aktivität galt vor allem den verfolgten Glaubensbrüdern in Frankreich. Sicher nicht ein blindwütiger Fanatiker; und doch Verfasser eines gegen Castellions Toleranzschrift

gerichteten Werkes. Auch Bezelius ist für die Todesstrafe gegen Häretiker. Er führt für und wider die praktizierte religiöse Intoleranz mehrere Dutzend Begründungen an, die er anfangs sogar durchnumeriert und als „Argumente" vorstellt. Er präpariert die Argumente der Gegner Calvins heraus, um anschliessend deren Unhaltbarkeit nachzuweisen. Man kann keineswegs sagen, daß er, d. h. die christliche Intoleranz, immer die schwächeren Argumente vorbringt – vorausgesetzt, es gelten die Maßstäbe einer internen Kritik, bei der die Bibel als heiliger Text sakrosankt ist. – Bezelius' Schrift könnte jeder Argumentationslehre als reichhaltige Fundgrube für Beispiele dienen, wenn sie nur nicht so langatmig (die französische Ausgabe von 1560 umfaßt 428 Seiten) und außerdem schwer aufzutreiben wäre.

– (1554) *De haereticis a Civili Magistratu puniendis Libellus, adversus Martini Bellii farraginem, & novorum Academicorum sectam. Theodoro Beza Vezelio auctore.* Oliva Roberti Stephani, M.D.LIIII. Nachdr. Frankfurt am Main 1973 (Martin Bellius war ein Pseudonym von Castellion). – Frz. von Nicolas Colladon: *Traitte de l'authorite du magistrat en la punition des heretiques, & du moyen d'y proceder, fait en Latin par Theodor de Besze.* Imprimé par C. Badius, M.D.LX (Seitenangaben beziehen sich auf diese französische Ausgabe).

Bodin, Jean (1530–1596):

– Colloquium heptaplomeres de rerum sublimium arcanis abditis. (Gespräch von sieben Männern über die verborgenen Geheimnisse der Religion), verfaßt vor 1593, zirkulierte lange Zeit nur als Manuskript; gedruckt erst 1841. Ausgaben: J. B., *Colloquium etc.*, ed. L. Noack, 1857 (Nachdr. Stuttgart 1966). Frz. Übers. von F. Berriot, Genf 1984. Dt. Teilübers.: *Das Heptaplomeron. Zur Geschichte der Cultur und Literatur im Jahrhundert der Reformation*, G.E. Gurauer, Berlin 1841. Engl. von M. L. D. Kuntz: *Colloquium of the Seven about Secrets of the Sublime*, Princeton UPr. 1975.

Braet, A.:

– (1987) The Classical Doctrine of Status, *Philos. and Rhetoric* 20, S. 79–93.

Buggle, F.:

– (1992) *Denn sie wissen nicht, was sie glauben.* Reinbek.

Calvin, Jean (1509–1564):

– (1554) *Defensio Orthodoxae Fidei de Sacra Trinitate, Contra prodigiosos errores Michaelis Serveti Hispani: ubi ostenditur: Haereticos iure gladii coercendos esse, et nominatim de homine hoc tam impio iuste et merito sumptum Genevae fuisse supplicum.* Oliva Roberti Stephani (Abdr. Corpus Reformatorum, Vol. XXXVI, Brunsvigae 1870, S. 453 ff. Die erste Seitenzahl bei den Zitaten bezieht sich auf diese Ausgabe).

Franz. Version: *Declaration pour maintenir la vraye foy que tiennent tous Chrestiens de la Trinité des persones en un seul Dieu. Par Iean Calvin. Contre les erreurs detestables de Michel Servet Espaignol. Ou il est aussi monstré, qu'il est licite de punir les heretiques: & qu'à bon droit ce meschant a esté executé par iustice en la ville de Geneve.* Chez Iean Crespin a Geneve, M.D.LIIII. (Die zweite Seitenzahl bei den Zitaten bezieht sich auf diese Ausgabe.)

Capelle, W.:

– Die Vorsokratiker, Stuttgart 1953.

Castellion, Sebastien (1515–1563):

Französisch-schweizerischer Humanist, Verfechter religiöser Duldsamkeit. Bereits in seiner lateinischen Bibelübersetzung *Biblia sacra latina* (1551) tritt C. im Vorwort für religiöse Toleranz und Gewissensfreiheit ein. Die Anthologie „De haereticis“ (s.u.) ist C.s Reaktion auf die Hinrichtung Servets in Genf (1553). Sie enthält Textstücke von Autoren, die für Toleranz gegenüber Häretikern eintraten. Dieser Textsammlung konnte Bezelius (l.c. S. 315) eine andere mit genau gegenteiliger Tendenz entgegensetzen. Eine weitere Kampfschrift Castellions, *Contra libellum Calvini, in quo ostendere conatur haereticos jure gladi coercendos esse*, konnte erst lange nach seinem Tod erscheinen.

– (1554) *De haereticis an sint persequendi, et omnino, quomodo sit cum eis agendum, doctorum virorum, tum veterum, tum recentiorum sententiae*, Basel, 1554. – Französ. Übers.: *Traicté de héritiques, A savoir si on doit les persécuter, et comment on se doit conduire avec eux, selon l'advis, opinion & sentence de plusieurs autheurs, tant anciens, que modernes*, 1554. Edition Nouvelle par A. Olivet, Genf 1913. Seitenangaben nach dieser Neuausgabe. Von C. stammen in dieser Textsammlung das Vorwort, ein Auszug aus dem Vorwort seiner lateinischen Bibelübersetzung und ein Beitrag *Widerlegung der Gründe, die man gewöhnlich vorbringt, um die Verfolgungen zu verteidigen.*

Collins, A. (1676–1729):

– (1713) *A Discourse of Free-Thinking, Occasion'd by the Rise and Growth of a Sect call'd Free-Thinkers*. London. Engl./dt. G.Gawlick, Stuttgart 1965 (Seitenangaben nach dieser Ausgabe).

Deschner, K. H.:

– (1986 f.) *Kriminalgeschichte des Christentums*, Bd. 1 ff. Hamburg.

Diderot, D. und D'Alembert, J. (Herausg.):

– (1751–1780) *Encyclopédie, ou Dictionnaire Raisonné des Sciences, des Arts et des Métiers, Publié par M. Diderot, par M. D'Alembert*, 35 Bde., Nachdr. Stuttgart 1966.

Epikur (341–270)

– Epikur. *Von der Überwindung der Furcht*. Übers. v. O. Gigon, Zürich 1968.

Eusebios von Cäsarea (gest. 339):

Bischof von Cäsarea in Palästina

– Über das Leben des seligen Kaisers Konstantin. (Griech.; dt. v. J. Molzberger, 1870; = Bibl. KV 9.)

Fearnside, W.W. und Holther, W.B.:

– *(1959) Fallacy. The Counterfeit of Argument*. Prentice-Hall.

Feuerbach, L. (1804–1872):

– (1838) *Pierre Bayle*. Ansbach. (Seitenangaben nach L.F., Ges. Werke, Berlin 1967, Bd. 4.)

– (1841) *Das Wesen des Christentums*, Leipzig.

Fuhrmann, M.:

– (1990) *Die antike Rhetorik*, 3. Aufl. München.

Han Fei Zi (280–233 v. u. Z.):

Chinesischer Staats- und Rechtsphilosoph der Schule der „Legalisten“.

– *The Complete Works of Han Fei Tzu*, übers. v. Liao Wen-k'uei, London Vol. 1 1939, Vol. 2 1959.
Hempel, C. G. und Oppenheim, P.:
– Studies in the Logic of Explanation, *Philos. of Science* 15, 1948, S. 135–78. Für eine umfassende Darstellung s. Stegmüller.
Hobbes, Th. (1588–1679):
– (1650) *Leviathan.*
Hume, D. (1711–1776):
– (1737) *A Treatise on Human Nature.* Dt. v. Th. Lipps, Hamburg 1978.
– (1757) *The Natural History of Religion.* Dt. v. L. Kreimendahl, Hamburg 1984.

Konfuzius (551 – 479 v. u. Z.):
– Lun Yü (= *Analecta*). Dt. v. R. Moritz, *Konfuzius*, 1983.

Leibniz, G. (1646–1716):
– (1710) *Essai de Theodicée, sur la Bonté de Dieu, la Liberté de l'Homme et l'Origine du Mal.*
Lessing, G.E. (1729–1781):
– (1779) *Nathan der Weise.*
Locke, J. (1632–1704):
– (1689) *Essay Concerning Human Understanding.*
– (1689) *A Letter Concerning Toleration.* (Zitiert nach der lat./engl. Ausg. von M. Montinari, The Hague 1963.)

Machiavelli, N. (1469–1527):
– (1532) *Il Principe.* (Mehrere dt. Übers.)
Mandeville, Bernard de (1670–1733):
– (1705) *The Grumbling Hive: Or, Knaves Turn'd Honest.* (1714 unter dem Titel *The Fable of the Bees: Or, Private Vices, Publick Benefits.*) Dt. *Die Bienenfabel oder Private Laster, öffentliche Vorteile,* Frankfurt am Main 1980.
Marx, K. und Engels, F.:
– (1848) *Manifest der Kommunistischen Partei.*
Menzius (= Mengzi, 372–289 v. u. Z.):
Chinesischer Philosoph der Konfuzianischen Schule.
– dt.v. R. Wilhelm, *Mong dsi*, Jena 1916 u. öfter.
Meslier, J. (1678–1733):
War ein unauffälliger französischer Landpfarrer, zugleich zutiefst antiklerikal und Atheist. Er schrieb seinen Ekel über Religion, Kirche und Staat heimlich nieder, veröffentlichte aber nichts davon. 1762 gab Voltaire *Extraits des Sentiments de Jean Meslier* heraus. Dt. Auswahl:
– Das Testament des Abbé Meslier, herausg. G. Mensching, Frankfurt am Main 1976.
Mo Di (5./4. Jhdt. v. u. Z.)
Antiker chinesischer Philosoph.
– Dt. v. H. Schmidt-Glintzer: *Mo Ti*, 2 Bde. Düsseldorf 1975.
Moore, G.E. (1873–1958):
– (1903) *Principia Ethica.* Cambridge.

Nietzsche, F. (1844–1900):
– (1878) *Menschliches, Allzumenschliches I.*
– (1879) *Vermischte Meinungen und Sprüche* (= Menschliches, Allzumenschliches, Teil II/1).
– (1880) *Der Wanderer und sein Schatten* (= Menschliches, Allzumenschliches, Teil II/2).
– (1881) *Morgenröthe. Gedanken über die moralischen Vorurteile.*
– (1882) *Die fröhliche Wissenschaft.*
– *(1883 f.) Also sprach Zarathustra.*
– (1888) *Der Antichrist.*

Oz, Amos:
– (1982) *Im Lande Israel.* Dt. Übers. Frankfurt am Main 1984.
– (1986) *Ein neues Herz.* In: A. Oz, *Die Hügel des Libanon. Politische Essays*, Frankfurt am Main 1995, S. 151–163. Diese Rezension ist ursprünglich in der Zeitung *Davar* am 17. 10. 1986 erschienen.

Palazzini, F. S.:
– (1986) *Coca-Cola Superstar*, London.
Perelman, Ch.:
– (1980) *Das Reich der Rhetorik. Rhetorik und Argumentation*, München.
Platon (428–348):
– (ca. 375) *Der Staat*, dt. von Horneffer, Stuttgart 1949.

Rahner, K.:
– (1961) *Was ist Häresie?* In: K. R., *Schriften zur Theologie* Bd. 5, Einsiedeln 1962, S. 527–576.
Reimarus, Hermann Samuel (1694–1768):
Vertreter einer undogmatischen „Vernunftreligion", schrieb u. a. eine *Vernunftlehre* (1756). Er schrieb heimlich an seinem Hauptwerk
– *Apologie oder Schutzschrift für die vernünftigen Verehrer Gottes.* Reimarus ließ das Werk nicht drucken. Nach seinem Tod hat Lessing ab 1774 Teile des Werkes, die sog. „Wolfenbütteler Fragmente", herausgegeben. Wegen Problemen mit der Zensur mußte Lessing die Edition abbrechen. Vollständige Edition erst 1972 v. G. Alexander, 2 Bde., Frankfurt am Main.
Rescher, N.:
– (1988) *Rationality.* Oxford.
Roetz, H.:
– (1992) *Die chinesische Ethik der Achsenzeit.* Frankfurt am Main.
Rousseau, J. J. (1712–1778):
– *(1755) Discours sur L'Origine et les Fondemens de L'Inégalité parmi les Hommes.* Dt. in: R., *Sozialphilosophische und Politische Schriften*, München 1981.
– (1762) *Du Contrat Social.* (Zahlreiche dt. Übers.)

Schleichert, H.:
– (1990) *Klassische chinesische Philosophie. Eine Einführung.* 2. Aufl. Frankfurt am Main.

Schneiders, W. (Herausg.):
– (1995) *Lexikon der Aufklärung. Deutschland und Europa.* München.
Servet, Michel (1511–1553):
Spanisch-französischer Arzt und Bibelinterpret. Servet bestritt die orthodoxe Trinitätslehre; er wollte die Kirche auf ihre Ursprünge zurückführen, weil er meinte, daß weder die römische noch die reformierte Kirche sich im Einklang mit der Bibel befänden, eine Entfremdung, die bereits sehr früh begonnen habe.
– (1531) *De trinitatis erroribus libri VII.*
– (1553) *Christianismi restitutio.*
Wegen beider Werke von Calvin bei der römischen Inquisition denunziert, wurde er auf der Flucht vor dieser bei seiner Durchreise durch Genf verhaftet und am 27. Oktober 1553 verbrannt. Das Vorgehen gegen Servet war von Anfang an umstritten. Sofort nach der Hinrichtung Servets verfaßte Sebastien Castellion seine Schrift über die Häretiker, während Calvin 1554 eine Rechtfertigungsschrift erscheinen ließ; eine weitere Verteidigungsschrift der christlichen Intoleranz verfaßte Bezelius.
Spinoza, B. (1632–1677):
– (1670) *Tractatus Theologico-Politicus.* Dt. v. C. Gebhard, Hamburg 1908.
Sproule, J. M.:
– (1980) *Argument. Language and its Influence.* New York.
Stegmüller, W.:
– (1969) *Wissenschaftliche Erklärung und Begründung.* Berlin.

Theologische Lexika:
– Lexikon für Theologie und Kirche, 2. Aufl. Freiburg 1930. Zitiert als *Lexikon TK.*
– Die Religion in Geschichte und Gegenwart, Tübingen 1910. Spätere Ausgaben: 1928, 1958. Zitiert als *RGG.*
– Realencyklopädie für protestantische Theologie und Kirche, 3. Aufl. Leipzig 1898; zitiert als *RPTK.*
Thomasius, Christian (1655–1728):
– (1691) *Einleitung zur Vernunftlehre*, Halle. Nachdr. Hildesheim 1968. (Dieses Buch erlebte bis 1719 fünf deutsche und zwei lateinische Auflagen.)
– (1701) *De Crimine Magiae*, Halle; dt.: *Kurtze Lehr-Sätze von dem Laster der Zauberey*, Halle 1704.
– (1712) *Disputatio Juris Canonici de Origene ac Progressu Inquisitorii contra Sagas*, Halle; dt.: *Historische Untersuchung vom Ursprung und Fortgang des Inquisitionsprozesses wider die Hexen, worinnen deutlich erwiesen wird, daß der Teufel, welcher nach der gemeinen Meinung pacta mit denen Hexen macht, mit denselben buhlet und sie auf den Blockberg führet, nicht über anderthalb hundert Jahre alt sey*, Halle 1712. Neue Ausgabe beider Texte (Lat./Dt.) München 1986.
Toulmin, St.:
– (1964) *The Use of Argument*, Cambridge. Dt.: *Der Gebrauch von Argumenten*, Kronberg 1975.
Toulmin, St. E., Rieke, R., Janik, A.:
– (1979) *An Introduction to Reasoning*, New York.

Voltaire (1694–1778):
– (1738) *Micromégas*. (Mehrere dt. Übers.)
– (1758) *Candide* (Zahlreiche dt. Übers.)
– (1760) *Dialogues chrétiens, ou Préservatif contre l'Encyclopedie*, 1. Dialog. Dt. in: V., *Kritische und satirische Schriften*, München 1984.
– *(1763) Traité sur la tolérance à l'occasion de la mort de Jean Calas*. Dt. Übers.: *V.: Recht und Politik*, Herausg. v. G. Mensching, Frankfurt am Main 1986, S. 84–256.
– (1764) *Dictionnaire Philosophique Portatif*, Genf 1764. Es folgten zahlreiche, immer wieder erweiterte Ausgaben; die 6. Ausg. (Genf 1769) trug den Titel „*La raison par alphabet*", sie hieß ab 1770 „*Dictionnaire philosophique*". Standardausgabe: von R. Naves u. J. Benda. (Davon eine engl. Übers. v. Th. Besterman, London 1972; eine dt. Übers. existiert bislang nicht.) Zitiert als *Dict. Philos.* (Artikel, die lange Zeit zum *Dictionnaire* gerechnet wurden, tatsächlich aber an anderer Stelle publiziert worden waren, tragen einen entsprechenden Verweis.)
– (1767) *Le dîner du comte de Boulainvilliers*. Dt.Übers. in: *V., Kritische und satirische Schriften*, München 1984.
– (1768) *L'A, B, C ou Dialogues entre A, B, C*. Dt. Übers. in *V.: Erzählungen, Dialoge, Streitschriften* hrsg.v. M. Fontius, Berlin 1981, Bd. 2, S. 160–253.
– (1776) *La Bible enfin expliquée*. Dt. Übers.: *Die endlich einmal von vielen Almosenpflegern S. M. des Königs von Preußen erklärte Bibel*, 3. Aufl. London (Wien) o. J. (1787?).

Walton, D. W.:
– (1989) *Informal Logic. A Handbook for Critical Argumentation*. Cambridge.
– (1989) *Question-Reply Argumentation*. New York.
– (1992) *Slippery Slope Arguments*. Oxford.
Weger, K.-H. (Bearb.):
– (1991) *Religionskritik*. Graz.
Willard, Ch. A.:
– (1989) *A Theory of Argumentation*. Tuscaloosa, Ala.
Wollgast, S.:
– (1988) *Philosophie in Deutschland zwischen Reformation und Aufklärung 1550–1650*. Berlin.

Zhuangzi (4. Jhdt. v. u. Z.):
Chinesischer daoistischer Philosoph;
– *The Complete Works of Chuang tzu*, übers. v. B. Watson, New York 1968.

Bibliographischer Nachtrag 2005

Schirasi, Ali:
– (1995) *Lebt wohl, Freunde. Erinnerungen aus dem Ewin-Gefängnis, Iran*. Uhldingen: Stephanus Edition.
Schirasi, Solaleh und Ali:
– (2004) *Weder Kopftuch noch Handgranate*. Schardt Verlag: Oldenburg.

Stichwortverzeichnis

Aus dem Verlagsprogramm

Philosophie bei C.H.Beck – Eine Auswahl

Dieter Henrich
Werke im Werden
Über die Genesis philosophischer Einsichten
2011. 216 Seiten. Leinen

Dieter Henrich
Ins Denken ziehen
Eine philosophische Autobiographie
Im Gespräch mit Matthias Bormuth und Ulrich Bülow
2021. 282 Seiten. Gebunden

Otfried Höffe
Kritik der Freiheit
Das Grundproblem der Moderne
2. Auflage. 2021. 398 Seiten. Gebunden

Ivan Illich
In den Flüssen nördlich der Zukunft
Letzte Gespräche über Religion und Gesellschaft mit David Cayley
Aus dem Englischen von Sebastian Trapp
2. Auflage. 2020. 227 Seiten. Broschiert

Friedhelm Moser
Kleine Philosophie für Nichtphilosophen
5. Auflage. 2019. 219 Seiten. Paperback
Beck'sche Reihe Band 1439

Hubert Schleichert (Hrsg.)
Von Platon bis Wittgenstein
Ein philosophisches Lesebuch
3. Auflage. 2003. 384 Seiten. Paperback
Beck'sche Reihe Band 1345

C.H.Beck

Philosophie bei C.H.Beck – Eine Auswahl

Arthur Schopenhauer
Die Kunst, glücklich zu sein
Dargestellt in fünfzig Lebensregeln
Herausgeben von Franco Volpi
8. Auflage. 2021. 106 Seiten. Klappenbroschur

Amartya Sen
Die Idee der Gerechtigkeit
Aus dem Englischen von Christa Krüger
2. Auflage. 2020. 493 Seiten. Leinen

Thomas Alexander Szlezák
Platon
Meisterdenker der Antike
2., durchgesehene Auflage. 2021. 779 Seiten. Gebunden

Michael Theunissen
Pindar
Menschenlos und Wende der Zeit
3. Auflage. 2008. XVIII, 1094 Seiten. Leinen

Nicolas Tenaillon
Die Kunst, immer Recht zu behalten
Die besten Tricks der Philosophen
Mit Zeichnungen von Nicolas Mahler, aus dem Französischen
von Grit Fröhlich und Marianna Lieder
3. Auflage. 2018. 159 Seiten mit 20 Illustrationen. Broschiert
Beck Paperback Band 6214

Klaus Vieweg
Hegel
Der Philosoph der Freiheit
3., durchgesehene Auflage. 2020. 824 mit 59 Abbildungen,
darunter 2 in Farbe. Gebunden

C.H.Beck

Reihe „Denker“, herausgegeben von Otfried Höffe – eine Auswahl

Otfried Höffe
Aristoteles
4., überarbeitete Auflage. 2014. 328 Seiten mit 7 Abbildungen. Paperback
Beck'sche Reihe Band 535

Eve-Marie Engels
Charles Darwin
2007. 256 Seiten mit 9 Abbildungen. Paperback
Beck'sche Reihe Band 575

Peter Rohs
Johann Gottlieb Fichte
2., überarbeitete Auflage. 2007. 174 Seiten mit 6 Abbildungen. Paperback
Beck'sche Reihe Band 521

Verena Mayer
Edmund Husserl
2009. 192 Seiten mit 5 Abbildungen. Paperback
Beck'sche Reihe Band 579

Volker Gerhardt
Friedrich Nietzsche
4., aktualisierte Auflage. 2006. 247 Seiten mit 9 Abbildungen. Paperback
Beck'sche Reihe Band 522

Dieter Sturma
Jean-Jacques Rousseau
2001. 207 Seiten mit 9 Abbildungen. Paperback
Beck'sche Reihe Band 549

Günter Figal
Sokrates
3., überarbeitete und erweiterte Auflage. 2006.
148 Seiten mit 6 Abbildungen. Paperback
Beck'sche Reihe Band 530

Wilhelm Vossenkuhl
Ludwig Wittgenstein
2., durchgesehene Auflage. 2003
368 Seiten mit 8 Abbildungen. Paperback
Beck'sche Reihe Band 532

Philosophie und Lebenskunst
Eine Auswahl

Jürgen August Alt
Richtig argumentieren
oder wie man in Diskussionen Recht behält
5. Auflage. 2003. 167 Seiten mit 3 Abbildungen und 3 Tabellen. Paperback
Beck'sche Reihe Band 1346

Sarah Bakewell
Wie soll ich leben?
oder Das Leben Montaignes in einer Frage und zwanzig Antworten
Aus dem Englischen von Rita Seuß
4. Auflage. 2013. 416 Seiten mit 14 Abbildungen und 2 Karten. Leinen

Ekkehard Martens
Stechfliege Sokrates
Warum gute Philosophie wehtun muss
2015. 208 Seiten. Broschiert
Beck Paperback Band 6219

Jenny Odell
Nichtstun
Die Kunst, sich der Aufmerksamkeitsökonomie zu entziehen
Aus dem Englischen von Annabel Zettel
3. Auflage. 2021. 296 Seiten. Gebunden

Andreas Urs Sommer
Die Kunst des Zweifelns
Anleitung zum skeptischen Denken
2. Auflage. 2007. 156 Seiten. Paperback
Beck'sche Reihe Band 1664

Andreas Urs Sommer
Die Kunst der Seelenruhe
Anleitung zum stoischen Denken
2. Auflage. 2010. 159 Seiten. Paperback
Beck'sche Reihe Band 1940

C.H.Beck